Der Wiedereinstellungsanspruch nach wirksamer Kündigung

Schriften zum Arbeitsrecht und Wirtschaftsrecht

Herausgegeben von Abbo Junker

Band 23

PETER LANG
Frankfurt am Main · Berlin · Bern · Bruxelles · New York · Oxford · Wien

Diane Westera

Der Wieder-einstellungsanspruch nach wirksamer Kündigung

PETER LANG
Europäischer Verlag der Wissenschaften

Die Deutsche Bibliothek - CIP-Einheitsaufnahme

Westera, Diane:

Der Wiedereinstellungsanspruch nach wirksamer Kündigung / Diane Westera. - Frankfurt am Main ; Berlin ; Bern ; Bruxelles ; New York ; Oxford ; Wien : Lang, 2001
(Schriften zum Arbeitsrecht und Wirtschaftsrecht ; Bd. 23)
Zugl.: Göttingen, Univ., Diss., 2001
ISBN 3-631-38643-5

D 7
ISSN 1433-4666
ISBN 3-631-38643-5

www.peterlang.de

Meiner Mutter

Danksagung

Mein sehr herzlicher Dank gilt zunächst meinem Doktorvater Herrn. Prof. Dr. Abbo Junker. Auf seine Anregung hin befasste ich mich mit dem Thema Wiedereinstellung nach wirksamer Kündigung. Seiner Unterstützung konnte ich mir dabei stets sicher sein: Er nahm mit Interesse an den Fortschritten der Arbeit teil und gab mir jederzeit die Möglichkeit einer gemeinsamen Auseinandersetzung. Diese Art der Betreuung bedeutete für mich eine außerordentlich große Motivation. Herrn Prof. Dr. Hansjörg Otto danke ich für die Erstellung des Zweitgutachtens.

Diese Arbeit widme ich meiner Mutter Elke Hasubski. Wie immer in meinem Leben stand sie auch bei der Doktorarbeit hinter mir und machte so deren Entstehung erst möglich. Nicht nur in finanzieller Hinsicht, sondern vor allem durch ihre Anteilnahme und moralische Unterstützung war sie die größte Hilfe für mich. Dafür bin ich ihr unendlich dankbar.
Auch andere mir wichtige Menschen möchte ich erwähnen: Für die kritische Auseinandersetzung mit meinen Ideen danke ich meinem Freund Niels Tobien, für das Korrekturlesen meinem Vater Jörg Westera und meinen Freundinnen Kerstin Gronau und Heike Griesbach. Und nicht zuletzt für die Mühen rund um die mündliche Prüfung möchte ich mich sehr bei Dieter Hasubski und auch bei Ilka von zur Mühlen bedanken.

Hamburg, im Juli 2001 Diane Westera

Vorwort des Herausgebers

Der Wiedereinstellungsanspruch nach wirksamer Kündigung ist in den letzten Jahren Gegenstand viel beachteter Entscheidungen des Bundesarbeitsgerichts gewesen. Beispielhaft zu nennen sind die Entscheidungen des 2. Senats vom 27.2. 1997 (NJW 1997, 2257) und vom 4.12. 1997 (NJW 1998, 1087) sowie die Entscheidungen des 7. Senats vom 6.8. 1997 (NZA 1998, 254) und des 8. Senats vom 13.11. 1997 (NJW 1998, 1885). Obwohl diese Urteile auch in der Literatur ein lebhaftes Echo gefunden haben, fehlt bisher eine monografische Gesamtdarstellung des Themas. Es ist daher außerordentlich erfreulich, dass Frau Dr. Westera dieses Thema aufgegriffen und einer umfassenden Analyse unterzogen hat. Den Ausgangspunkt bildet die Rechtsprechung des BAG, die dem Arbeitnehmer einen Wiedereinstellungsanspruch zubilligt, wenn sich die der Kündigung zu Grunde liegenden Umstände noch während des Laufs der Kündigungsfrist ändern: „Dahinter steht die Überlegung, dass die Möglichkeit der frühzeitigen Kündigung des Arbeitnehmers dem Arbeitgeber letztlich in seinem Interesse zugestanden wird, da er ansonsten Annahmeverzugslohn zahlen müsste. Der Wiedereinstellungsanspruch ist vor diesem Hintergrund ein notwendiges Korrektiv des bei der betriebsbedingten Kündigung geltenden Prognoseprinzips; der Arbeitnehmer wird geschützt in dem Vertrauen, seinen sozialen Besitzstand nur zu verlieren, wenn auch tatsächlich ein Kündigungsgrund vorliegt“ *(Hergenröder,* EzA § 1 KSchG Wiedereinstellungsanspruch Nr. 3, S. 18). Die Verfasserin setzt sich mit der dogmatischen Herleitung des Wiedereinstellungsanspruchs ebenso gründlich auseinander wie mit den Voraussetzungen, den zeitlichen Grenzen und den im Arbeitgeberinteresse anzuerkennenden Ausnahmen. Weitere Themen sind die Antragsformulierung, die Folgeprobleme wie z.B. das Problem der Sozialauswahl, Sekundäransprüche des Arbeitnehmers und die Durchsetzung des Wiedereinstellungsanspruchs. Es ist mir eine große Freude, dieses für Praxis und Wissenschaft gleichermaßen bedeutsame Werk dem Fachpublikum vorstellen zu dürfen.

Göttingen, im Juli 2001 Professor Dr. Abbo Junker

Inhaltsverzeichnis

Abkürzungsverzeichnis

AcP	Archiv für civilistische Praxis (Zeitschrift)
AiB	Arbeitsrecht im Betrieb (Zeitschrift)
ALR	Allgemeines Landrecht für die Preußischen Staaten
AR- Blattei	Arbeitsrechts- Blattei
AP	Arbeitsrechtliche Praxis (Nachschlagewerk der Entscheidungen des BAG)
ARST	Arbeitsrecht in Stichworten (Zeitschrift)
AuA	Arbeit und Arbeitsrecht (Zeitschrift)
AuR	Arbeit und Recht (Zeitschrift)
BAGE	Entscheidungen des Bundesarbeitsgerichtes
BB	Betriebsberater (Zeitschrift)
BeschfG	Beschäftigungsförderungsgesetz
BGHZ	Entscheidungen des Bundesgerichtshofes in Zivilsachen
BlStSozArbR	Blätter für Steuerrecht, Sozialversicherung und Arbeitsrecht
BVerfGE	Amtliche Sammlung der Entscheidungen des Bundesverfassungsgerichtes
DB	Der Betrieb (Zeitschrift)
DLW	Dörner/Luczak/Wildschütz
ErfK	Erfurter Kommentar
EWiR	Entscheidungen zum Wirtschaftsrecht (Zeitschrift)
EzA	Entscheidungen zum Arbeitsrecht
FA	Fachanwalt Arbeitsrecht (Zeitschrift)
FS	Festschrift
GK- BetrVG	Gemeinschaftskommentar zum Betriebsverfassungsgesetz
GKG	Gerichtskostengesetz
GS	Großer Senat
HK- KSchG	Heidelberger Kommentar zum Kündigungsschutzgesetz
JR	Juristische Rundschau (Zeitschrift)
JUS	Juristische Schulung (Zeitschrift)
JZ	Juristenzeitung (Zeitschrift)

KPK	Kündigungsschutzgesetz- Kölner Praxiskommentar
KR	Gemeinschaftskommentar zum Kündigungsschutzgesetz
LAGE	Entscheidungen der Landesarbeitsgerichte
LuftVG	Luftverkehrsgesetz
MDR	Monatszeitschrift des Deutschen Rechts (Zeitschrift)
MünchArbR	Münchener Handbuch zum Arbeitsrecht
MünchKom.	Münchener Kommentar zum Bürgerlichen Gesetzbuch
NJW	Neue Juristische Wochenschrift (Zeitschrift)
NVwZ	Neue Zeitschrift für Verwaltungsrecht
NZA	Neue Zeitschrift für Arbeitsrecht
NZA- RR	NZA- Rechtsprechungsreport Arbeitsrecht
PBefG	Personenbeförderungsgesetz
RdA	Recht der Arbeit (Zeitschrift)
RzK	Rechtsprechung zum Kündigungsrecht
SAE	Sammlung arbeitsrechtlicher Entscheidungen (Zeitschrift)
SchwbG	Schwerbehindertengesetz
SGB	Sozialgesetzbuch
W.	Wiedereinstellungsanspruch
WiB	Wirtschaftsrechtliche Beratung (Zeitschrift)
ZfA	Zeitschrift für Arbeitsrecht
ZIP	Zeitschrift für Wirtschaftsrecht
ZRP	Zeitschrift für Rechtspolitik
ZTR	Zeitschrift für Tarif-, Arbeits- und Sozialrecht

Der Wiedereinstellungsanspruch nach wirksamer Kündigung

§ 1 Einleitung

I. Problemstellung der Arbeit

Der Arbeitgeber kündigt dem Arbeitnehmer, im nachhinein ergeben sich Umstände, die den Kündigungsgrund entfallen lassen. In dieser Situation entsteht die Frage nach einem Wiedereinstellungsanspruch.

1. Neue Entwicklung zum Wiedereinstellungsanspruch

Die Thematik der Wiedereinstellung ist nicht neu und Inhalt vieler Entscheidungen und Abhandlungen. Neu ist jedoch der Standpunkt der höchstrichterlichen Rechtsprechung: Das Bundesarbeitsgericht hat in seiner Entscheidung vom 27.02.1997[1] erstmals auch nach einer betriebsbedingten Kündigung einen Wiedereinstellungsanspruch bejaht. Diesem Urteil folgte eine Reihe weiterer Entscheidungen[2], denen ebenfalls Fälle nachträglich entfallener Kündigungsgründe zugrunde lagen. Dabei ist folgende Entwicklung zu beobachten: War der Wiedereinstellungsanspruch früher auf Sonderfälle begrenzt, hat seine Reichweite mittlerweile eine starke Ausdehnung erfahren. Er stellt inzwischen einen festen Bestandteil arbeitsrechtlicher Bestandsschutzstreitigkeiten dar. Viele Fragen bleiben jedoch weiterhin ungelöst. Über die Entstehung und Umsetzung eines Wiedereinstellungsanspruches nehmen nicht nur die Vertreter in der Literatur entgegengesetzte Positionen ein; auch die einzelnen Senate beurteilen die Reichweite des Wiedereinstellungsanspruches uneinheitlich. Ziel dieser Arbeit ist es daher, für die mit einem Wiedereinstellungsanspruch verbundenen Probleme eine konsequente Lösung anzubieten.

---

1 2 AZR 160/96- AP Nr. 1 zu § 1 KSchG 1969 Wiedereinstellung= NZA 1997, S. 757= EzA § 1 KSchG Wiedereinstellungsanspruch Nr. 1.

2 BAG, Urt. v. 06.08.1997- 7 AZR 557/96- AP Nr. 2 zu § 1 KSchG Wiedereinstellungsanspruch= NZA 1998, S. 254= EzA § 1 KSchG Wiedereinstellungsanspruch Nr. 2; BAG, Urt. v. 13.11. 1997- 8 AZR 295/95- NZA 1998, S. 251= EzA § 613 a BGB Nr. 154= ZIP 1998, S. 167; BAG, Urt. v. 04.12.1997- 2 AZR 140/97- AP Nr. 3 zu § 1 KSchG 1969 Wiedereinstellung= NZA 1998, S. 701= EzA § 1 KSchG Wiedereinstellungsanspruch Nr.3; BAG, Urt. v. 12.11.98- 8 AZR 265/97- AP Nr. 5 zu § 1 KSchG 1969 Wiedereinstellung= NZA 1999, S. 311= EzA § 613a BGB Nr. 171; BAG, Urt. v. 17.06.1999- 2 AZR 639/98- EzA § 1 KSchG Wiedereinstellungsanspruch Nr.4= NZA 1999, S. 1328; BAG, Urt. v. 02.12.1999- 2 AZR 757/98- NZA 2000, S. 531= ZIP 2000, S. 676; BAG, Urt. v. 28.06.2000- 7 AZR 904/98- NZA 2000, S. 1097= ZIP 2000, S. 1781.

2. Interessenkonflikt

Für das grundsätzliche Verständnis der Problematik muss man sich vor Augen führen, welche Interessen sich bei der Wiedereinstellung gegenüber stehen. Allgemein formuliert: Der Arbeitgeber will seine unternehmerische Freiheit bewahren und seinen Vertragspartner frei wählen. Er hat eine Kündigung ausgesprochen und will es bei der Beendigung des Arbeitsverhältnisses belassen. Der Arbeitnehmer hingegen hat - und wie sich im nachhinein herausstellt grundlos - seinen Arbeitsplatz verloren. Er strebt eine Wiedereinstellung zu alten Bedingungen an, um seinen Lebensunterhalt abzusichern. Beide Positionen sind grundrechtlich verankert. Die Vertragsfreiheit des Arbeitgebers ergibt sich allgemein aus Art. 2 Abs. 1 GG[3] bzw. aus Art. 12 Abs. 1 als vorrangiger lex specialis[4]. Aber auch das Recht des Arbeitnehmers wird in der umschriebenen Situation von der Rechtsprechung argumentativ auf Art. 12 GG gestützt[5]: Das hierdurch geschützte Recht des Arbeitnehmers, seinen Arbeitsplatz nicht grundlos zu verlieren, würde in „unerträglicher Weise beeinträchtigt", wenn es trotz veränderter Umstände bei der Beendigung des Arbeitsverhältnisses bliebe. Diese Arbeitgeber- und Arbeitnehmerinteressen sind bei der Frage nach einem Wiedereinstellungsanspruch letztlich stets gegeneinander abzuwägen.

3. Die verschiedenen Kündigungsanlässe

Die Frage nach einem Wiedereinstellungsanspruch kann sich in jeder Kündigungssituation ergeben. Die klassische Konstellation ist die der Verdachtskündigung. Ein Beispiel: Der Arbeitnehmer wird des Diebstahls verdächtigt, nach Ausspruch der Kündigung stellt sich jedoch seine Unschuld heraus. Es bei dem gekündigten Arbeitsverhältnis zu belassen, erscheint ungerecht, und das Erfordernis einer Korrektur drängt sich geradezu auf. Aber auch bei allen anderen Kündigungsanlässen kann das Bedürfnis nach einer Korrektur – also nach einem Wiedereinstellungsanspruch – entstehen. Kündigt der Arbeitgeber beispielsweise aufgrund der schlechten Arbeitsmarktlage betriebsbedingt und erhält er anschließend einen Großauftrag, ergibt sich wiederum die Frage nach einem Wiedereinstellungsanspruch der Arbeitnehmer. Ähnlich ist die Situation, wenn es anstatt der geplanten Betriebsstilllegung doch noch zu einem Betriebsübergang nach

---

[3] BAG, Urt. v. 28.06.2000- 7 AZR 904/98- NZA 2000, S. 1097 (1100)= ZIP 2000, S. 1781 (1784); Busche, S. 53; Dreier, in: Dreier- GG, Art. 2 I, Rn. 24; v. Mangoldt/Klein/Starck, GG, Bd. 1, Art. 2 I, Rn. 99; Schmidt- Bleibtreu/Klein, GG, Art. 2, Rn. 14.

[4] Busche, S. 55 f; Scholz, in: ZfA 1981, S. 265; zustimmend: Oetker, in: Jenaer Schriften zum Recht, S. 21; nach Söllner, in: RdA 1989, S. 144 (148) ist wegen der Ergebnisidentität eine Differenzierung zwischen den beiden Grundrechten praktisch ohne Bedeutung.

[5] BVerfG, Urt. v. 27.01.1998- 1 BvL 15/87- BVerfGE, 97, S. 169 (176)= AP KSchG 1969 § 23 Nr. 17, unter B I 3 a der Gründe= EzA § 23 KSchG Nr. 17; BAG, Urt. v. 27.02.1997- NZA 1997, S. 757 (759) (Fn.1); BAG, Urt. v. 28.06.2000- 7 AZR 904/98- NZA 2000, S. 1097 (1100)= ZIP 2000, S. 1781 (1784).

§ 613a BGB kommt. Ein weiteres Beispiel für den nachträglichen Wegfall eines Kündigungsgrundes zeigt sich im Rahmen der personenbedingten Kündigung: Der Arbeitgeber kündigt dem Arbeitnehmer wegen seiner Alkoholkrankheit und den daraus resultierenden Fehlzeiten. Nach Ausspruch der Kündigung unterzieht sich der Arbeitnehmer einer Entziehungstherapie und ist „trocken“. Und selbst bei der verhaltensbedingten Kündigung stellt sich nach Ausbleiben weiteren Fehlverhaltens die Frage nach einem Wiedereinstellungsanspruch. Sämtliche Kündigungssituationen werden somit im Hinblick auf die Wiedereinstellungsproblematik hinterfragt.

4. Der Aufbau der Arbeit

Die folgende Darstellung befasst sich mit dem Wiedereinstellungsanspruch des Arbeitnehmers außerhalb individual- oder tarifvertraglicher Regelung. Dabei besteht die Arbeit im wesentlichen aus zwei Teilen. Ihre erste Hälfte beinhaltet Ausführungen zu der Entstehung eines Wiedereinstellungsanspruches. Der Aufbau orientiert sich hier an der Tendenz der Rechtsprechung, den Anwendungsbereich des Wiedereinstellungsanspruches auszuweiten: Die Frage, ob überhaupt ein Wiedereinstellungsanspruch möglich ist, steht nicht mehr – wie vor allem in älteren Abhandlungen – im Vordergrund. Stattdessen wird die Notwendigkeit eines Wiedereinstellungsanspruches anerkannt und seine Voraussetzungen sowie seine erforderlichen Einschränkungen untersucht. Im Rahmen dieses ersten Teiles finden zudem die Besonderheiten der einzelnen Kündigungsanlässe Beachtung. Deshalb wird immer wieder eine Frage auftauchen: Gilt der soeben erarbeitete Grundsatz für alle Kündigungsanlässe gleichermaßen? Die zweite Hälfte der Arbeit enthält Ausführungen zu der Umsetzung eines bestehenden Wiedereinstellungsanspruches. Hier wird beispielsweise erörtert, ob den Arbeitgeber eine Unterrichtungspflicht bezüglich der nach Kündigung veränderten Umstände trifft oder wie er seine Auswahl treffen muss, wenn mehreren Arbeitnehmern ein Anspruch zusteht, jedoch keine ausreichende Anzahl an Arbeitsplätzen vorhanden ist. Insgesamt auffällig ist die große Anzahl von Kontroversen zu den einzelnen Problemen. Um den Überblick über die verschiedenen Standpunkte zu erleichtern, werden die Meinungen nach einem einheitlichen Schema erörtert, um anschließend im Rahmen einer Stellungnahme zu einer Lösung zu gelangen. Wie bereits einleitend bemerkt, ist der Wiedereinstellungsanspruch nicht mehr nur Inhalt einer regen theoretisch- wissenschaftlichen Diskussion, sondern Bestandteil der arbeitsrechtlichen Praxis. Diese Arbeit soll deshalb gleichermaßen umfassend wie gut verständlich auch als Nachschlagwerk für den Praktiker die Fragen rund um das Thema *Der Wiedereinstellungsanspruch nach wirksamer Kündigung* beantworten.

II. Wiedereinstellungsanspruch und Kündigungsschutzklage

Der Wiedereinstellungsanspruch soll als Korrektur dienen, wenn durch nachträgliche Umstände die Kündigungsgründe entfallen. Naheliegend wäre es jedoch, bei der Wirksamkeit der Kündigung anzusetzen. Daraus ergibt sich die Frage: Können nachträgliche Umstände die Unwirksamkeit der Kündigung zur Folge haben und damit zum Erfolg der Kündigungsschutzklage führen? Das Arbeitsverhältnis wäre dann nie beendet worden und dem Wiedereinstellungsanspruch die Bedeutung genommen.

1. Das Prognoseprinzip

Um diese Frage zu beantworten, ist zunächst das sogenannte Prognoseprinzip darzulegen. Die Situation der Wiedereinstellung ergibt sich erst aus dem Recht des Arbeitgebers, dem Arbeitnehmer zu kündigen, obwohl der Kündigungsgrund erst zu einem späteren Zeitpunkt erwartet wird. Es wird also eine Kündigung aufgrund einer Prognoseentscheidung zugelassen. Nach diesem inzwischen grundsätzlich anerkannten Prognoseprinzip[6] sind für die Rechtfertigung einer Kündigung nicht in der Vergangenheit liegende Ereignisse ausschlaggebend, sondern es muss in der Zukunft mit weiteren Belastungen oder Störungen des Arbeitsverhältnisses zu rechnen sein.

Woraus ergibt sich die Zukunftsbezogenheit der Kündigungsgründe? Hier sind mehrere Aspekte zu erwähnen: zum einen das Wesen des Arbeitsverhältnisses als Dauerschuldverhältnis[7]. Entsprechend sind die Arbeitsvertragsparteien aneinander auf unbestimmte Zeit gebunden[8]. Eine vorzeitige Beendigung dieser vertraglichen Bindung kommt nach § 626 BGB nur in Frage, wenn Gründe vorliegen, die einer *Fortsetzung* des Vertragsverhältnisses widersprechen[9]. Zum anderen stellt auch

---

6 BAG, Urt. v. 17.01.1991- 2 AZR 375/90- NZA 1991, S. 557 (558); BAG, Urt. v. 29.07. 1993- 2 AZR 155/93- NZA 1994, S. 67 (68); BAG, Urt. v. 26.01.1995- 2 AZR 649/94- NZA 1995, S. 517 (520); BAG, Urt. v. 27.02.1997- 2 AZR 160/96- AP Nr. 1 zu § 1 KSchG 1969 Wiedereinstellung, unter II 2 a der Gründe= NZA 1997, S. 757 (758)= EzA § 1 KSchG Wiedereinstellungsanspruch Nr. 1; BAG, Urt. v. 29.04.1999- 2 AZR 431/98= NZA 1999, S. 978 (979)= ARST 1999, S. 248= SAE 2000, S. 14 (17); BAG, Urt. v.17.06.1999- 2 AZR 639/98- NZA 1999, S. 1328 (1329)= EzA § 1 KSchG Wiedereinstellungsanspruch Nr.4, unter II 2 1 b der Gründe; Ascheid, Rn. 28; Bitter/Kiel, in: RdA 1995, S. 26 (34); Boewer, in: NZA 1999, S. 1121 (1123); HK- KSchG/Weller/Dorndorf § 1 KSchG, Rn. 944; ErfKom/Ascheid, § 1 KSchG, Rn. 147; Hergenröder, Anm. zum BAG-Urt. v. 04.12.1997- EzA § 1 KSchG Wiedereinstellungsanspruch Nr. 3; Herschel, in: FS f. Müller, S. 191 (202); Hueck/v. Hoyningen- Huene, § 1 KSchG, Rn. 130; Kittner/Däubler/Zwanziger- Kittner § 1 KSchG, Rn.47; KR/Fischermeier § 626 BGB, Rn. 110; Löwisch, § 1 KSchG; Rn. 72; MünchArbR/Berkowsky, § 134, Rn. 78; Stahlhacke/Preis/Vossen, Rn. 618.

7 Hueck/ v. Hoyningen-Huene, § 1 KSchG, Rn. 130.

8 Ausnahme: befristeter Arbeitsvertrag nach § 620 I BGB.

9 Ascheid, Rn. 29; Boewer, in: NZA 1999, S. 1121 (1123); Langer, in: NZA Beil. 3/1991, S.23 (27); MünchArbR/Berkowsky, § 134, Rn. 78.

§ 1 II KSchG darauf ab, ob die geltend gemachten Gründe einer *Weiterbeschäftigung* des Arbeitnehmers entgegenstehen[10].

a) Sanktionscharakter der Kündigung

Inwieweit die Notwendigkeit einer Zukunftsprognose als kündigungsrechtliches Prinzip für alle Kündigungsarten gemäß § 1 II KSchG angesehen werden kann, hängt maßgeblich davon ab, ob ihnen ein Sanktionscharakter innewohnt. Je weniger man die Kündigung als Sanktion für die Vergangenheit begreift, um so eher lässt sich die Kündigung nur mit künftig zu erwartenden Störungen des Arbeitsverhältnisses begründen[11].

Unproblematisch ist dies bei der krankheitsbedingten Kündigung als Hauptanwendungsfall der personenbedingten Kündigung[12]: Ihr ist kein Sanktionscharakter eigen. Statt dessen soll sie den Arbeitgeber vor zukünftigen unzumutbaren Belastungen bewahren[13]. Deshalb setzt die krankheitsbedingte Kündigung für eine Negativprognose die Erwartung *weiterer* Fehlzeiten in größerem Umfang (und entsprechend erhebliche und damit unzumutbare betriebliche Belastungen) voraus[14]. Auch die betriebsbedingte Kündigung[15] ist offensichtlich ohne Sanktionscharakter[16]. Für die negative Prognose und damit für ihre Wirksamkeit genügt es, wenn *in Zukunft* das Bedürfnis zur weiteren Beschäftigung des gekündigten Arbeitnehmers entfällt und dieser betriebliche Umstand bereits greifbare Formen angenommen hat[17].

---

10 Boewer, in: NZA 1999, S. 1121 (1123); Hergenröder, Anm. zum BAG- Urt. v. 04.12.1997- EzA zu § 1 KSchG Wiedereinstellungsanspruch Nr. 3; Langer, in: NZA Beil. 3/1991, S. 23 (27); Stahlhacke/Preis/Vossen, Rn. 618.

11 Berkowsky (personen- und verhaltensbed. Kündigung), § 7, Rn. 39.

12 Zur personenbedingten Kündigung: vgl. KR/Etzel, § 1 KSchG, Rn. 290 ff; MünchArbR/Berkowsky, § 136; Schaub, § 129.

13 BAG, Urt. v. 09.04.1987- 2 AZR 210/86- NZA 1987, S. 811 (812); Berkowsky (personen- und verhaltensbed. Kündigung, § 7, Rn. 38; Preis, in: Hromadka, S. 99.

14 BAG, Urt. v. 07.11.1985- 2 AZR 657/84- NZA 1986, S. 359; BAG, Urt. v. 09.04.1987- 2 AZR 210/86- NZA 1987, S. 811 (812); BAG, Urt. v. 28.02.1990- 2 AZR 401/89- NJW 1990, S. 2953 (2954); BAG, Urt. v. 29.07.1993- 2 AZR 155/93- NZA 1994, S. 67 (68); Berkowsky, in: BB 1981, S. 910; Lepke, Rn. 94; MünchArbR/Berkowsky, § 136, Rn. 17.

15 Zur betriebsbedingten Kündigung, vgl. KR/Etzel, § 1 KSchG, Rn. 532 ff; MünchArbR/Berkowsky, § 138; Schaub, § 131.

16 MünchArbR/Berkowsky, § 134, Rn. 74.

17 BAG Urt. v. 2.03. 1984- 7 AZR 409/82- AP Nr. 38 zu § 1 KSchG 1969 (Betriebsbedingte Kündigung); BAG Urt. v. 10.10.1996- 2 AZR 477/96- DB 1997, S. 279; BAG, Urt. v. 27.02.1997- 2 AZR 160/96- AP Nr. 1 zu § 1 KSchG 1969 Wiedereinstellung unter II 2 a der Gründe= NZA 1997, S. 757 (758)= EzA § 1 KSchG Wiedereinstellungsanspruch Nr. 1; BAG, Urt. v. 13.11. 1997- 8 AZR 295/95- NZA 1998, S. 251 (252)= EzA § 613 a BGB Nr. 154 unter II 1 der Gründe= ZIP 1998, S. 167; LAG Düsseldorf, Urt. v. 12.04.1976- 4 Sa 345/76- BB 1976, S. 1226; LAG Kiel, Beschl. v. 17.01. 1952- 3 Ta 10/51- BB 1952, S. 291; Auffahrt/Müller, § 1, Rn. 230; Hergenröder, Anm. zum BAG- Urt. v. 04.12.1997- EzA

b) Sonderfall: Verhaltensbedingte Kündigung

Anders fällt die Beurteilung bei der verhaltensbedingten Kündigung[18] aus: ob ihr ein Sanktionscharakter zukommt und entsprechend das Prognoseprinzip gilt, wird unterschiedlich beurteilt.

So sprechen einige Stimmen in der Literatur der verhaltensbedingten Kündigung ausdrücklich einen Sanktionscharakter zu[19]. Es soll keine Rolle spielen, wie sich der Arbeitnehmer künftig verhalten wird. Dies wird hauptsächlich mit dem bereits zerstörten Vertrauensverhältnis begründet[20]. Außerdem sei die Abfolge Ermahnung, Abmahnung, Vertragsstrafe zu berücksichtigen. Nach dieser stufenweisen Verhärtung der Situation könne es nicht richtig sein, den Arbeitnehmer für unkündbar zu halten, nur weil keine Wiederholungsgefahr besteht[21]. Daneben wird auch auf Unsicherheiten hingewiesen, die durch eine Anwendung des Prognoseprinzips in der Praxis entstehen: Eine daraus resultierende Einschränkung der Kündigungsmöglichkeit mindere die Reaktionsfähigkeit des Unternehmers auf ein Fehlverhalten des Arbeitnehmers unzulässig[22].

Nach inzwischen überwiegender Meinung in Rechtsprechung[23] und Literatur[24] stellt auch die verhaltensbedingte Kündigung keine Bestrafung vorangegangenen Tuns, sondern ein Reaktionsmittel zur Vermeidung zukünftiger Belastungen und Vertragsgefährdungen dar. Ein noch so schwerwiegendes Fehlverhalten des Arbeitnehmers in der Vergangenheit soll eine verhaltensbedingte Kündigung nicht ohne weiteres rechtfertigen. Es komme entscheidend darauf an, ob eine Wiederho-

---

§ 1 KSchG Wiedereinstellungsanspruch Nr. 3; KR/Etzel, § 1 KSchG, Rn. 517; Preis (Prinzipien), S. 330; Wank, Anm. zum BAG- Urt. v. 27.09.1987- SAE 1986, S. 151 (153).

18 Zur verhaltensbedingten Kündigung, vgl. KR/Etzel, § 1 KSchG, Rn. 48 ff; MünchArbR/Berkowsky, § 137; Schaub, § 130.

19 Kraft, in: ZfA 1994, S. 463 (476); Popp, in: DB 1981, S. 2611 (2615); Rüthers/Müller, Anm. zum BAG- Urt. v. 16.08.1991- EzA § 1 KSchG Verhaltensbedingte Kündigung Nr. 41; Wank, in: RdA 1993, S. 79 (83); Zöllner/Loritz, § 23, S. 295.

20 Vgl. Zöllner/Loritz, § 23, S. 295.

21 Wank, in: RdA 1993, S. 79 (84).

22 Kraft, in: ZfA 1994, S. 463 (475); Rüthers/Müller, Anm. zum BAG- Urt. v. 16.08.1991- EzA § 1 KSchG Verhaltensbedingte Kündigung Nr. 41.

23 BAG, Urt. v. 10.11.1988- 2 AZR 215- 88- NZA 1989, S. 633 (635) ; BAG, Urt. v. 17.01.1991- 2 AZR 375/90- NZA 1991, S. 557 (558); BAG, Urt. v. 26.01.1995- 2 AZR 649/94- NZA 1995, S. 517 (520).

24 Ascheid, Rn. 29; Bitter/Kiel, in: RdA 1995, S. 26 (34); Boewer, in: NZA 1999, S. 1121 (1123); HK- KSchG/Dorndorf, §1 KSchG, Rn. 288; Hergenröder, Anm. zum BAG- Urt. v. 04.12.1997- EzA § 1 KSchG Wiedereinstellungsanspruch Nr. 3; Herschel, in: FS f. Müller, S. 191 (202); Hillebrecht, in: ZfA 1991, S. 78 (120); Hueck/v. Hoyningen- Huene, § 1 KSchG, Rn. 130 f; Kittner/Däubler/Zwanziger- Kittner § 1 KSchG, Rn. 47; KPK- Schiefer Teil H § 1, Rn. 81; KR/Fischermeier § 626 BGB; Rn. 10; MünchArbR/Berkowsky, § 130, Rn. 81; Preis (Prinzipien), S. 328; Preis/Steffan, in: DB 1990, S. 630 (634); Stahlhacke/Preis/Vossen, Rn. 690.

lungsgefahr besteht oder ob das vergangene Ereignis sich auch künftig belastend auswirkt[25]. Argumentiert wird auch hier mit dem Zweck der verhaltensbedingten Kündigung: Bei Vertragsverletzungen durch den Arbeitnehmer soll der Arbeitsvertrag durch eine Kündigung nur aufgelöst werden, um das Risiko weiterer – also zukünftiger - Vertragsverletzungen auszuschließen[26]. Außerdem könne die verhaltensbedingte Kündigung keinen Strafcharakter haben, da die Strafbefugnis dem Staat vorbehalten sei[27].
Der letztgenannten Ansicht ist beizupflichten: Auch eine verhaltensbedingte Kündigung bedeutet keine Sanktionierung vorangegangenen Fehlverhaltens; stattdessen richtet sich ihre Wirksamkeit nach der zu erwartenden zukünftigen Entwicklung. Auch bei Anwendung des Prognoseprinzips bei der verhaltensbedingten Kündigung bleibt das zurückliegende Verhalten des Arbeitnehmers nicht unberücksichtigt. Es ist die Grundlage der Prognose für die Frage, ob weiteres Fehlverhalten des Arbeitnehmers zu erwarten ist[28]. Aber auch die einmalige schwere Verfehlung des Arbeitnehmers, die sich in dieser Form wahrscheinlich nicht wiederholt, kann eine negative Prognose für die weitere Zusammenarbeit begründen: Eine erhebliche Vertragsverletzung kann je nach den Umständen des Einzelfalles das für die weitere Zusammenarbeit notwendige Vertrauen zerstören und so einer Fortsetzung des Arbeitsverhältnisses entgegenstehen[29].

Aus alledem folgt: das Prognoseprinzip ist ein allgemeines Prinzip des Kündigungsrechtes. Alle Kündigungen, die nach §§ 1 KSchG, 626 BGB gerechtfertigt sein sollen, setzen eine *zukünftige* Störung des Vertragszwecks voraus.

2. Beurteilungszeitpunkt für die Wirksamkeit einer Kündigung

Was geschieht jedoch, wenn die Prognose widerlegt wird? Es stellt sich die Frage, bis zu welchem Zeitpunkt die Prognose Bestand haben muss, um die Wirksamkeit der Kündigung bejahen zu können.

a) Grundsatz

Bei der Beurteilung der Wirksamkeit einer Kündigung ist mit der ganz überwiegenden Ansicht gemäß § 130 BGB auf den Zeitpunkt ihres Zuganges abzustel-

---

25 Vgl. Hillebrecht, in: ZfA 1991, S. 87 (120); Preis (Prinzipien), S. 328.

26 Preis (Prinzipien), S. 328.

27 HK- KSchG/Weller/Dorndorf § 1, Rn. 290 (wenn Sanktion als Strafe/Sühne verstanden wird); nach Adam, in: NZA 1998, S. 284, ist strafrechtliches Denken im Zivilrecht deplaziert, zudem sollen keine strafrechtlichen Grundsätze im Arbeitsrecht herangezogen werden können, da der Beendigung des Arbeitsverhältnisses keine spezialpräventive Wirkung zukomme.

28 Vgl. auch Ascheid, Rn. 30; Herschel, in: FS f. Müller, S.191 (203); MünchArbR/Berkowsky, § 134, Rn. 76.

29 Hueck/v. Hoyningen-Huene, § 1 KSchG, Rn. 130 f.

len[30]. Spätere Entwicklungen beeinflussen die Wirksamkeit der Kündigung nicht mehr.

Nicht maßgeblich ist der Zeitpunkt des Kündigungsausspruches[31]. Deshalb können auch Umstände, die zwischen dem Ausspruch und dem Zugang der Kündigung liegen, für die Beurteilung der Kündigung berücksichtigt werden[32]. So wird eine angemessene Verteilung des Übermittlungsrisikos erreicht: Der Arbeitgeber trägt das Risiko veränderter Umstände so lange, bis er das nach den Umständen Erforderliche getan hat, um dem Arbeitnehmer die Möglichkeit der Kenntnisnahme zu verschaffen[33].
Mit Zugang der Kündigung steht ihre Wirksamkeit fest. Diese Festlegung auf den Zugangszeitpunkt ergibt sich zum einen bereits aus der Rechtsnatur der Kündi-

---

30 BAG, Urt. v. 23.06.1983- 6 AZR 180/80- NJW 1984, S. 1836; BAG, Urt. v. 19.05.1988- 2 AZR 596/87- NZA 1989, S. 461 (463); BAG, Urt. v. 28.02.1990- 2 AZR 401-89- NJW 1990, S. 2953 (2954); BAG, Urt. v. 19.06.1991- 2 AZR 127/91- EzA § 1 KSchG Betriebsbedingte Kündigung Nr. 70; BAG, Urt. v. 27.02.1997- 2 AZR 160/96- AP Nr. 1 zu § 1 KSchG 1969 Wiedereinstellung unter II 2 a der Gründe= NZA 1997, S. 757 (758)= EzA § 1 KSchG Wiedereinstellungsanspruch Nr. 1; BAG, Urt. v. 13.11. 1997- 8 AZR 295/95- NZA 1998, S. 251 (252)= EzA § 613° BGB Nr. 154 unter II 1 der Gründe= ZIP 1998, S. 167; BAG, Urt. v. 04.12.1997- 2 AZR 140/97- AP Nr. 3 zu § 1 KSchG 1969 Wiedereinstellung= NZA 1998, S. 701 (702)= EzA § 1 KSchG Wiedereinstellungsanspruch Nr. 3 unter II 1 der Gründe; BAG, Urt. v. 12.11.98- 8 AZR 265/97- AP Nr. 5 zu §1 KSchG 1969 Wiedereinstellung unter B II 1 a der Gründe= NZA 1999, S. 311 (313)= EzA § 613a BGB Nr. 171; BAG, Urt. v. 29.04.1999- 2 AZR 431/98= NZA 1999, S. 978 (980)= SAE 2000, S. 14 (17); BAG, Urt. v. 17.06.1999- 2 AZR 639/98- EzA § 1 KSchG Wiedereinstellungsanspruch Nr.4 unter II 2 b aa der Gründe = NZA 1999 S. 1328 (1330); Ascheid, Rn. 9; Becker- Schaffner, in: BB 1998, S. 422; Belling, in: RdA 1996, S. 223 (237); Boewer, in: NZA 1999, S. 1121 (1123); Bram/Rühl, in: NZA 1990, S. 753; DLW/Dörner, D, Rn. 29; ErfK/Ascheid, § 1 KSchG, Rn. 471; Gitter, in: SAE 2000, S. 18 (19); Herschel/Löwisch, § 1 KSchG, Rn. 75; Hueck/v. Hoyningen- Huene, § 1, Rn. 156; Kaiser, in: ZfA 2000, S. 205 (212); Kittner/Däubler/Zwanziger- Kittner, § 1 KSchG, Rn. 56; Kleinebrink, in: FA 1999, S. 138; KPK- Meisel, § 1, Rn. 468; KR/Etzel § 1 KSchG, Rn.259; Linck, in: FA 2000, S. 334; MünchKom/Schwerdtner vor § 620 BGB, Rn. 407; Preis (Prinzipien), § 12 III 2; Raab, in: RdA 2000, S. 147 (151); Schaub, § 128 II 3; Stahlhacke/Preis/Vossen, § 77, Rn. 98; Walker, Anm. zum BAG- Urt. v. 27.02.1997- SAE 1998, S. 98 (104); Wank, Anm. zum BAG- Urteil v. 24.03.1983- AP § 1 KSchG 1969 Soziale Auswahl Nr. 1 und 2; HK-KSchG/Weller/Dorndorf, § 1, Rn. 943; Ziemann, in: MDR 1999, S. 716 (717); Zwanziger, in: BB 1997, S. 42; a.A.: Adam, in: RdA 1999, S. 113 (114), nach dem auf den Ablauf der Kündigungsfrist abzustellen ist; ebenso Däubler, S. 583 f; Gamillscheg, in: AcP 164 (1964), S. 383 (394); Langer, in: NZA Beil. 3/1991, S. 23 (29); Hwang, in: Diss. Göttingen 1988, dieser legt allein dem Arbeitgeber das Kündigungsrisiko auf, indem er nachträgliche Umstände stets berücksichtigen will.

31 A.A. Berkowsky (Betriebsbedingte Kündigung), § 12, Rn. 3; Hergenröder, Anm. zum BAG-Urt. v. 04.12.1994- EzA § 1 KSchG Wiedereinstellungsanspruch Nr. 3; Nägele, in: BB 1998, S. 1686 (1687).

32 KR/Etzel, § 1 KSchG, Rn. 259; Preis (Prinzipien), S. 354.

33 Stahlhacke/Preis/Vossen, § 6, Rn. 100.

gung als einseitige, empfangsbedürftige Willenserklärung[34]. Hinge die Wirksamkeit der Kündigung von dem Fortbestand des Kündigungsgrundes ab, stünde die Kündigung unter einer auflösenden Bedingung. Dies widerspräche dem Gesetz, da Gestaltungsrechte bedingungsfeindlich sind[35]. Zum anderen fordern Rechtssicherheit und Rechtsklarheit eine Festlegung auf einen objektiv festlegbaren Fixpunkt[36]. Zudem liegt es auch im Interesse beider Parteien, sich auf die Beendigung des Arbeitsverhältnisses einzustellen, um dies in ihre zukünftige Planung mit einzubeziehen[37].

Von dem soeben dargestellten Grundsatz wollen manche Stimmen eine Ausnahme bei der Verdachtskündigung und der krankheitsbedingten Kündigung machen. Hier sollen nach Zugang auftretende Umstände berücksichtigt werden. Danach wäre bei diesen Kündigungsanlässen zunächst kein Wiedereinstellungsanspruch denkbar, sondern die Kündigung unwirksam; der Arbeitgeber würde folglich einseitig mit dem Prognoserisiko belastet. Ob dieses Ergebnis sachgerecht ist, soll im Folgenden untersucht werden.

b) Sonderfall: Verdachtskündigung

Wird beispielsweise dem Kassierer eines Supermarktes wegen des dringenden Verdachtes der Unterschlagung gekündigt, so ist die Kündigung ab dem Zugangszeitpunkt wirksam, auch wenn sich der Verdacht im nachhinein als unbegründet erweist. Dieses Ergebnis ist für den Arbeitnehmer schwer nachvollziehbar.

(1) Berücksichtigung nachträglicher Umstände

So versucht die Rechtsprechung[38] und auch ein Teil der Literatur[39], das Problem zu lösen, indem sie bei der Verdachtskündigung den Beurteilungszeitpunkt der Wirksamkeit einer Kündigung nach hinten verschieben. Nach Kündigungszugang entstandene Entlastungstatsachen sollen bis zum Schluss der letzten mündlichen

---

34 Hueck/v. Hoyningen- Huene, § 1 KSchG, Rn. 156; KR/ Etzel, § 1 KSchG, Rn. 235.

35 Belling, in: RdA 1996, S. 223 (237); Boewer, in: NZA 1999, S. 1121 (1123); Hergenröder, Anm. zum BAG- Urteil v. 04.12.1997- EzA § 1 KSchG Wiedereinstellungsanspruch Nr. 3; Kaiser, in: ZfA 2000, S. 205 (211); Kleinebrink, in: FA 1999, S. 138; Nicolai/Noack, in: ZfA 2000, S. 87 (89 f); allgemein zu der Thematik der Gestaltungsrechte, vgl. nur MünchKom/Westermann, § 158 BGB, Rn. 28; Soergel/Wolf, § 158 BGB; Rn. 43.

36 Boewer, in: NZA 1999, S. 1121 (1123); Hergenröder, Anm. zum BAG- Urteil v. 04.12.1997- EzA § 1 KSchG Wiedereinstellungsanspruch Nr. 3; Raab, in: RdA 2000, S. 147 (151); Stahlhacke/Preis/Vossen, Rn. 645.

37 Preis (Prinzipien), S. 354; Stahlhacke/Preis/Vossen, Rn. 645.

38 BAG, Urt. v. 04.06.1964- 2 AZR 310/63- NJW 1964, S. 1918 (1919); BAG, Urt. v. 24.04.1975- 2 AZR 118/74- NJW 1975, S. 1752; LAG Köln, Urt. v. 03.06.1985- 2 Sa 1157/84- NZA 1985, S. 625 (626).

39 KR/Fischermeier, § 626 BGB, Rn. 233.

Verhandlung in der Tatsacheninstanz berücksichtigt werden[40]. Begründet wird diese Vorgehensweise mit dem Vorliegen der Unschuld des Arbeitnehmers bereits zum Zeitpunkt der Kündigung, weshalb die Kündigung von Anfang an unbegründet gewesen sei. Außerdem wird auf die Möglichkeit des Arbeitgebers hingewiesen, Kündigungsgründe nachzuschieben. Dementsprechend sei es gerade im Bereich der Verdachtskündigung recht und billig, einen strafrechtlichen Freispruch auch zugunsten des Arbeitnehmers zu berücksichtigen[41].

(2) Zugangszeitpunkt relevant

Dieser Argumentation steht die Ansicht gegenüber, die hinsichtlich des Beurteilungszeitpunktes bei der Verdachtskündigung keine Ausnahme machen will[42]. Kündigungsgrund sei hier der sorgfältig ermittelte, begründete und zwingende Verdacht. Das Gericht könne deshalb nur prüfen, ob im Zeitpunkt des Zuganges der Kündigung ein begründeter Verdacht vorlag. Ist dies der Fall, könne eine spätere Ausräumung des Verdachtes nichts an der Tatsache ändern, dass zum Zeitpunkt des Zuganges der Kündigung dieser Verdacht vorlag. Durch eine Verschiebung des Beurteilungszeitpunktes auf das Ende des Prozesses würde die Verdachtskündigung im Ergebnis in eine Tat-Kündigung umgewandelt[43]. Eine Berücksichtigung nachträglicher Umstände sei daher auch bei der Verdachtskündigung nicht möglich[44].

(3) Stellungnahme

Es bei einer wirksamen Kündigung trotz ausgeräumten Verdachtes zu belassen, stellt ein als ungerecht empfundenes Ergebnis dar, das korrigiert werden muss. Aber: Die Praxis der Rechtsprechung, bei der Verdachtskündigung den Beurteilungszeitpunkt auf einen späteren – und zudem nicht objektiv festgelegten – Zeitpunkt zu verschieben, verträgt sich nicht mit der Gestaltungswirkung der Kündigung und lässt den Aspekt der Rechtssicherheit unbeachtet. Würde aufgrund neu-

---

40 BAG, Urt. v. 04.06.1964- 2 AZR 310/63- NJW 1964, S. 1918 (1919); BAG, Urt. v. 24.04.1975- 2 AZR 118/74- NJW 1975, S. 1752; LAG Köln, Urt. v. 03.06.1985- 2 Sa 1157/84- NZA 1985, S. 625 (626); Hueck/v. Hoyningen- Huene, § 1 KSchG, Rn. 156 d.

41 BAG, Urt. v. 04.06.1964- 2 AZR 310/63- NJW 1964, S. 1918 (1919).

42 Belling/Künster, Anm. zum BAG- Urt. v. 14.9.94- AcP § 626 Verdacht strafbarer Handlungen Nr. 24; Berkowsky (personen- und verhaltensbed. Kündigung), § 26 V, Rn. 23; Erman/Belling § 626, Rn. 78; Herschel/Löwisch, § 1 KSchG, Rn. 158; Hueck/v. Hoyningen-Huene, § 1 KSchG, Rn. 266; Kaiser, in: ZfA 2000, S. 205 (210); KR/Hillebrecht (4. Auflage), § 626 BGB, Rn. 180; Stahlhacke/Preis/Vossen, Rn. 582; v. Stein, in: RdA 1991, S. 85 (86); Walker, Anm. zum BAG- Urt. v. 27.02.1997- SAE 1998, S. 98 (105).

43 Belling/Künster, Anm. zum BAG- Urt. v. 14.9.94- AcP § 626 (Verdacht strafbarer Handlungen), Nr. 24; KR/ Hillebrecht § 626 BGB, Rn. 180.

44 Berkowsky (personen- und verhaltensbed. Kündigung), § 26 V, Rn. 23; v. Stein, in: RdA 1991, S. 85 (86); Herschel/Löwisch, § 1 KSchG, Rn. 158.

er Umstände die Frage nach der Wirksamkeit der Kündigung gestellt, käme es zu unabsehbaren Modifikationen des ursprünglichen Kündigungssachverhaltes.

Doch auch die konsequente Festlegung auf den Zugangszeitpunkt führt für einen grundlos verdächtigen Arbeitnehmer nicht zum endgültigen Verlust seines Arbeitsplatzes. Vielmehr stellt sich gerade hier die Frage nach einem Wiedereinstellungsanspruch. Dieser kann zu sachgerechten Ergebnissen führen, indem er im Rahmen der Verdachtskündigung unter diesen Umständen uneingeschränkt zu bejahen ist und den Verlust des Arbeitsplatzes verhindert[45]. Dies wiederum entspricht auch der gängigen Praxis der Rechtsprechung[46]. Warum die Möglichkeit eines Wiedereinstellungsanspruches erst nach Abschluss der mündlichen Verhandlung erwogen werden sollte, ist nicht einzusehen. Im Ergebnis ist auch bei der Verdachtskündigung für ihre Wirksamkeit nur der Zeitpunkt des Zuganges relevant.

c) Sonderfall: Krankheitsbedingte Kündigung

Auch bei der krankheitsbedingten Kündigung stehen sich im Hinblick auf den Beurteilungszeitpunkt zwei Ansichten gegenüber.

(1) Berücksichtigung nachträglicher Umstände

Eine Ansicht will die tatsächliche Entwicklung einer Krankheit bis zum Ende der letzten mündlichen Verhandlung berücksichtigen[47]. Wie bei der Verdachtskündigung soll der Arbeitgeber das Kündigungsrisiko tragen, wenn er trotz Kündigungsschutzklage des Arbeitnehmers an seiner Prognose festhält[48]. Es sei sachlich nicht vertretbar und für die Parteien nicht einsehbar, aufgrund einer ärztlichen Prognose den Prozess zu verlieren, die im Widerspruch zu der tatsächlichen späteren gesundheitlichen Entwicklung des Arbeitnehmers steht[49].

(2) Zugangszeitpunkt relevant

Die überwiegende Meinung stützt sich hingegen auch bei der krankheitsbedingten Kündigung auf den üblichen Zeitpunkt des Zuganges[50]. Die weitere Verschiebung

---

45 Vgl. Darstellung zum Wiedereinstellungsanspruch nach einer Verdachtskündigung, § 2 II 1.

46 Vgl. dazu § 2 II 1.

47 BAG, Urt. v. 10.11.1983- 2 AZR 291/82- BB 1984, S. 917; BAG BB 1985, S. 661; KR/Fischermeier, § 626 BGB, Rn. 233; Otto, Anm. zum BAG- Urt. v. 25.11.82- EzA § 1 KSchG Krankheit Nr. 10.

48 Otto, Anm. zum BAG- Urt. v. 25.11.82- EzA § 1 KSchG Krankheit Nr. 10.

49 BAG, Urt. v. 02.11.1983- 7 AZR 272/82- DB 1984, S. 831 (833).

50 BAG, Urt. v. 25.11.1983- 2 AZR 140/81- EzA § 1 KSchG Krankheit Nr. 10; BAG, Urt. v. 29.04.1999- 2 AZR 431/98- NZA 1999, S. 978, hier lehnt der 2. Senat ausdrücklich seine bisherige Rechtsprechung (vgl. Fn. 47) ab; zustimmend: Bram/Rühl, in: NZA 1990, S. 753;

des Beurteilungszeitpunktes soll es für den Arbeitgeber unmöglich machen, bei Ausspruch einer krankheitsbedingten Kündigung deren Rechtmäßigkeit noch einigermaßen zuverlässig zu beurteilen[51]. Der Ausgang eines Kündigungsschutzprozesses werde so nicht nur für den Arbeitgeber, sondern wegen der möglichen Berücksichtigung einer späteren Verschlechterung seines Gesundheitszustandes auch für den Arbeitnehmer immer weniger vorhersehbar[52].

(3) Stellungnahme

Fordert man für die Rechtssicherheit einen einheitlichen Beurteilungszeitpunkt, kann an dieser Stelle die Argumentation nicht anders ausfallen als bei den anderen Kündigungsarten: Verändert sich die gesundheitliche Situation des Arbeitnehmers nach Zugang der Kündigung, bleibt die Kündigung wirksam. Folglich kann eine zum Zeitpunkt ihres Zuganges gerechtfertigte Kündigung nicht nachträglich aufgrund der Widerlegung der Prognose unwirksam werden. Die Kündigungsschutzklage wird nicht mehr zum Erfolg führen. Statt dessen ist für eine Prognosekorrektur außerhalb des Tatbestandes der Kündigung anzusetzen und eine Norm mit eigenem Tatbestand und eigener Rechtsfolge zu schaffen. Im Ergebnis kann also allein ein möglicher Wiedereinstellungsanspruch unbillige Ergebnisse korrigieren.

3. Ergebnis zu § 1 II

Das Prognoseprinzip ist ein Prinzip des gesamten Kündigungsschutzrechtes und damit bei allen Kündigungsgründen gleichermaßen Voraussetzung für ihre soziale Rechtfertigung. Auch hinsichtlich des Beurteilungszeitpunktes ihrer Wirksamkeit sind alle Kündigungsanlässe gleich zu behandeln: Es kommt ausnahmslos auf den Zugangszeitpunkt der Kündigung an.

Gitter, Anm. zum BAG- Urt. v. 29.04.1999- SAE 2000, S. 18 (19); Kittner/Däubler/Zwanziger- Kittner § 1 KSchG, Rn. 77; Mathern, in: NJW 1996, S. 18 (820); Preis, in: Hromadka, S.99; Wank, Anm. zum BAG- Urt. v. 24.03.1983- AP §1 KSchG 1969 Nr. 2 Soziale Auswahl; Zwanziger, in: BB 1997, S. 42 (43).

51 BAG, Urt. v. 29.04. 1999- 2 AZR 431/98- NZA 1999, S. 978, zustimmend: Gitter, Anm. zum BAG- Urt. v. 29.04.1999- SAE 2000, S. 18 (19).

52 BAG, Urt. v. 15.08. 1984- 7 AZR 536/82- DB 1985, S. 976; Voigt, in: DB 1996, S. 526 (527).

§ 2 Die Herleitung des Wiedereinstellungsanspruches

Will man dem Arbeitgeber außerhalb einer vertraglichen Regelung die Pflicht der Wiedereinstellung auferlegen, stellt sich zunächst die Frage nach der Rechtsgrundlage[53].

I. Allgemeiner Wiedereinstellungsanspruch

Vor der Herleitung muss jedoch die Frage nach der grundsätzlichen Möglichkeit eines allgemeinen Wiedereinstellungsanspruches gestellt werden. Erst im Anschluss ist die Rechtsgrundlage eines Wiedereinstellungsanspruches herauszuarbeiten.

1. Ablehnung eines allgemeinen Wiedereinstellungsanspruches

Teile der Rechtsprechung[54] und der Literatur[55] nehmen einen Wiedereinstellungsanspruch nur in eng begrenzten Sonderfällen an.

Diese Ansicht wurde vor allem in der Vergangenheit vertreten. Nach dem zweiten Weltkrieg griffen Rechtsprechung und Schrifttum das Problem der Wiedereinstellung auf. Im Zusammenhang mit der Entnazifizierung in den Jahren nach 1945 wurden viele Arbeitnehmer wegen des Verdachts politischer Verfehlungen zu Unrecht entlassen[56]. Ausnahmsweise bejahte man hier eine Wiedereinstellungspflicht, wenn der Arbeitnehmer entnazifiziert worden war[57]. Gleichermaßen aus dem Grundsatz der Rehabilitierung und dem Grundsatz von Treu und Glauben

---

53 A.A: Beckschulze, in: DB 1998, S. 417, für den sich der Streit um die dogmatische Grundlage nach der BAG-Entscheidung vom 27.02.1997 (vgl. Fn. 1) erübrigt hat.

54 BAG, Urt. v. 14.12. 1956- 1 AZR 29/55- NJW 1957, S. 764; BAG, Urt. v. 25.02.1960- 3 AZR 446/57- NJW 1960, S. 1685; LAG Hamburg, Urt. v. 19.04.1949- 20 Sa 91/49- BB 1949, S. 372; LAG Stuttgart, Urt. v. 01.08.1949- LA 140-142/49- BB 1950, S. 23; BAG, Beschl. v. 21.04.1974- 651/68- NJW 1971, S. 1668; BGH, Urt. v. 13.07.1956- VIZR 88/55- NJW 1956, S. 1513; BAG, Urt. v. 04.06.1964- 2 AZR 310/63- NJW 1964, S. 1919 (1918); BAG, Beschl. v. 28.01.1955- GS 1/54- NJW 1955, S. 882.

55 Adam, in: ZTR 1999, S. 113 (114); v. Bar, in: AcP 179 (1979), S. 452 (473); Boemke „Arbeitsvertrag- AV X“ in: AR Blattei 220.10, Rn. 172; v. Carolsfeld, S. 401; Gentges, S. 372; Heilmann, S. 116; Hueck, in: FS für Hedemann, S. 131 (141 f). Kaiser, in: ZfA 2000, S. 205 (235); Langer, in: NZA Beil. 3/1991, S. 23 (29); Mohnen, in: RdA 1957, S. 405 (409); Otto, in: FS f. Kraft, S. 451 (464); Ricken, in: NZA 1989, S. 460 (464); Sowka, § 1 KSchG, Rn. 468.

56 Ausführlich zu dieser zeitlichen Entwicklung nach 1945, vgl. Überblick bei Heilmann III 1, S. 81 ff.

57 BAG, Urt. v. 14.12.1956- 1 AZR 29/55- NJW 1957, S. 764; BAG, Urt. v. 25.02.1960- 3 AZR 446/57- NJW 1960, S. 1685; LAG Hamburg, Urt. v. 19.04.1949- 20 Sa 91/49- BB 1949, S. 372; LAG, Stuttgart, Urt. v. 01.08.1949- LA 140-142/49- BB 1950, S. 23; Grünhage, S. 135; Hilger, in: BB 1994, S. 471; Reinhardt, in: RdA 1950, S. 81 (87).

ließ man im Fall der Verdachtskündigung eine Wiedereinstellungspflicht zu, wenn der Verdacht ausgeräumt wurde[58]. Ein weiterer Ausnahmefall sollte die Situation nach einer Aussperrung mit lösender Wirkung darstellen: Das Bundesarbeitsgericht räumte dem Arbeitnehmer in einem solchen Fall nach Beendigung des Arbeitskampfes einen Wiedereinstellungsanspruch nach billigem Ermessen ein, um die Wiederherstellung des Arbeitsfriedens zu erreichen[59].

Aber auch jetzt noch wollen einige Stimmen[60] in der Literatur die Möglichkeit eines Wiedereinstellungsanspruches grundsätzlich ausschließen. Danach kommt es nur auf die Umstände bei Zugang der Kündigung an, spätere Entwicklungen sollen außer Betracht bleiben. Die Begründungen dafür sind vielfältig: Aus dem Arbeitsverhältnis könne sich nicht die Pflicht ergeben, beendete Leistungspflichten wieder aufleben zu lassen[61]. Deshalb handle der Arbeitgeber nicht rechtsmissbräuchlich, wenn er sich auf die Wirksamkeit der Kündigung beruft[62]. Außerdem müssten Rechtssicherheit und die unternehmerische Freiheit des Arbeitgebers durch die endgültige Auflösung des Arbeitsverhältnisses geschützt werden[63].

2. Befürwortung eines Wiedereinstellungsanspruches

In eine andere Richtung führt die jüngere Rechtsprechung des Bundesarbeitsgerichts[64]: Es bejaht die Möglichkeit eines Wiedereinstellungsanspruches auch nach einer betriebsbedingten Kündigung. In der ausführlichen Begründung dieser Entscheidung lässt sich eine Tendenz erkennen, den Anwendungsbereich des Wiedereinstellungsanspruches allgemein auszudehnen.

---

58 BAG, Beschl. v. 21.04.1974- 651/68- NJW 1971, S. 1668; BGH, Urt. v. 13.07.1956- VIZR 88/55- NJW 1956, S. 1513; BAG, Urt. v. 04.06.1964- 2 AZR 310/63- NJW 1964, S. 1918 (1919); BAG, Beschl. v. 28.01.1955- GS 1/54- NJW 1955, S. 882; Boemke „Arbeitsvertrag- AV X“ in: AR Blattei 220.10, Rn. 174; Däubler, AR 1, S. 306; Diekhoff, in: DB 1958, S.868 (871); Grünhage, S. 150; Hueck, in: FS für Hedemann 1958, S. 131 (150).

59 Beschl. v. 28.01.1955- GS 1/54- NJW 1955, S. 882; BAG, Beschl. v. 21.04.1971- 651/68- NJW 1971, S. 1668; BAG, bestätigt von Boemke, „Arbeitsvertrag- AV X“, in: AR Blattei 220.10, Rn. 174; Däubler, AR 1, S. 306.

60 Adam, in: ZTR 1999, S. 113 (114); Boemke „Arbeitsvertrag- AV X“ in: AR Blattei 220.10, Rn. 172; Gentges, S. 372; Kaiser, in: ZfA 2000, S. 205 (235); Langer, in: NZA Beil. 3/1991, S. 23 (29); Mohnen, in: RdA 1957, S. 405 (409); Otto, in: FS f. Kraft, S. 451 (463 f), Ricken, in: NZA 1989, S. 460 (464) der dennoch von den Grenzen eines „allgemeinen Wiedereinstellungsanspruches“ spricht; Sowka, § 1 KSchG, Rn. 468.

61 V. Bar AcP 179 (1979), S. 452 (473); Boemke „Arbeitsvertrag- AV X“ in: AR Blattei 220.10, Rn. 172; Heilmann, S. 116; Ricken, in: NZA 1998, S. 460 (464).

62 Boemke, „Arbeitsvertrag- AV X“ in: AR Blattei 220.10., Rn. 17; Zwanziger, in: BB 1997, S. 42.

63 Heilmann, S. 116; Ricken, in: NZA 1998, S. 460 (464).

64 Vgl. Fn. 1 und Fn. 2.

Als vorrangigen Gesichtspunkt für einen Wiedereinstellungsanspruch führt das Bundesarbeitsgericht die *Notwendigkeit eines Korrektivs* an[65]: Der Bestandsschutz des Arbeitsverhältnisses sei eingeschränkt, da eine bloße Prognose des Arbeitgebers über die zu einem späteren Zeitpunkt erwartenden Kündigungsgründe für eine wirksame Kündigung ausreiche. Zudem werde bei der Prüfung des Kündigungsgrundes einhellig auf den Zeitpunkt des Zuganges abgestellt[66]. Diese „Vorverlagerung“ des Prüfungszeitpunktes sei zwar aus Gründen der Rechtssicherheit, Verlässlichkeit und Klarheit geboten. Zugleich verlange sie jedoch nach einer Korrektur in den Fällen, in denen sich die kündigungsbegründenden Umstände entgegen der ursprünglichen Prognose nachträglich ändern[67]. Das durch Art. 12 GG geschützte Recht des Arbeitnehmers, seinen Arbeitsplatz und damit seinen sozialen Besitzstand nicht grundlos zu verlieren, würde zu stark beeinträchtigt, wenn der Arbeitgeber ohne rechtfertigenden Grund frei über die Beendigung des Arbeitsverhältnisses entscheiden könnte[68]. Deshalb müsse der Arbeitgeber im Sinne einer „Geschäftsgrundlage“ an dem Kündigungsgrund festgehalten werden und sich mit dem Vertragsangebot des Arbeitnehmers auf Wiedereinstellung einverstanden erklären.

Die ganz überwiegende Literaturmeinung folgt dieser Tendenz für eine grundsätzliche Anerkennung eines Wiedereinstellungsanspruches[69]. Die genaue dogmati-

---

65 BAG, Urt. v. 27.02.1997- 2 AZR 160/96- AP Nr. 1 zu § 1 KSchG 1969 Wiedereinstellung unter II 4 b der Gründe= NZA 1997, S. 757 (758)= EzA § 1 KSchG Wiedereinstellungsanspruch Nr. 1; bestätigt in: BAG, Urt. v. 06.08. 1997- 7 AZR 557/96- AP Nr. 2 zu § 1 KSchG Wiedereinstellungsanspruch= NZA 1998, S. 254= EzA § 1 KSchG Wiedereinstellungsanspruch Nr. 2; BAG, Urt. v. 04.12.1997- 2 AZR 140/97- AP Nr. 3 zu § 1 KSchG 1969 Wiedereinstellung= NZA 1998, S. 701 (703)= EzA § 1 KSchG Wiedereinstellungsanspruch Nr.3 unter II 2 der Gründe; BAG, Urt. v. 28.06.2000- 7 AZR 904/98- NZA 2000, S. 1097 (110) =ZIP 2000, S. 1781 (1783); LAG Düsseldorf, Urt. v. 15.02.2000- 3 Sa 1781/99- NZA- RR 2000, S. 456 (458); zustimmend: Annuß, in: BB 1998, S. 1582 (1587); Boewer, in: NZA 1999, S. 1177 (1179); Bram/Rühl, in: NZA 1990, S. 753 (754); Hergenröder, Anm. zum BAG- Urteil v. 04.12.1997- EzA zu § 1 KSchG Wiedereinstellungsanspruch Nr. 3; HK-KSchG/Weller/Dorndorf, § 1 KSchG, Rn. 946; Kania, Anm. zum BAG- Urteil v. 27.02.1997- EzA § 1 KSchG Wiedereinstellungsanspruch Nr. 1; Linck, in: FA 2000, S. 334; Meinel/Bauer, in: NZA 1999, S. 575 (576); Peters/Thüsing, Anm. zum BAG- Urteil v. 13.11.1997- EzA zu § 613a BGB, Nr. 154; Raab, in: RdA 2000, S. 147 (149).

66 Zu dem Prognoseprinzip und dem Beurteilungszeitpunkt des Kündigungsgrundes, vgl. § 1 II 1 und § 1 II 2.

67 A.A. Nicolai/Noack, in: ZfA 2000, S. 87 (91): Wenn man dem Arbeitgeber das Kündigungsrecht aufgrund einer Prognose zugestehe, folge daraus zwangsläufig eine gesetzliche Risikoverteilung und der Arbeitgeber sei von dem Risiko der Fehlprognose befreit.

68 2 AZR 160/96 (Fn.1) unter II 4 d aa der Gründe. Kritisch zu der Heranziehung des Art. 12 GG: Kaiser, in: ZfA 2000, S. 205 (230); Ricken, in: NZA 1998, S. 460 (463).

69 Annuß, in: BB 1998, S. 1582 (1587); Boewer, in: NZA 1999, S. 1121 (1128); Bram/Rühl, in: NZA 1990, S. 753 (755); Caspers, D, Rn. 211; ErfK/Ascheid § 1 KSchG, Rn. 473; Hergenröder, Anm. zum BAG- Urteil v. 04.12.1997- EzA zu § 1 KSchG Wiedereinstellungsanspruch Nr. 3; HK- KSchG/Weller/Dorndorf, § 1 , Rn. 946; Hueck/v. Hoyningen- Huene, § 1

sche Begründung eines Wiedereinstellungsanspruches ist allerdings noch immer stark umstritten. Die verschiedenen Lösungsansätze werden im folgenden dargestellt.

a) Schadenersatzansprüche, Gefährdungshaftung

Nur sehr kurz eingegangen werden soll auf die Herleitung des Wiedereinstellungsanspruches aus einem Schadenersatzanspruch oder aus der Gefährdungshaftung[70]. Als Rechtsgrundlage könnten hier die positive Vertragsverletzung, § 823 I BGB oder § 826 BGB dienen, wobei die Verletzungshandlung entweder in der Kündigung selbst oder in dem Unterlassen einer möglichen Wiedereinstellung gesehen wird. Abgesehen von der Frage, ob der Arbeitsplatz als ein nach § 823 I BGB geschütztes Rechtsgut anzusehen ist[71], kann jedoch eine wirksame Kündigung weder eine rechtswidrige, noch eine schuldhafte Handlung (oder Unterlassung) des Arbeitgebers darstellen. Daher entfällt ein Schadenersatzanspruch[72]. Aber auch die Gefährdungshaftung, die weder rechtswidriges noch schuldhaftes Handeln voraussetzt, ist als Rechtsgrundlage eines Wiedereinstellungsanspruches auszuschließen: Ihre Tatbestände sind abschließend normiert und können nicht erweitert werden[73].

b) § 242 BGB

Statt dessen dient § 242 BGB[74] sowohl nach Ansicht der neueren Rechtsprechung[75], als auch nach überwiegender Literaturmeinung[76] als allgemeine Herlei-

---

KSchG, Rn. 156 c; KR/Etzel § 1 KSchG, Rn. 259; Löwisch, § 1III 1 d, Rn. 74; Linck, in: FA 2000, S. 334 (335); Maus, § 1 KSchG, Rn. 223; Meinel/Bauer in: NZA 1999, S. 575 (577); MünchArbR/Berkowsky, § 141, Rn. 50; Nägele, in: BB 1998, S. 1686 (1687); Preis (Prinzipien), S. 351; Raab, in: RdA 2000, S. 147 (153); Schmidt, AR- Blattei Kündigungsschutz IV B V; Walker, Anm. zum BAG- Urt. v. 27.02.1997- SAE 1998, S. 98 (106), Wank, Anm. zum BAG- Urt. v. 24.03.1983- AP Nr. 2 zu § 1 KSchG 1969 Soziale Auswahl.

70 Als mögliche Rechtsgrundlage eines Wiedereinstellungsanspruches herangezogen von Hueck, in: FS für Hedemann, S. 131 (136); Mohnen, in: RdA 1957, S. 405 (409); Molitor, Anm. zum BAG- Urt. v. 13.06.1957- SAE 1957, S. 5 (7).

71 Ablehnend: Boewer, in: NZA 1999, S. 1121 (1129); Hueck, in: FS f. Hedemann, S. 131 (137).

72 Honstetter B II 3, S. 173; v. Stein, in: RdA 1991, S. 85 (88).

73 Boewer, in: NZA 1999, S. 1121 (1129); MünchKom/Mertens, vor §§ 823-853, Rn. 20; Palandt/Thomas, Einf. v. § 823 BGB, Rn. 11 c; v. Stein, in: RdA 1991, S. 85 (88).

74 Nach dem BAG bildet der Grundsatz von Treu und Glauben (§ 242 BGB) eine allen Rechten, Rechtslagen und Rechtsnormen immanente Inhaltsbegrenzung und kann hier ausnahmsweise anspruchsbegründende Wirkung haben, vgl. 2 AZR 160/96 (Fn.1) unter II 4 d der Gründe.

75 BAG, Urt. v. 27.02.1997- 2 AZR 160/96- AP Nr. 1 zu § 1 KSchG 1969 Wiedereinstellung unter II 4 c der Gründe= NZA 1997, S. 757 (759)= EzA § 1 KSchG Wiedereinstellungsanspruch Nr. 1; BAG, Urt. v. 04.12.1997- 2 AZR 140/97- AP Nr. 3 zu § 1 KSchG 1969 Wiedereinstellung= NZA 1998, S. 701 (703)= EzA § 1 KSchG Wiedereinstellungsanspruch Nr.3

tung eines Wiedereinstellungsanspruches. Auf § 242 BGB lassen sich verschiedene Ansätze zurückführen[77].

(1) Vertrauenshaftung i.V.m. § 242 BGB

Nach einer Ansicht[78] wird als Rechtsgrundlage für den Wiedereinstellungsanspruch der Grundsatz des Vertrauensschutzes herangezogen: Der Arbeitnehmer soll darauf vertrauen können, seinen Arbeitsplatz nur infolge des festgestellten Kündigungsgrundes aufgeben zu müssen, nicht aber im Widerspruch zu den tatsächlichen Umständen[79]. Dem gegenüber wird jedoch eingewandt, der Vertrauensschutzgrundsatz könne nur ausnahmsweise anspruchsbegründend wirken. Voraussetzung dafür sei ein besonderes Verhalten des Arbeitgebers, das über die Tatsache des Ausspruches der Kündigung hinausgeht[80]. Der Arbeitgeber setze deshalb mit Ausspruch der Kündigung nicht zugleich den Vertrauenstatbestand, er werde den Arbeitnehmer wiedereinstellen, wenn sich der Kündigungsgrund im nachhinein zerschlägt[81].

(2) Treue- und Fürsorgepflichten des Arbeitgebers

Andere leiten aus § 242 BGB eine nachwirkende Fürsorgepflicht[82] des Arbeitgebers ab, die eine Wiedereinstellungspflicht zur Folge haben soll[83]. Dieser Begrün-

---

unter II 2 der Gründe; BAG, Urt. v. 06.08. 1997- 7 AZR 557/96- AP Nr. 2 zu § 1 KSchG Wiedereinstellungsanspruch unter II 1 b der Gründe= NZA 1998, S. 254 (255)= EzA § 1 KSchG Wiedereinstellungsanspruch Nr. 2; BAG Urt. v. 15.03.1984- 2 AZR 24/83- NZA 1984, S. 226; LAG Köln, Urt. v. 10.01. 1989- 4/2 Sa/860/88- LAGE § 611 BGB Einstellungsanspruch Nr. 1; LAG Hamburg, Urt. v. 26.04. 1990- 2 Sa 90/89- DB 1991, S. 1180.

76 Boemke Arbeitsvertrag-Arbeitsverhältnis X, Nachwirkungen des Arbeitsvertrages AR Blattei 220.10, Boewer, in: NZA 1999, S. 1121 (1128); Bram/ Rühl, in: NZA 1990, S. 753 (754); Hueck/v. Hoyningen-Huene, § 1 KSchG, Rn. 156 b; Kittner/Däubler/Zwanziger- Kittner § 1 KSchG, Rn. 56 a; KPK- Meisel, § 1 , Rn. 468; Langer, in: NZA Beil. 3/1991, S. 23 (29); Larenz, Anm. zum BAG- Urt. v. 24.11.1956- AP Nr. 3 und 4 zu § 611 BGB Fürsorgepflicht; Löwisch § 1 III 1 d, Rn 74; MünchArb/Berkowsky, § 134, Rn. 84; Nägele, in: BB 1998, 1686 (1689); Preis (Prinzipien), S. 351; Schaub § 108 V 2, S. 930; Rn. 166; v. Stein, in: RdA 1991, S. 83 (88); Walker, Anm. zum BAG- Urt. v. 27.02.1997- SAE 1998, S. 98 (105).

77 Vgl. Darstellung bei Walker, Anm. zum BAG- Urt. v. 27.02.1997- SAE 1998, S. 98 (105).

78 Hueck/v. Hoyningen-Huene, § 1 KSchG, Rn. 156 b; MünchArb/Berkowsky, § 134, Rn. 84.

79 Vgl. Argumentation des 2 AZR 160/96 (Fn.1) unter II 4 d aa, zustimmend: Boewer, in: NZA 1999, S. 1121 (1128); Linck, in: FA 2000, S. 334 (335).

80 Gentges, § 14 V 3, S. 386; Honstetter B II 3, S. 177; Kaiser, in: ZfA 2000, S. 205 (223); Langer, in: NZA Beil. 3/1991, S. 23 (28); Mummenhoff, Anm. zum BAG- Urt. v. 15.03.1984- SAE 1985, S. 302 (306); Sieg, Anm. zum BAG- Urt. v. 10.11.1977- SAE 1978, S. 120 (122); v. Stein, in: RdA 1991, S. 83 (87); Zöllner/Loritz § 16 II 2 c, S. 209.

81 Langenbucher, in: ZfA 1999, S. 299 (305); Nicolai/Noack, in: ZfA 2000, S. 87 (95); Raab, in: RdA 2000, S. 147 (151); Ricken, in: NZA 1998, S. 460 (462).

82 Nach a.A. ist statt dessen von einer allgemeinen Interessenwahrungspflicht des Arbeitgebers die Rede, vgl. BAG, Urt. v. 27.02.1997- AP Nr. 1 zu § 1 KSchG 1969 Wiedereinstellung,

dungsversuch ist jedoch problematisch, da die Fürsorgepflicht eine Nebenpflicht des Arbeitgebers darstellt. Deshalb wird vertreten, diese scheide als geeignete Rechtsgrundlage aus, um Hauptpflichten (wieder-) zu begründen[84]. Die Gegenansicht stellt auf die besondere soziale Situation ab: Die Fürsorgepflicht sei deshalb auszudehnen und aus ihr resultiere so ein Wiedereinstellungsanspruch[85].

(3) Rechtsmissbrauch, Verbot des venire contra factum proprium

Überwiegend wird jedoch zur Herleitung eines Wiedereinstellungsanspruches § 242 BGB mit der Begründung des Rechtsmissbrauchs oder dem Grundsatz des Verbotes des venire contra factum proprium aufgegriffen[86]. Der Arbeitgeber soll sich rechtsmissbräuchlich verhalten, wenn er bei Wegfall des Kündigungsgrundes dem Arbeitnehmer nicht die Fortsetzung des Arbeitverhältnisses anbietet bzw.

---

dazu EWiR § 613 a BGB 3/97, S. 781 m. Anm. Junker; ebenso, Oetker, in: ZIP 2000, S. 643 (646).

83 BAG, Urt. v. 04.12.1956- AP Nr. 3 zu § 611 BGB Fürsorgepflicht; LAG Köln, Urt. v. 10.01. 1989- 4/2 Sa/860/88- LAGE § 611 BGB Einstellungsanspruch Nr. 1; LAG Hamburg, Urt. v. 26.04. 1990- 2 Sa 90/89- DB 1991, S. 1180 ; Annuß, in: BB 1998, S. 1582 (1587); Caspers, D, Rn. 215; Dietz, S. 31 (3.4.1); Hambitzer, in: NJW 1985, S. 2239 (2240); HK-KSchG/Dorndorf, § 1 KSchG, Rn. 946; Kittner/Däubler/Zwanziger- Kittner, § 1 KSchG, Rn. 56 a; Löwisch § 1III 1 d, Rn. 74; Schaub, § 108 V 2, S. 930.

84 BAG, Urt. v. 06.08. 1997- 7 AZR 557/96- AP Nr. 2 zu § 1 KSchG Wiedereinstellungsanspruch unter II 2 der Gründe= NZA 1998, S. 254 (255)= EzA § 1 KSchG Wiedereinstellungsanspruch Nr. 2; Eich, Anm. zum BAG- Urt. v. 29.01.1987- SAE 1988, S. 75 (80); Honstetter, B II 3, S. 176; Kaiser, in: ZfA 2000, S. 205 (221); Langenbucher, in: ZfA 1999, S. 299 (305); Langer, in: NZA Beil 3/1991, S. 23 (26); Larenz, Anm. zum BAG- Urt. v. 24.11.1956- AP Nr. 3 und Nr. 4 zu § 611 BGB (Fürsorgepflicht); Mummenhoff, in: JUS 1987, S. 893 (895); Raab, in: RdA 2000, S. 147 (149); Ricken, in: NZA 1998, S. 460 (463); Walker, Anm. zum BAG- Urt. v. 27.02.1997- SAE 1998, 98 (105); Wank, Anm. zum BAG-Urt. v. 24.03.1983- AP Nr. 2 zu § 1 KSchG 1969 (Soziale Auswahl).

85 Vgl. LAG Hamburg, Urt. v.26.04.1990- 2 Sa 90/89- DB 1991, S. 1180; Hambitzer, in: NJW 1985, S. 2239 (2240).

86 BAG, Urt. v. 27.02.1997- 2 AZR 160/96- AP Nr. 1 zu § 1 KSchG 1969 Wiedereinstellung unter II 4 c der Gründe= NZA 1997, S. 757 (759)= EzA § 1 KSchG Wiedereinstellungsanspruch Nr. 1; BAG, Urt. v. 04.12.1997- 2 AZR 140/97- AP Nr. 3 zu § 1 KSchG 1969 Wiedereinstellung= NZA 1998, S. 701 (703)= EzA § 1 KSchG Wiedereinstellungsanspruch Nr. 3 unter II 2 der Gründe; BAG, Urt. v. 27.02.1997- 2 AZR 160/96- AP Nr. 1 zu § 1 KSchG 1969 Wiedereinstellung = NZA 1997, S. 757 (759); BAG, Urt. v. 15.03.1984- 2 AZR 24/83- NZA 1984, S. 226 (227); Boemke, Arbeitsvertrag-Arbeitsverhältnis X, Nachwirkungen des Arbeitsvertrages, AR Blattei 220.10, Rn. 166; Boewer, in: NZA 1999, S. 1121 (1128); Bram/Rühl, in: NZA 1990, S. 753 (754); Langer, in: NZA Beil. 3/1991, S. 23 (29); Larenz, Anm. zum BAG- Urt. v. 24.11.1956- AP zu § 611 BGB Fürsorgepflicht Nr. 3 und Nr. 4; Nägele, in: BB 1998, S. 1686 (1689); Peters/Thüsing, Anm. zum BAG- Urt. v. 13.11.1997- EzA zu § 613 a BGB, Nr. 154; Preis (Prinzipien), S. 351; derselbe, Anm. zum LAG Köln-Urt. v. 10.01.1989- LAGE § 611 BGB, Einstellungsanspruch Nr. 1; Walker, Anm. zum BAG- Urt. v. 27.02.1997- SAE 1998, S. 98 (105); Wank Anm. zum BAG- Urt. v. 24.03.1983- AP Nr. 2 zu § 1 KSchG 1969 Soziale Auswahl.

sich nicht mit ihr einverstanden erklärt[87]. Zudem handele der Arbeitgeber widersprüchlich[88], wenn er aus bestimmten Gründen die Kündigung ausspricht und nach Wegfall dieser Gründe an den Rechtsfolgen der Kündigung festhält[89].

3. Stellungnahme

Nun ist zunächst über die grundsätzliche Möglichkeit eines Wiedereinstellungsanspruches zu entscheiden. Die Tendenz des Bundesarbeitsgerichtes, den Anwendungsbereich des Wiedereinstellungsanspruches auszuweiten, ist zu befürworten: Der Arbeitgeber hat die Möglichkeit, aufgrund einer bloßen Erwartung der weiteren Entwicklung der Umstände, eine wirksame Kündigung auszusprechen. So wird auf der einen Seite dem Interesse des Arbeitgebers Rechnung getragen: Er darf frühzeitig kündigen, da er ansonsten Annahmeverzugslohn zahlen müsste. Auf der anderen Seite muss dem Arbeitnehmer eine Reaktionsmöglichkeit auf die Fehlprognose zugestanden werden. Wenn die Prognose nachträglich widerlegt wird, kann dem Arbeitnehmer ein Wiedereinstellungsanspruch zustehen[90]. Bei einer anderen Beurteilung müsste der Arbeitnehmer das volle Risiko der Fehlprognose des Arbeitgebers tragen und mit dem Verlust des Arbeitsplatzes bezahlen. Dem Arbeitgeber kämen weiterhin nur Vorteile zu: Unter Ausnutzung des eigenen Irrtums im Hinblick auf die Zukunftsprognose könnte er wählen, ob eine Wiedereinstellung des gekündigten Arbeitnehmers für ihn vorteilhaft ist[91]. Dieses Ergebnis wäre nicht interessengerecht und mit der Zielsetzung des Kündigungsschutzgesetzes nicht zu vereinbaren. Der Wiedereinstellungsanspruch ist vor diesem Hintergrund ein notwendiges Korrektiv des Prognoseprinzips; der Arbeitnehmer soll grundsätzlich seinen Arbeitsplatz nur verlieren, wenn der Kündigungsgrund fortbesteht.

---

87 A.A. Nicolai/Noack, in: ZfA 2000, S. 87 (93); Raab, in: RdA 2000, S. 147 (150), Ricken, in: NZA 1998, S. 460 (462), wonach der Arbeitgeber in dieser Situation nicht rechtsmissbräuchlich handelt, sondern nur sein Recht auf Vertragsfreiheit geltend macht. Aber auch dieses Argument wurde von der oben zitierten Rechtsprechung (vgl. Fn. 1) mit einer Parallele zum Anfechtungsrecht widerlegt: Ach der sich zu Recht auf § 119 BGB berufende Anfechtende müsse sich jedenfalls an seinem ursprünglichen Willen festhalten lassen.

88 Also im Sinne des Grundsatzes „venire contra factum proprium" als Verstoß gegen das frühere eigene Verhalten.

89 A.A. Kaiser, in: ZfA 2000, S. 205 (223); Raab, in: RdA 2000, S. 147 (149); Ricken, in: NZA 1998, S. 460 (462); v. Stein, in: RdA 1991, S. 83 (87).

90 Dem entspricht auch die Rechtslage im Mietrecht. Nach einer Eigenbedarfskündigung gem. § 564 b II Nr. 2 BGB ist der Vermieter verpflichtet, das Mietverhältnis fortzusetzen, wenn die den Eigenbedarf rechtfertigenden Gründe im nachhinein wegfallen; vgl. dazu OLG Karlsruhe, Urt. v. 07.10.1981- Re- Miet 6/81- NJW 1982, S. 54.

91 Oder er könnte wie über den zu entscheidenden Sachverhalt in Fn. 1 (2 AZR 160/96) dem gekündigten Arbeitnehmer nur eine Weiterbeschäftigung zu verschlechterten Arbeitsbedingungen anbieten.

Nach der Anerkennung eines Wiedereinstellungsanspruches stellt sich die Frage nach seiner Rechtsgrundlage. Wie lässt sich der Wiedereinstellungsanspruch methodisch einordnen? Allein der Bedarf eines Korrektivs bei Eintritt neuer Umstände begründet noch keine Rechtsgrundlage und jede einzelne Anwendungsmöglichkeit des § 242 BGB kann hinterfragt und kritisiert werden[92]. Aber: In Einklang mit der Rechtsprechung des Bundesarbeitsgerichtes ist § 242 BGB mit den letztgenannten Ansätzen des Rechtsmissbrauches und dem Verbot des widersprüchlichen Verhaltens jedenfalls als Ausgangspunkt für die Begründung eines Wiedereinstellungsanspruches anzusehen. Es drängt sich jedoch unmittelbar eine Frage auf: Kann tatsächlich für die verschiedenen Fallkonstellationen - z.B. für die krankheitsbedingte Kündigung auf der einen und für die betriebsbedingte Kündigung mit anschließendem Betriebsübergang auf der anderen Seite - ein einziger Rechtsgrundsatz den dogmatischen Begründungsansatz darstellen? Bei der Herleitung eines allgemeinen Wiedereinstellungsanspruches aus § 242 BGB ergeben sich Bedenken, ob über die Weite des Tatbestandes die Unterschiede – und damit die jeweiligen Wertungsgrundlagen - der einzelnen Fallgruppen nicht verwischt werden. Hat der Arbeitnehmer beispielsweise auch einen Wiedereinstellungsanspruch, wenn die Kündigungsgründe eindeutig aus seiner Sphäre herrühren? Weiterer Kritikpunkt: Es gibt Fallkonstellationen, in denen § 242 BGB allein nicht zu der Begründung eines Wiedereinstellungsanspruches führen kann. Beispielsweise bei einer Betriebsstilllegung mit anschließendem Betriebsübergang besteht kein Rechtsverhältnis zum Betriebserwerber, aus dem sich die Anwendung des Grundsatzes von Treu und Glauben und damit bestimmte Pflichten ergeben könnten. Also sind hier zusätzliche Erwägungen zur Begründung einer Wiedereinstellungspflicht erforderlich. All dies zeigt die Unmöglichkeit eines allgemeinen Wiedereinstellungsanspruches[93]. § 242 BGB kann folglich nur Ausgangspunkt für die Begründung eines Wiedereinstellungsanspruches sein, jedoch keine einheitliche Rechtsgrundlage für alle Fallkonstellationen bieten.

II. Wiedereinstellungsanspruch bei einzelnen Kündigungsanlässen

Deshalb wird nun gefragt: was sind die Besonderheiten der einzelnen Kündigungsanlässe? Passt bei der jeweiligen Fallgruppe der dogmatische Begründungsansatz des § 242 BGB? Letztlich steht hinter dieser Fragestellung die Überlegung, ob bei jeder Kündigungsart ein Wiedereinstellungsanspruch entstehen kann.

---

92 Deshalb hat das BAG wohl auch zur Absicherung des Wiedereinstellungsanspruches sämtliche Ansätze herangezogen, vgl. 2 AZR 160/96 (Fn. 1) unter II 4 c der Gründe.

93 Boewer, in: NZA 1999, S. 1121 (1128); Langenbucher, in: ZfA 1999, S. 299 (304); Nicolai/Noack, in: ZfA 2000, S. 87 (96); Ricken, in: NZA 1998, S. 460 (464); Zwanziger, in: BB 1997, S. 42.

Die Darstellung beginnt mit der eindeutigsten Situation einer Verdachtskündigung. Sodann wird erörtert, ob nach einer betriebsbedingten Kündigung ein Wiedereinstellungsanspruch möglich ist. Darauffolgend wird der umstrittenste Fall der verhaltensbedingten Kündigung diskutiert. Wegen der ähnlichen Argumentation soll erst anschließend und verkürzt auf die personenbedingte Kündigung eingegangen werden.

1. Verdachtskündigung

Unproblematisch ist der Fall der Verdachtskündigung. Übereinstimmend wird bei Widerlegung des Verdachtes eine Wiedereinstellungspflicht des Arbeitgebers bejaht[94]. Wie bereits erörtert[95], wollen selbst die Stimmen, die generell die Möglichkeit eines Wiedereinstellungsanspruches ablehnen, bei diesem Kündigungsanlass eine Ausnahme machen[96]. Begründet wird dies mit der Situation, in der der bloße Verdacht einer strafbaren Handlung - also eine unsichere Tatsachengrundlage - eine wirksame Kündigung zur Folge hat. Daraus soll eine besondere Schutzwürdigkeit des Arbeitnehmers resultieren, die es rechtfertige, dem Arbeitgeber das Prognoserisiko aufzubürden[97]. Als spezifischer Begründungsansatz[98] dient allgemein die nachwirkende Fürsorgepflicht des Arbeitgebers und der Grundsatz der Rehabilitierung[99].

---

94 BGH, Urt. v. 13.07.1956- VIZR 88/55- NJW 1956, S. 1513; BAG, Urt. v. 04.06.1964- 2 AZR 310/63- BB 1964, S. 1045 (1046); BAG, Urt. v. 20.08.1997- 2 AZR 620/96- NZA 1997, S. 1340; Belling/Künster, Anm. zum BAG- Urt. v. 14.09.1994- AP § 626 BGB Nr. 24 Strafbare Handlung; Belling, in: RdA 1996, S. 223 (238); Berkowsky (personen- und verhaltensbed. Kündigung), § 26, Rn. 24; Bram/Rühl, in: NZA 1990, S. 753 (754); ErfK/Müller-Glöge § 626 BGB, Rn. 217; Erman/Belling § 626, Rn. 78; Honstetter, S. 174; HK-KSchG/Hauck, § 4 KSchG, Rn. 168; Hueck/v. Hoyningen-Huene § 1, Rn. 266; KR/Fischmeier, § 626 BGB, Rn. 234; Langenbucher, in: ZfA 1999, S. 299 (305); Löwisch, §1 KSchG, Rn. 210; Meinel/Bauer, in: NZA 1999, S. 575 (577); Nicolai/Noack, in: ZfA 2000, S. 87 (101); Oetker, in: ZIP 2000, S. 643 (649); Preis, Anm. zum LAG Köln- Urt. v. 24.01.1989- LAGE § 611 BGB Einstellungsanspruch Nr. 1; Raab, in: RdA 2000, S. 147 (148); Stahlhacke/Preis/Vossen, Rn 582; Strobel, S. 254; Zwanziger, in: BB 1997, S. 42 (44); a. A. Gentges, S. 373, der den Arbeitnehmer durch die Konstruktion einer bedingten Kündigung schützen will.

95 Vgl. § 2 II 1.

96 Heilmann, S. 116; Hueck, in: FS f. Hedemann 1958, S. 131 (150); Langer, in: NZA Beil. 3/1991, S. 23 (24); Ricken, in: NZA 1989, S. 460 (464); Sowka, § 1 KSchG, Rn. 468; a.A. v. Bar, in: AcP 179 (1979), S. 452 (473); Kaiser, in: ZfA 2000, S. 205 (225).

97 Preis, Anm. zum LAG Köln- Urt. v. 10.01.1989- LAGE § 611 BGB Einstellungsanspruch Nr.1.

98 Vgl. BGH, Urt. v. 13.07.1956- VIZR 88/55- NJW 1956, S. 1513; Belling, in: RdA 1996, S. 223 (238); KR/Fischmeier, § 626 BGB, Rn. 234; Langer, in NZA Beil. 3/1991,S. 23 (27); Löwisch, § 1, Rn. 210; Oetker, in: ZIP 2000, S. 643 (649).

99 Raab, in: RdA 2000, S. 147 (148); a.A. Nicolai/Noack, in: ZfA 2000, S. 87 (101), die den Wiedereinstellungsanspruch bei der Verdachtskündigung aus dem Rechtsstaatsprinzip, Art. 1 GG sowie dem allgemeinen Persönlichkeitsrecht des Arbeitnehmers herleiten wollen.

2. Betriebsbedingte Kündigung, Sonderfälle

Nun ist die Frage aufzuwerfen, ob - und wenn ja aus welcher Rechtsgrundlage - auch bei der betriebsbedingten Kündigung ein Anspruch des Arbeitnehmers auf Wiedereinstellung entstehen kann. Anschließend richtet sich der Blick auf Sonderfälle der betriebsbedingten Kündigung, die derzeit von der Rechtsprechung diskutiert werden.

Auch im Anschluss an eine betriebsbedingte Kündigung soll nach überwiegender Meinung ein Wiedereinstellungsanspruch grds. möglich sein. Während Instanzgerichte dies schon in der Vergangenheit vertraten[100], hat sich das Bundesarbeitsgericht, wie bereits erörtert, erst in letzter Zeit mit dem Wiedereinstellungsanspruch bei betriebsbedingter Kündigung befassen müssen und diesen unter bestimmten Umständen ebenfalls bejaht[101]; ein großer Teil der Literatur ist der selben Ansicht[102]. Bei der Frage nach der Anspruchsgrundlage wird allgemein auf § 242 BGB verwiesen[103]. Da die betrieblichen Umstände aus der Sphäre des Ar-

---

100 LAG Baden-Württemberg, Urt. v. 18.03.1986- 10 Sa 117/85- DB 1987, S. 543; LAG Köln, Urt. v. 10.01.1989- 4/2 Sa 860/88- LAGE § 611 BGB Einstellungsanspruch Nr. 1; LAG Hamburg, Urt. v. 26.04.1990- 2 Sa 90/89- DB 1991, S. 1180; LAG Köln, Urt. v. 28.06.1996- 12 Sa 403/96- LAGE § 611 BGB Einstellungsanspruch Nr. 5; ArbG Münster, Urt. v. 08.12.1982- 3 Ca 944/82- DB 1983, S. 724.

101 BAG, Urt. v. 27.02.1997- 2 AZR 160/96- AP Nr. 1 zu § 1 KSchG 1969 Wiedereinstellung= NZA 1997, S. 757 (758)= EzA § 1 KSchG Wiedereinstellungsanspruch Nr. 1; BAG, Urt. v. 06.08. 1997- 7 AZR 557/96- AP Nr. 2 zu § 1 KSchG Wiedereinstellungsanspruch= NZA 1998, S. 254= EzA § 1 KSchG Wiedereinstellungsanspruch Nr. 2; BAG, Urt. v. 04.12.1997- 2 AZR 140/97- AP Nr. 5 zu § 1 KSchG Wiedereinstellung= NZA 1999, S. 311= EzA § 613a BGB Nr. 171; NZA 1998, S. 701. Die bei § 2 I 2 dargelegte Argumentation zu § 242 BGB nach dem BAG bezog sich auf die betriebsbedingte Kündigung und wiederholt sich hier entsprechend.

102 Bram/Rühl, in: NZA 1990, S. 753 (755); Caspers, D, Rn. 211; ErfK/Ascheid, § 1 KSchG, Rn. 473; Hueck/v. Hoyningen- Huene, § 1 KSchG, Rn. 156 c; KR/Etzel § 1 KSchG, Rn. 259; Langer, in: NZA Beil. 3/1991, S. 23 (29); Löwisch, § 1 KSchG, Rn. 74; Maus, § 1 KSchG, Rn. 223; Meinel/Bauer, in: NZA 1999, S. 575 (577); MünchArbR/Berkowsky § 134, Rn. 84; Nägele, in: BB 1998, S. 1686 (1687); Nicolai/Noack, in: ZfA 2000, S. 87 (100); Preis (Prinzipien), S. 351; Raab, in: RdA 2000, S. 147 (153); Schmidt, AR- Blattei Kündigungsschutz IV, B V; Walker, Anm. zum BAG- Urt. v. 27.02.1997- SAE 1998, S. 98 (106), Wank Anm. zum BAG- Urt. v. 24.03.1984- AP § 1 KSchG 1969 Soziale Auswahl Nr. 2; a.A. Gentges, S. 375.

103 BAG, Urt. v. 04.12.1997- 2 AZR 140/97- AP Nr. 3 zu § 1 KSchG 1969 Wiedereinstellung= NZA 1998, S. 701 (73)= EzA § 1 KSchG Wiedereinstellungsanspruch Nr. 3 unter II 2 der Gründe; BAG, Urt. v. 06.08. 1997- 7 AZR 557/96- AP Nr. 2 zu § 1 KSchG Wiedereinstellungsanspruch unter II 1 b der Gründe= NZA 1998, S. 254 (255)= EzA § 1 KSchG Wiedereinstellungsanspruch Nr. 2; BAG, Urt. v. 27.02.1997- 2 AZR 160/96- AP Nr. 1 zu § 1 KSchG 1969 Wiedereinstellung unter II 4 c der Gründe= NZA 1997, S. 757 (798)= EzA § 1 KSchG Wiedereinstellungsanspruch Nr. 1; BAG NZA 1984, S. 226; LAG Köln, Urt. v. 10.01.1989- 4/2 Sa 860/88- LAGE § 611 BGB Einstellungsanspruch Nr. 1; LAG Hamburg, Urt. v. 26.04.1990- 2 Sa 90/89- DB 1991, S. 1180; vgl. auch LAG Düsseldorf, Urt. v. 15.02.2000- 3 Sa 1781/99- NZA-RR 2000, S. 456; Maus, § 1 KSchG, Rn. 223; HK-

beitgebers stammen, sei es gerechtfertigt, den Arbeitgeber mit dem Prognoserisiko zu belasten. Bei der betriebsbedingten Kündigung sei der Arbeitnehmer in besonderem Maße dem Fehlprognoserisiko des Arbeitgebers ausgesetzt: Hier stehe es dem Arbeitgeber frei, nach seiner Einschätzung der Marktentwicklung den Betrieb einzuschränken oder ganz stillzulegen. Dabei unterliege diese Entscheidung nur der Prüfung, ob der Arbeitgeber offenbar willkürlich vorging[104]. Deshalb soll bei der betriebsbedingten Kündigung das Vertrauen des Arbeitnehmers, nur aufgrund bestehender Kündigungsgründe den Arbeitsplatz zu verlieren, besonders schutzwürdig sein. Bei Verweigerung der Wiedereinstellung soll sich der Arbeitgeber deshalb missbräuchlich verhalten und gegen den Grundsatz des venire contra factum proprium verstoßen[105].

Hielte man den Arbeitgeber nicht an den Kündigungsgründen fest, könnte er sich nach deren Wegfall frei entscheiden, ob der einzelne Arbeitnehmer weiterbeschäftigt werden soll. Dann wären die Arbeitnehmer mit einem hohen sozialen Besitzstand am ehesten gefährdet, grundlos ihren Arbeitsplatz zu verlieren. Ihnen müsste aufgrund ihrer langen Kündigungsfristen zuerst gekündigt werden, während bei den Arbeitnehmern mit geringerem sozialen Besitzstand gegebenenfalls nach inzwischen verbesserter Auftragslage eine Kündigung nach § 1 II KSchG ausgeschlossen wäre[106]. Dieses Ergebnis würde jedoch einen Widerspruch zur Zielsetzung des Kündigungsschutzgesetzes darstellen[107].

Nach all dem ist der Wiedereinstellungsanspruch - aus § 242 BGB hergeleitet - bei der betriebsbedingten Kündigung möglich.

a) Betriebsübergang

Einen Sonderfall der betriebsbedingten Kündigung stellt die Betriebsstilllegung mit anschließendem Betriebsübergang nach § 613a BGB dar[108]. In Anlehnung an

---

KSchG/Dorndorf, § 1 KSchG, Rn. 946; Löwisch, § 1 KSchG, Rn. 247 *(Fürsorgepflicht)*; Wank, Anm. zum BAG- Urt. v. 24.03.1984- AP § 1 KSchG 1969 Soziale Auswahl Nr. 2 *(Rechtsmissbrauch)*; BAG, Urt. v. 27.02.1997- NZA 1997, S. 757 *(es zieht hier mehrere Anspruchsgrundlagen heran, die letztlich alle aus § 242 BGB abgeleitet sind)*; Schmidt, AR-Blattei Kündigungsschutz IV B V *(generell § 242 BGB)*.

104 Bram/Rühl, in: NZA 1990, S. 753 (755).

105 BAG, Urt. v. 27.02.1997- 2 AZR 160/96- AP Nr. 1 zu § 1 KSchG 1969 Wiedereinstellung unter II 4 d aa der Gründe= NZA 1997, S. 757 (759)= EzA § 1 KSchG Wiedereinstellungsanspruch Nr. 1; LAG Köln, Urt. v. 10.01.1989- 4/2 Sa 860/88- LAGE § 611 BGB Einstellungsanspruch Nr. 1; Bram/Rühl, in: NZA 1990, S. 753 (755); Preis (Prinzipien), S. 351.

106 Vgl. Darstellung von Ennemann, S. 131.

107 2 AZR 160/96 (Fn. 1) unter II 4 a der Gründe.

108 Der Großteil der bei Fn. 101 zitierten BAG Entscheidungen bezog sich auf diesen Sonderfall.

die „einfache“ betriebsbedingte Kündigung ist auch hier die grundsätzliche Möglichkeit eines Wiedereinstellungsanspruches zu bejahen[109].

Um die Herleitung eines Wiedereinstellungsanspruches bei dieser Fallkonstellation zu erreichen, könnte deshalb zunächst eine Parallele zu der zuvor erörterten Situation einer betriebsbedingten Kündigung gezogen werden. § 242 BGB kann hier jedoch nicht allein zur Begründung einer Wiedereinstellungspflicht führen: Zwischen dem gekündigten Arbeitnehmer und dem Funktionsnachfolger des bisherigen Arbeitgebers besteht keine vertragliche Beziehung. Mangels Schuldverhältnis treffen den Betriebserwerber keine Fürsorgepflichten, ebenso wenig hat er ein besonderes Vertrauen gesetzt[110]. Auch der bisherige Arbeitgeber hat sich weder widersprüchlich noch rechtsmissbräuchlich verhalten, als er zunächst wegen Betriebsstilllegung kündigte; in seinem Betrieb fällt der Arbeitplatz nach wie vor weg[111].

Dementsprechend zieht auch die Rechtsprechung zusätzliche Erwägungen für die Herleitung eines Wiedereinstellungsanspruches in dieser Situation heran: Die Rechtsgrundlage soll in § 613 a BGB selbst zu finden sein. Der 2. Senat begründet den Wiedereinstellungsanspruch mit einer andernfalls drohenden objektiven Gesetzesumgehung des § 613a IV BGB[112]. Die selbe Rechtsfolge will der 8. Senat durch die Berücksichtigung des Europarechtes in Form einer richtlinienkonformen Auslegung des § 613a BGB erreichen[113]. Eine dritte Ansicht widerspricht auch dieser Begründung. Nicht die Einwirkung des Europarechts, sondern eine Fortbildung der Grundsätze des nationalen Arbeitsrechtes - in Form einer teleologischen Extension von § 613a BGB - soll zu einer Wiedereinstellungspflicht führen[114]. Für eine richtlinienkonforme Auslegung[115] fehle es an ihren Voraussetzungen[116]. Statt

---

109 Nicolai/Noack, in: ZfA 2000, S. 87 (98).

110 Otto, in: FS f. Kraft, S. 451 (459).

111 Langenbucher, in: ZfA 1999, S. 299 (308).

112 2 AZR 160/96 (Fn. 1) unter II 4 d cc der Gründe.

113 BAG, Urt. v. 13.11. 1997- 8 AZR 295/95- NZA 1998, S. 251 (252)= EzA § 613a BGB Nr. 154 unter II 3 c cc der Gründe= ZIP 1998, S. 167 (168); kritisch dazu Peters/Thüsing, Anm. zum BAG Urt. v. 13.11.1997- EzA zu § 613 a BGB, Nr. 154.

114 Langenbucher, Anm. zu BAG, Urt. v. 13.11.1997- SAE 1998, S. 145 (147); im Ergebnis auch Raab, in: RdA 2000, S. 147 (159); Nicolai/Noack, in: ZfA 2000, S. 87 (98).

115 Nationale Vorschriften werden richtlinienkonform ausgelegt, wenn Zweifelsfragen oder Lücken in der zur Umsetzung erlassenen Norm durch Rückgriff auf die Richtlinie beseitigt werden können. Eine weitere Möglichkeit der richtlinienkonformen Auslegung besteht, wenn eine Richtlinie nicht angemessen umgesetzt wurde, und deshalb andere Vorschriften des nationalen Rechts in Widerspruch zu ihr stehen; vgl. dazu Götz, in: NWJ 1992, S. 1849 (1853).

116 Peters/Thüsing, Anm. zum BAG- Urt. v. 13.11.1997- EzA zu § 613a BGB, Nr. 154; diese kritisieren, dass die § 613a BGB zugrundeliegende Richtlinie (77/187/EWG) keinen Hinweis auf den Wiedereinstellungsanspruch enthält. Danach hätte präzisiert werden müssen, warum aus § 613 a BGB die *Begründung* eines Anspruchs hergeleitet werden kann, obwohl ihrem Wortlaut nach die Norm lediglich den *Übergang* von Ansprüchen betrifft.

dessen könne die vorliegende Schutzlücke nur durch die teleologische Reduktion des § 613 a BGB geschlossen werden[117].

Gemeinsam jedenfalls ist den verschiedenen Ansätzen die Begründung des Wiedereinstellungsanspruches mit § 613 a BGB[118], wenn es nach einer geplanten Betriebsstilllegung zu einem Betriebsübergang kommt. Dies kann als Ergebnis hier genügen.

b) Abfindungsvergleich und Aufhebungsvertrag

Ein weiterer Gegenstand der aktuellen Rechtsprechung[119] ist die Problematik eines Wiedereinstellungsanspruches nach betriebsbedingter Kündigung und Abfindungsvergleich. Die Parteien haben das Arbeitsverhältnis im Kündigungsschutzprozess vergleichsweise mit Zahlung einer Abfindung beendet. Nun stellt sich die Frage, ob dieser Vergleich unwirksam ist, wenn sich nach dessen Abschluss unvorhergesehen neue Beschäftigungsmöglichkeiten ergeben. Die selbe Fragestellung ergibt sich bei einer Auflösung des Arbeitsverhältnisses durch einen Aufhebungsvertrag[120].

Grundsätzlich haben neue Umstände keinen Einfluss auf die Wirksamkeit eines Vergleichs[121]: Sein Sinn besteht gerade darin, durch einen endgültigen Schlussstrich die Unklarheiten über den Bestand des Arbeitsverhältnisses auszuräumen[122]. Ausnahmsweise kann jedoch der Abfindungsvergleich nach den zum Wegfall der Geschäftsgrundlage entwickelten Grundsätzen[123] beseitigt werden

---

117 Langenbucher, Anm. zum BAG- Urt. v. 13.11.1997- SAE 1998, S. 143 (148); zustimmend: Oetker, in: ZIP 2000, S. 643 (650).

118 A.A. Oetker, in: ZIP 2000, S. 643 (647), nach dem auch in der Situation des Betriebsüberganges § 242 BGB als Rechtsgrundlage eines Wiedereinstellungsanspruches dient.

119 BAG, Urt. v. 04.12.1997- 2 AZR 140/97- AP Nr. 3 zu § 1 KSchG 1969 Wiedereinstellung= NZA 1998, S. 701= EzA § 1 KSchG Wiedereinstellungsanspruch Nr. 3; BAG, Urt. v. 28.06.2000- 7 AZR 904/98- NZA 2000, S. 1097= ZIP 2000, S. 1781.

120 Vgl. dazu BAG, Urt. v. 27.02.1997- 2 AZR 160/96- AP Nr. 1 zu § 1 KSchG 1969 Wiedereinstellung= NZA 1997, S. 757 (759)= EzA § 1 KSchG Wiedereinstellungsanspruch Nr. 1; BAG, Urt. v. 10.12.1998- EWiR 1999 § 613a BGB Nr. 99, S. 247 m. Anm. Joost.

121 BAG, Urt. v. 28.06.2000- 7 AZR 904/98- NZA 2000, S. 1097 (1101)= ZIP 2000, S. 1781 (1785); Beckschulze, in: DB 1998, S. 417 (418); Nägele, in: BB 1998, S. 1686 (1689); Nicolai/Noack, in: ZfA 2000, S. 87 (110) (zum Aufhebungsvertrag); Zwanziger, in: BB 1997, S. 42 (45).

122 Beckschulze, in: DB 1998, S. 417 (418); Blomeyer/Vienken, Kom. zum BAG- Urt. v. 28.06.2000- EWiR § 1 KSchG 5/2000, S. 1067 (1068); Linck, in: FA 2000, S. 334 (337); Zwanziger, in: BB 1997, S. 42 (45).

123 Geschäftsgrundlage sind nach der ständigen Rechtsprechung die bei dem Abschluss des Vertrages zutage getretenen, dem anderen Teil erkennbar gewordenen und von ihm nicht beanstandeten Vorstellungen einer Partei oder die gemeinsamen Vorstellungen beider Parteien vom Vorhandensein oder dem künftigen Eintritt bestimmter Umstände, sofern der Geschäftswille der Parteien darauf aufbaut, Palandt/Heinrichs, § 242 BGB; Rn. 112 ff.

und dabei einen Wiedereinstellungsanspruch ergeben[124]. Voraussetzung dafür ist die gemeinsame Vorstellung der Parteien, der Kündigungsgrund werde während des Laufes der Kündigungsfrist Bestand haben[125]. Dies ist unter normalen Umständen zu verneinen[126]: Die Ungewissheit der künftigen Entwicklung hat häufig bereits in dem Vergleich selbst Berücksichtigung gefunden[127]. Jedenfalls dann, wenn durch eine Abfindung ein angemessener Ausgleich geschaffen wird[128], ist regelmäßig das Festhalten an dem Vergleich auch für den Arbeitnehmer zumutbar und ein Wiedereinstellungsanspruch ausgeschlossen[129]. Zudem ist die Rechtsfolge des Wegfalls der Geschäftsgrundlage grundsätzlich die Anpassung des Vertrages an die geänderten Verhältnisse und nicht dessen Auflösung[130].

c) Wegfall des Befristungsgrundes

Ebenfalls Gegenstand der jüngeren Rechtsprechung[131] ist das befristete Arbeitsverhältnis: Kann ein Anspruch auf unbefristete Wiedereinstellung entstehen, wenn der Grund der sachlichen Befristung nachträglich wegfällt?

---

124 BAG, Urt. v. 27.02.1997- 2 AZR 160/96- AP Nr. 1 zu § 1 KSchG 1969 Wiedereinstellung unter II 4 b der Gründe= NZA 1997, S. 757 (759)= EzA § 1 KSchG Wiedereinstellungsanspruch Nr. 1; BAG, Urt. v. 04.12.1997- 2 AZR 140/97- AP Nr. 3 zu § 1 KSchG 1969 Wiedereinstellung= NZA 1998, S. 701 (703)= EzA § 1 KSchG Wiedereinstellungsanspruch Nr. 3 unter II 3 der Gründe; BAG, Urt. v. 28.06.2000-7 AZR 904/98- NZA 2000, S. 1097 (1101)= ZIP 2000, S. 1781; Beckschulze, in: DB 1998, S. 417 (418); Berscheid, in: MDR 1998, S. 1129 (1131); Hergenröder, Anm. zum BAG- Urt. v, 04.12.1997- EzA § 1 KSchG Wiedereinstellungsanspruch Nr. 3; a.A. KPK- Meisel, § 1 , Rn. 468; Nicolai/Noack, in: ZfA 2000, S. 87 (113); Raab, in: RdA 2000, S.147 (150).

125 BAG, Urt. v. 28.06.2000- 7 AZR 904/98- NZA 2000, S. 1097 (1101)= ZIP 2000, S. 1781.

126 BAG, Urt. v. 28.06.2000- 7 AZR 904/98- NZA 2000, S. 1097 (1101)=ZIP 2000, S. 1781.

127 Deshalb lautet der Vorschlag von Beckschulze, in: DB 1998, S. 417 (418); Boudon, Anm. zum BAG- Urt. v. 06.08.1997- EWiR § 1 KSchG 1/98 und Nägele, in: BB 1998, S. 1686 (1689), in den Vergleich oder den Aufhebungsvertrag einen Verzicht des Arbeitnehmers auf einen Wiedereinstellungsanspruch aufzunehmen.

128 Für die Beurteilung der Angemessenheit soll die in § 10 KSchG, § 113 I, II BetrVG zum Ausdruck kommende gesetzgeberische Wertung herangezogen werden.

129 BAG, Urt. v. 28.06.2000- 7 AZR 904/98- NZA 2000, S. 1097 (1101)= ZIP 2000, S. 1781 (1785); zustimmend: Oetker, in: ZIP 2000, S. 1787 (1789); Beckschulze, in: DB 1998, S. 417 (418); so im Ergebnis auch: Nicolai/Noack, in: ZfA 2000, S. 87 (110) (zum Aufhebungsvertrag); a.A. Blomeyer/Vienken, Kom. zum BAG- Urt. v. 28.06.2000- EWiR § 1 KSchG 5/2000, S. 1067 (1068): der Prozessvergleich deute unabhängig von der Höhe der Abfindung auf den Willen der Parteien hin, das Arbeitsverhältnis endgültig zu beenden.

130 BAG, Urt. v. 28.06.2000- 7 AZR 904/98- NZA 2000, S. 1097 (1101)= ZIP 2000, S. 1781 (1785); Hergenröder, Anm. zum BAG- Urt. v. 04.12.1997- EzA § 1 KSchG Wiedereinstellungsanspruch Nr. 3; Nicolai/Noack, in: ZfA 2000, S. 87 (110): die Wiedereinstellung sei keine Anpassung an den Abfindungsvergleich, sondern dessen Gegenteil.

131 Vgl. dazu LAG Düsseldorf, Urt. v. 1.02.2000- 3 Sa 1781/99- NZA- RR 2000, S. 456 (458).

Zu einem (unbefristeten) Wiedereinstellungsanspruch des Arbeitnehmers könnte man mit der Begründung gelangen, diese Situation sei mit derjenigen vergleichbar, in der eine betriebsbedingte Kündigung ausgesprochen wird: In beiden Fällen liegt eine Prognoseentscheidung des Arbeitgebers vor, die sich im nachhinein als falsch erweist. Allerdings genießt der Arbeitnehmer bei befristeten Arbeitsverhältnissen nur einen „Bestandschutz auf Zeit“: Er unterliegt hier einem anderen Rechtsstatus als im Rahmen eines unbefristeten Arbeitsverhältnisses. Deshalb kann ein zeitlich wirksam befristetes Arbeitsverhältnis nicht in einen neuen, unbefristeten Vertrag korrigiert werden[132]; das unbefristete Arbeitsverhältnis stellt ein aliud dar, auf das zu keiner Zeit ein Anspruch bestand[133]. Besteht im Zeitpunkt des Abschlusses eines befristeten Arbeitsvertrages beispielsweise Vertretungsbedarf, entfällt die sachliche Rechtfertigung der Befristung nicht deshalb, weil sich im nachhinein ein Dauerbedarf herausstellt[134]: Beurteilungszeitpunkt des Befristungsgrundes ist die Vornahme der Befristung[135]. Der Arbeitnehmer hat folglich keinen Anspruch auf unbefristete Wiedereinstellung, wenn der Befristungsgrund entfällt.

Damit ist festzuhalten: Im Rahmen der betriebsbedingten Kündigung ist ein Wiedereinstellungsanspruch – hergeleitet aus § 242 BGB - möglich. Auch in den zwei aktuellen Sonderfällen[136] eines späteren Betriebsüberganges (Anspruchsgrundla-

---

132 Boewer, in: NZA 1999, S. 1177 (1180).

133 Vgl. dazu LAG Düsseldorf, Urt. v. 1.02.2000- 3 Sa 1781/99- NZA-RR 2000, S. 456 (458).

134 ErfKom/Müller- Glöge, § 620 BGB, Rn. 46.

135 Meinel/Bauer, in: NZA 1999, S. 575 (578).

136 Es gibt weitere besondere Konstellationen im Rahmen der betriebsbedingten Kündigung, in denen die Frage nach einem Wiedereinstellungsanspruch und dessen Rechtsgrundlage entsteht. Diese stehen jedoch nicht in der aktuellen Diskussion und werden nur kurz behandelt. Zunächst ist der Fall wiederholt befristeter Arbeitsverhältnisse zu nennen: Hier kann eine Wiedereinstellungspflicht aus betrieblicher Übung hergeleitet werden, wenn der Arbeitgeber in der Vergangenheit entlassene Arbeitnehmer stets wieder neu eingestellt hat (vgl. BAG, Urt. v. 29.01.1987- 2 AZR 109/86- NZA 1987, S. 627; zustimmend: Eich, Anm. zum BAG-Urt. v. 29.01.1987- SAE 1988, S. 75 (80); Hueck/v. Hoyningen- Huene, § 22 KSchG, Rn.11; KR/Weigand, § 22 KSchG, Rn. 14; Löwisch/ Kaiser, Anm. zum BAG- Urt. v. 29.01.1982- AP Nr. 1 zu § 620 BGB Saisonarbeit; Mummenhoff, Anm. zum BAG- Urt. v. 15.03.1984- SAE 1985, S. 302 (306); Otto, in: FS f. Kraft, S. 451 (466); Wank, Anm. zum BAG- Urt. v. 24.03.1983- AP Nr. 2 zu § 1 KSchG 1969 Soziale Auswahl. Daneben besteht die Situation, in der ein Arbeitgeber im Anschluss an eine betriebsbedingte Kündigung wegen Arbeitsmangels später aufgrund verringerten Personalbedarfs nur einen Teil der bisherigen Belegschaft erneut eingestellt hat. Hier wird von der Rechtsprechung der Gleichbehandlungsgrundsatz als Anspruchsgrundlage eines Wiedereinstellungsanspruches herangezogen (BAG, Urt. v. 10.11.1977- 3 AZR 329/76- DB 1978, S. 700 (701); BAG, Urt. v. 15.03.1984- 2 AZR 24/83- AP Nr. 2 zu § 1 KSchG Soziale Auswahl) Dabei übersieht die Rechtsprechung jedoch, dass der Gleichbehandlungsgrundsatz nur innerhalb bestehender Rechtsverhältnisse zur Anwendung gelangt und hier ein wirksam gekündigtes und damit beendetes Arbeitsverhältnis vorliegt (Eich, Anm. zum BAG- Urt. v. 29.01.1987- SAE 1988, S. 75 (80); Langen-

ge: § 613a BGB) und eines Abfindungsvergleiches (hier sind die Grundsätze über den Wegfall der Geschäftsgrundlage heranzuziehen) kann ein Wiedereinstellungsanspruch des Arbeitnehmers entstehen.

3. Verhaltensbedingte Kündigung

Als nächstes stellt sich die Frage, ob auch nach einer verhaltensbedingten Kündigung ein Wiedereinstellungsanspruch bestehen kann. Die Rechtsprechung hatte darüber noch nicht zu entscheiden; in der Literatur herrscht über diese Fallgruppe große Uneinigkeit.

a) Ablehnung eines Wiedereinstellungsanspruches

Einige Stimmen lehnen die Möglichkeit eines Wiedereinstellungsanspruches bei der verhaltensbedingten Kündigung ab[137]. Nach ihnen ist es unerheblich, ob nach Kündigungsausspruch eine störungsfreie Zusammenarbeit erfolgt oder nicht. Ein immer wieder genanntes Argument bezieht sich - wie bei der betriebsbedingten Kündigung bereits dargelegt - auf den Sphärengedanken. Bei jeder Erwägung einer Prognosekorrektur sei zu berücksichtigen, aus wessen Sphäre die zu prognostizierenden Umstände stammen und wen damit das Risiko für die Richtigkeit einer Prognose trifft. Hat der Arbeitnehmer das Risiko einer Fehlprognose zu tragen, weil die für die Prognose maßgeblichen Umstände aus seiner Rechtssphäre herrühren, soll ihm grds. kein Anspruch auf Wiedereinstellung zugebilligt werden. Eine solche Fallkonstellation liege bei der verhaltensbedingten Kündigung vor[138].

Als Begründungsansatz wird zudem das Vertrauensschutzprinzip herangezogen[139]. Während es bei der betriebsbedingten Kündigung zu einem Wiedereinstellungsanspruch führen soll, stehe es umgekehrt bei der verhaltensbedingten Kündigung einem Anspruch entgegen. Durch das schuldhafte Verhalten des Arbeitnehmers könne sich bei ihm von vornherein kein Vertrauensschutz aufbauen, der Arbeitgeber werde bei einem Wohlverhalten während der Kündigungsfrist seine

---

bucher, in: ZfA 1999, S. 299 (305); Schaub § 112 II 2, S. 972; Langer, in: NZA Beil. 3/1991, S. 23 (29); v. Stein, in: RdA 1991, S. 85 (92); Wank, Anm. zum BAG- Urt. v. 24.03.1983- AP Nr. 2 zu § 1 KSchG 1969 Soziale Auswahl).

137 Vgl. Bram/Rühl, in: NZA S. 753 (754); Boewer, in: NZA 1999, S. 1121 (1129); Hueck/v. Hoyningen-Huene § 1 KSchG, Rn. 156 b; Preis (Prinzipien), S. 351; derselbe, Anm. zum LAG Köln- Urt. v. 10.01.1989- LAGE § 611 BGB Einstellungsanspruch Nr. 1; Raab, in: RdA 2000, S. 147 (153); Wank Anm. zum BAG- Urt. v. 24.03.1983- AP § 1 KSchG 1969 Soziale Auswahl Nr. 2; Zwanziger, in: BB 1997, S. 42.

138 Preis (Prinzipien), S. 351; Zwanziger, in: BB 1997, S. 42.

139 Boewer, in: NZA 1999, S. 1121 (1130); Preis, Anm. zum LAG Köln- Urt. v. 10.01.1989- LAGE § 611 BGB Einstellungsanspruch Nr. 1.

Entscheidung zurücknehmen und eine Fortsetzung des Arbeitsverhältnisses anbieten[140].

Ein weiteres Argument ist der bereits diskutierte Sanktionscharakter der Kündigung[141]: Das Wohlverhalten des Arbeitnehmers soll sein Fehlverhalten nicht ungeschehen machen und den Sanktionscharakter der Kündigung nicht beseitigen können. An diese Feststellung wird angeschlossen: „der Arbeitnehmer hätte früher daran denken müssen, sich vertragstreu zu verhalten"[142]. Wieder andere wollen bei dem Prognoseprinzip selbst ansetzen und es aufspalten. Hinter dem einheitlichen Stichwort Prognoseprinzip sollen sich verschiedene Phänomene verbergen. Während beispielsweise bei der betriebsbedingten Kündigung eine Veränderungsprognose vorzunehmen sei, gehe es z.B. bei der verhaltensbedingten Kündigung um eine sog. Stabilitätsprognose. Würde man hier den Arbeitgeber darauf verweisen, die Verwirklichung der Prognose abzuwarten, so könne der Arbeitgeber nie kündigen. Denn ob die Störung des Vertragsverhältnisses stabil bleibt, lässt sich erst in der Zukunft sagen. Dies liefe auf eine faktische Unkündbarkeit hinaus. Deshalb soll hier die Rechtfertigung des Wiedereinstellungsanspruches fehlen[143]. Argumentiert wird also mit der praktischen Auswirkung der Möglichkeit eines Wiedereinstellungsanspruches bei der verhaltensbedingten Kündigung.

b) Befürwortung eines Wiedereinstellungsanspruches

Dem stehen die Stimmen gegenüber, die in jeder Fallgruppe die Möglichkeit eines Wiedereinstellungsanspruches grds. anerkennen[144]. Da jede Kündigung auf einer Prognose beruht, könne auch auf jede Art der Kündigung ein Wiedereinstellungsanspruch folgen[145]. Die zur betriebsbedingten Kündigung entwickelten Grundsätze sollen folglich in gleicher Weise auf die verhaltensbedingte Kündigung anzuwenden sein. Zwar sei im Rahmen betriebsbedingter Kündigungssituationen die Entstehung der Voraussetzungen eines Wiedereinstellungsanspruches wahrscheinlicher, da sich betriebliche Verhältnisse eher neu entwickeln. Dies ändere jedoch nichts an der prinzipiellen Möglichkeit eines Wiedereinstellungsanspruches auch nach einer verhaltensbedingten Kündigung[146].

---

140 Boewer, in: NZA 1999, S. 1121 (1130).

141 Wank Anm. zum BAG- Urt. v. 24.03.1983- AP § 1 KSchG 1969 Soziale Auswahl Nr. 2.

142 Preis, Anm. zum LAG Köln- Urt. v. 10.01.1989- LAGE § 611 BGB Einstellungsanspruch Nr. 1; zustimmend: Boewer, in: NZA 1999, S. 1121 (1130).

143 Meinel/Bauer, in: NZA 1999, S. 575 (577).

144 Hinrichs, in: AiB 1997, S. 615; MünchArbR/Berkowsky § 134, Rn. 93; Nägele, in: BB 1998, S. 1686 (1687); v. Stein, in: RdA 1991, S. 85 (89).

145 Nägele, in: BB 1998, S. 1686 (1687).

146 MünchArbR/ Berkowsky, § 134, Rn. 93; v. Stein, in: RdA 1991, S. 85 (89).

c) Stellungnahme

Auch bei der verhaltensbedingten Kündigung muss ein Wiedereinstellungsanspruch des Arbeitnehmers möglich sein. Gegen eine formale Differenzierung der verschiedenen Kündigungsanlässe sprechen mehrere Gründe. Die Kritik soll an den einzelnen Argumenten der zuerst genannten Ansicht ansetzen.

Bereits bei den Ausführungen zu dem Prognoseprinzip[147] wurde ein Strafcharakter auch bei der verhaltensbedingten Kündigung ausdrücklich abgelehnt. Dementsprechend geht bei der Frage nach der grundsätzlichen Möglichkeit eines Wiedereinstellungsanspruches bei der verhaltensbedingten Kündigung die Argumentation fehl, das Fehlverhalten des Arbeitnehmers könne nicht ungeschehen gemacht werden. Unerheblich ist, wie das Verhalten des Arbeitnehmers in der Vergangenheit einzustufen ist. Stattdessen ist zu prüfen, ob in der Zukunft weiteres Fehlverhalten ausbleibt. Damit ist auch die Begründung falsch, durch sein schuldhaftes Verhalten habe der Arbeitnehmer seine Schutzwürdigkeit verloren, da auch sie eine Sanktion für vergangenes Verhalten beinhaltet.

Zudem überzeugt eine Aufteilung in Sphären nicht, die danach fragt, aus wessen Bereich die Umstände stammen, auf die sich eine Prognose begründet. Hängt die Schutzwürdigkeit des Arbeitnehmers wirklich so pauschal davon ab, aus wessen Sphäre die Kündigungsgründe herrühren[148]? Die Aufteilung der Sphären ist besser nicht bei der Frage nach der grundsätzlichen Möglichkeit des Wiedereinstellungsanspruches zu berücksichtigen, sondern bei seiner Eingrenzung oder Ausgestaltung. Bei einer Abwägung von Arbeitgeber- und Arbeitnehmerinteressen im konkreten Einzelfall kann es durchaus eine Rolle spielen, aus wessen Bereich die Störung herrührt[149]. Ebenso wenig überzeugt eine Aufspaltung des Prognoseprinzips. Und die Beanstandung der angeblichen faktischen Unkündbarkeit ist eher ein praktisches Problem, wie die zeitlichen Grenzen bei der Entstehung eines Wiedereinstellungsanspruches gesetzt werden müssen. Sie kann nicht über die generelle Möglichkeit eines Wiedereinstellungsanspruches entscheiden.

Die Rechtsprechung argumentiert - wie bei der betriebsbedingten Kündigung dargestellt - der Arbeitgeber verhalte sich rechtsmissbräuchlich und widersprüchlich, wenn er bei Wegfall des Kündigungsgrundes an der Kündigung festhalte. Die selbe Argumentation kann bei der verhaltensbedingten Kündigung greifen, wenn

---

147 Vgl. § 1 II 1.

148 Bejaht von Hambitzer, in: NJW 1985, S. 2239 (2240).

149 So wirkt es sich in der abschließenden Interessenabwägung bei der betriebsbedingten Kündigung – bei der die kündigungsbegründenden Umstände aus der Sphäre des Arbeitgebers herrühren – nicht aus, wenn der Arbeitgeber über den alten Arbeitsplatz bereits verfügt hat. Hingegen wird dieser Umstand bei den anderen Kündigungsgründen – hier liegen die Umstände in der Sphäre des Arbeitnehmers – für den Arbeitgeber positiv berücksichtigt, vgl. § 5 I 1 a.

sich nachträglich die Fehlerhaftigkeit der Prognose herausstellt. Es gibt durchaus Situationen – gerade wenn es nicht um den typischen Fall des Fehlverhaltens eines Arbeitnehmers geht - in denen auch bei der verhaltensbedingten Kündigung ein Wiedereinstellungsanspruch sinnvoll erscheint. Ein Beispiel: Einem Arbeitnehmer wird wegen Leistungsdefiziten gekündigt, er erweitert nach anfänglicher Weigerung[150] durch entsprechende Fortbildungsmaßnahmen seine Fähigkeiten und Kenntnisse. Die Leistungsdefizite sind nun nicht mehr zu befürchten[151].

Nach all dem ist ein Wiedereinstellungsanspruch bei der verhaltensbedingten Kündigung möglich. Auch hier ergibt sich die Rechtsgrundlage aus § 242 BGB.

4. Personenbedingte Kündigung

Zuletzt stellt sich die Frage nach der grundsätzlichen Möglichkeit eines Wiedereinstellungsanspruches bei der personenbedingten Kündigung. Da sich die grundlegende Argumentation nicht wesentlich von jener in der Situation der verhaltensbedingten Kündigung unterscheidet, wird nur ein verkürzter Überblick über den Meinungsstand dargestellt.

a) Ablehnung eines Wiedereinstellungsanspruches

So stützen sich Gegner[152] eines Wiedereinstellungsanspruches bei der personenbedingten Kündigung wiederum vor allem auf die verschiedenen Risikosphären[153]. Hier gehe es regelmäßig um persönliche Umstände des Arbeitnehmers, die der ordnungsgemäßen Vertragserfüllung im Wege stehen[154]. Dies seien Umstände, die aus der Risikosphäre des Arbeitnehmers stammen und ihre Veränderung könne dem Arbeitgeber entsprechend nicht zugerechnet werden[155]. Werde beispielsweise einem Arbeitnehmer wegen fehlender Arbeitserlaubnis gekündigt, so begründe die Erteilung der Erlaubnis noch keinen Wiedereinstellungsanspruch[156].

---

150 Wegen der Weigerung – es liegt also ein *steuerbarer* Eignungsmangel vor - steht nicht die fehlende fachliche Eignung des Arbeitnehmers, sondern sein vertragsverletzendes Verhalten im Vordergrund.

151 Als Beispiel zur verhaltensbedingten Kündigung gebildet von Nägele, in: BB 1998, S. 1686 (1687).

152 Gentges, S. 374; Meinel/Bauer, in: NZA 1999, S. 575 (577); Nicolai, Anm. zum BAG- Urt. v. 17.06.1999- SAE 2000, S. 98 (101); Nicolai/Noack, in: ZfA 2000, S. 87 (101); Preis, Anm. zum LAG Köln- Urt. v. 10.01.1989- LAGE § 611 BGB Einstellungsanspruch Nr. 1; Zwanziger, in: BB 1997, S. 42 (43).

153 Ganz allgemein lehnt Nicolai, in: Anm. zu BAG, Urt. v. 17.06.1999- SAE 2000, S. 98 (101) einen Wiedereinstellungsanspruch außerhalb der betriebsbedingten Kündigung ab.

154 Vgl. nur Nicolai/Noack, in: ZfA 2000, S. 87 (101).

155 Nicolai, in: NZA 2000, S. 1097 (1101)- SAE 2000, S. 98 (101); Preis, Anm. zum LAG Köln- Urt. v. 10.01.1989- LAGE § 611 BGB Einstellungsanspruch Nr. 1.

156 Vgl. Preis, Anm. zum LAG Köln- Urt. v. 10.01.1989- LAGE § 611 BGB Einstellungsanspruch Nr. 1.

Ebenso soll bei dem Hauptanwendungsfall der personenbedingten Kündigung, der krankheitsbedingten Kündigung, entschieden werden[157]. Besonders hervorgehoben werden hier die Fälle, in denen der Arbeitnehmer erst nach Ausspruch der Kündigung in eine Operation oder Therapie einwilligt, um damit die krankheitsbedingten Gründe entfallen zu lassen. Weder die Durchführung einer Therapie wegen Alkoholsucht[158] noch die Vornahme einer Operation[159] sollen ab diesem Zeitpunkt zur Korrektur der Prognose herangezogen werden können.

b) Befürwortung eines Wiedereinstellungsanspruches

Auch die Gegenmeinung argumentiert wie bei der verhaltensbedingten Kündigung: der Grundgedanke des Wiedereinstellungsanspruches sei die Kompensation für die Möglichkeit, aufgrund einer bloßen Prognose zu kündigen. Diese Kompensation sei in dem Fall der überraschenden Gesundung des Arbeitnehmers genauso erforderlich wie bei der betriebsbedingten Kündigung[160]. Werde die Prognose nach der Kündigung durch eine positive Entwicklung widerlegt, könne für den Arbeitnehmer auch nach Ausspruch einer krankheitsbedingten Kündigung ein Wiedereinstellungsanspruch aus den Grundsätzen von Treu und Glauben gemäß § 242 BGB, genauer aus der Fürsorgepflicht des Arbeitgebers, abgeleitet werden[161].

Beachtenswert erscheint die jüngere Rechtsprechung des Bundesarbeitsgerichtes[162]: Die krankheitsbedingte Kündigung wird zwar nicht positiv als Anwendungsfall des Wiedereinstellungsanspruches bezeichnet, jedoch im Rahmen eines

---

157 Hueck/v. Hoyningen- Huene, § 1 KSchG, Rn. 156 a; Meinel/ Bauer NZA 1999, S. 575 (577); Nicolai, in: Anm. zu BAG, Urt. v. 17.06.1999- SAE 2000, S. 98 (101); Preis, Anm. zum LAG Köln- Urt. v. 10.01.1989- LAGE § 611 BGB Einstellungsanspruch Nr.1, dieser will allerdings für den Fall der sog. „Wunderheilung“ eine Ausnahme machen; Ricken, in: NZA 1998, S. 460 (464); Wank, Anm. zum BAG- Urt. v. 24.03.1983- AP § 1 KSchG 1969 Soziale Auswahl, wonach die Ablehnung eines Wiedereinstellungsanspruches aus der erheblichen eingeschränkten Möglichkeit einer krankheitsbedingten Kündigung resultieren soll; Zwanziger, in: BB 1997, S. 44, dieser fordert jedoch als milderes Mittel zur Kündigung deren Androhung.

158 Vgl. BAG, Urt. v. 09.04.1987- 2 AZR 210/86- EzA § 1 KSchG Krankheit Nr. 18; Otto, in: FS für Kraft, S. 451 (455).

159 Vgl. BAG, Urt. v. 15.08.1984- 7 AZR 536/82- EzA § 1 KSchG Krankheit Nr. 16; Hoyningen-Huene, Anm. zu BAG, Urt. v. 09.04.1987- EzA § 1 KSchG Krankheit Nr. 18.

160 Bram/Rühl, in: NZA 1990, S. 753 (754); Hinrichs, in: AiB 1997, S. 615; Kittner/Däubler/Zwanziger- Kittner § 1 KSchG, Rn. 77; Löwisch § 1 KSchG, Rn. 74; MünchArbR/Berkowsky, §134, Rn. 93, Nägele in: BB 1998, S. 1686 (1687); Raab, in: RdA 2000, S. 147 (153); Stahlhacke/Preis/Vossen, Rn. 618.

161 LAG Hamm, Urt. v. 28.07.1999- NZA- RR 2000, S. 134 (135); Bram, in: Bader/Bram/Dörner/Wenzel, § 1 KSchG Rn. 73; wohl auch Boewer, in: NZA 1999, S. 1121 (1130), Mathern NJW 1996, S. 818 (820); Wank Anm. zum BAG- Urt. v. 24.03.1983- AP § 1 KSchG 1969 Nr. 2 Soziale Auswahl (Rechtsmissbrauch).

162 2 AZR 160/96 (Fn. 1).

Wiedereinstellungsanspruches nach betriebsbedingter Kündigung als Beispiel der Anspruchsgrenzen[163] gebraucht. Damit geht das Bundesarbeitsgericht stillschweigend von der Möglichkeit eines Wiedereinstellungsanspruches bei der personenbedingten Kündigung aus.

In einer weiteren aktuellen Entscheidung des Bundesarbeitsgerichtes[164] ging es um den Wiedereinstellungsanspruch eines alkoholkranken Arbeitnehmers nach der Durchführung einer Entziehungstherapie. Zwar blieb die Frage nach der grundsätzlichen Möglichkeit eines Wiedereinstellungsanspruches nach personenbedingter und im besonderen nach krankheitsbedingter Kündigung unentschieden, da jedenfalls die für einen Wiedereinstellungsanspruch zu fordernde veränderte Prognose nicht feststand. Jedoch wurde ausdrücklich auf die überwiegende Ansicht der Literatur hingewiesen, die auch in dieser Konstellation einen Wiedereinstellungsanspruch bejaht, obwohl der Kündigungsgrund der Sphäre des Arbeitnehmers entstammt. Dies deutet auf eine Tendenz innerhalb der höchstrichterlichen Rechtsprechung hin[165], auch bei der krankheitsbedingten Kündigung einen Wiedereinstellungsanspruch anzuerkennen[166].

c) Stellungnahme

Die Entscheidung kann nicht anders als bei der verhaltensbedingten Kündigung ausfallen: Auch bei der personen- und dabei insbesondere bei der krankheitsbedingten Kündigung ist ein Wiedereinstellungsanspruch des Arbeitnehmers möglich und leitet sich wiederum aus § 242 BGB her. Hinsichtlich der Argumente ist auf die vorangegangene Darstellung hinzuweisen[167].

---

163 Zu der Begrenzung des Wiedereinstellungsanspruches, vgl. § 4 und § 5.

164 BAG, Urt. v. 17.06.1999- 2 AZR 639/98- EzA § 1 KSchG Wiedereinstellungsanspruch Nr. 4= NZA 1999, S. 1328.

165 Im Urt. v. 29.04.1999- 2 AZR 431/98- NZA 1999, S. 978 (980)= SAE 2000, S. 14, geht das BAG ebenfalls im Rahmen einer krankheitsbedingten Kündigung selbstverständlich von der Möglichkeit eines Wiedereinstellungsanspruches aus und überträgt den in BAG NZA 1997, S. 757 (Vgl. Fn. 1) zugrundeliegenden Sachverhalt, der sich auf die betriebsbedingte Kündigung bezog, auf die personenbedingte Kündigung.

166 A.A. Nicolai, Anm. zum BAG- Urt. v. 17.06.1999- SAE 2000, S. 98 (101), nach ihr hat der erkennende Senat in dem zitierten Urteil in der Sache einen Wiedereinstellungsanspruch im Rahmen einer krankheitsbedingten Kündigung eine Absage erteilt. Argument: wenn die Rechtsprechung eine positive Gesundheitsprognose als zwingend notwendige Anspruchsvoraussetzung fordert, könne ein Wiedereinstellungsanspruch nur noch dann in Betracht kommen, wenn der Arbeitnehmer in einer Art „Wunderheilung“ nach Zugang der Kündigung vollständig gesundet. Auch in den Fällen häufiger Kurzerkrankungen sei ein Wiedereinstellungsanspruch ausgeschlossen, da niemand behaupten könne, er werde in Zukunft nicht mehr an solchen Erkrankungen leiden.

167 Vgl. § 2 III 3 c.

III. Ergebnis zu § 2

Bei allen Kündigungsanlässen ist ein Wiedereinstellungsanspruch möglich. Er ist grds. aus § 242 BGB abzuleiten; zum Teil sind für die Begründung einer Wiedereinstellungspflicht Zusatzerwägungen erforderlich.

§ 3 Voraussetzungen des Wiedereinstellungsanspruches

Nach der Frage der Herleitung folgen nun Überlegungen, welche tatbestandlichen Voraussetzungen vorliegen müssen, um einen Wiedereinstellungsanspruch des Arbeitnehmers zu begründen.

I. Anspruchsinhaber unterliegt dem KSchG

Der Wiedereinstellungsanspruch wird grds. nach § 242 BGB aus den Grundsätzen des Rechtsmissbrauch, dem Verbot widersprüchlichen Verhaltens des Arbeitgebers und dem damit verbundenen Vertrauensschutz des Arbeitnehmers hergeleitet[168]. Wann aber darf der Arbeitnehmer dieses Vertrauen, seinen Arbeitsplatz nur zu verlieren, wenn der Kündigungsgrund fortbesteht, in Anspruch nehmen? Das ist nur der Fall, wenn es auf einem besonderen Bestandsinteresse beruht, das ihm das Kündigungsschutzgesetz verleiht[169]. Anders ausgedrückt: Im Rahmen eines Wiedereinstellungsanspruches will der Arbeitnehmer den Wegfall des Kündigungsgrundes geltend machen. Für eine ordentliche Kündigung ist jedoch grds. kein Kündigungsgrund erforderlich, nur bei Eingreifen eines allgemeinem Kündigungsschutzes nach dem KSchG oder einem besonderen Bestandsschutz, wie er beispielsweise für Betriebs- oder Personalratsmitglieder besteht, bedarf es auch eines Kündigungsgrundes. Kann der Arbeitgeber jederzeit fristgemäß ohne besonderen Grund kündigen, kommt ein Wiedereinstellungsanspruch also nicht in Betracht[170]. Dem Wiedereinstellungsbegehren stünde auch wegen der fortbestehenden Möglichkeit des Arbeitgebers, eine Kündigung auszusprechen, die dolo-petit-Einrede[171] entgegen[172]. Damit muss als erste Voraussetzung eines Wiedereinstellungsanspruches der Arbeitnehmer dem Kündigungsschutzgesetz unterliegen[173].

---

168 Vgl. § 2 II 2 b.

169 Beckschulze, in: DB 1998, S. 417 (418); Boewer, in: NZA 1999, S. 1121 (1130); Bram/Rühl, in: NZA 1990, S. 753 (756); Kaiser, in: ZfA 2000, S. 205 (224); Oetker, in: ZIP 2000, S. 643 (647); Raab, in: RdA 2000, S. 147 (149); Senne, in: AuA 1992, S. 301 (303).

170 Beckschulze, in: DB 1998, S. 417 (418); Boewer, in: NZA 1999, S. 1121 (1130); Bram/Rühl, in: NZA 1990, S. 753 (756); Heilmann, S. 92; Oetker, in: ZIP 2000, S. 643 (647).

171 Dolo facit (agit), qui petit, quod statim redditurus est =arglistig handelt, wer eine Leistung fordert, die er sofort (aus einem anderen Rechtsgrund) wieder zurückgeben muss.

172 Bram/Rühl, in: NZA 1990, S. 753 (756).

173 Otto, in: FS f. Kraft, S. 451 (453); Ziemann, in: MDR 1999, S. 716 (717).

II. Wirksame Kündigung

Die nächste Voraussetzung einer wirksamen Kündigung versteht sich von selbst. Ein Wiedereinstellungsanspruch erweist sich immer dann als überflüssig, wenn schon die Kündigung unwirksam ist. Hier ist der Bestandsschutz des Arbeitnehmers bereits durch das Kündigungsschutzgesetz gewahrt. Jedem Anspruch auf Wiedereinstellung ist damit die Prüfung der Wirksamkeit der Kündigung vorgeschaltet. Im Rahmen dieser Arbeit wird kein umfassendes Prüfungsschema der einzelnen Kündigungsgründe dargestellt. Statt dessen werden die kündigungsschutzrechtlichen Prinzipien aufgezeigt, die bei allen Kündigungsgründen i.S.v. § 1 II KSchG gleichermaßen gelten. So soll sichtbar werden, welch hohe Anforderungen erfüllt sein müssen, damit der Arbeitgeber eine sozial gerechtfertigte und damit wirksame Kündigung i.S.v. § 1 II KSchG aussprechen kann.

Wie bereits ausführlich erläutert, ist Voraussetzung für die soziale Rechtfertigung einer Kündigung eine negative Prognose[174]. Auf dieses Kriterium wird nicht weiter eingegangen.

Jede Kündigung unterliegt zudem dem Grundsatz der Verhältnismäßigkeit, der auch schlagwortartig als „ultima-ratio-Grundsatz" bezeichnet wird: Eine Kündigung kommt als äußerstes Mittel nur in Betracht, wenn sie zur Beseitigung betrieblicher Beeinträchtigungen geeignet und erforderlich ist und im Verhältnis zu dem verfolgten Zweck angemessen erscheint[175]. Ausdruck findet dieser Grundsatz bei der Prüfung der Wirksamkeit einer Kündigung unter anderem in der Erforderlichkeit einer erheblichen Beeinträchtigung betrieblicher Interessen[176]. Es müssen sämtliche Möglichkeiten ausgeschöpft werden, um eine Kündigung zu vermeiden[177]. Deshalb ist beispielsweise vorrangig zu prüfen, ob eine anderweitige Beschäftigungsmöglichkeit des Arbeitnehmers möglich ist[178]. Außerdem führt das Verhältnismäßigkeitsprinzip bei der verhaltensbedingten Kündigung zu dem grundsätzlichen Erfordernis einer Abmahnung[179].

Zuletzt ist eine Kündigung generell nur sozial gerechtfertigt, wenn die Beeinträchtigung der Vertragsinteressen des Arbeitgebers die wirtschaftlichen und sozialen

---

174 Vgl. § 1 II 1.

175 Hueck/v. Hoyningen- Huene, § 1 KSchG, Rn. 140; Kittner/Däubler/Zwanziger- Kittner § 1 KSchG, Rn. 49; KR/ Etzel § 1 KSchG, Rn. 237; Löwisch, § 1 KSchG, Rn. 91.

176 Hueck/v. Hoyningen- Huene, § 1 KSchG, Rn. 141; Kittner/Däubler/Zwanziger- Kittner, § 1 KSchG, Rn. 50.

177 Kittner/Däubler/Zwanziger- Kittner, § 1 KSchG, Rn. 50.

178 BAG, Urt. v. 15.12.1994- 2 AZR 327/94- AP Nr. 67 zu § 1 KSchG 1969 Betriebsbedingte Kündigung; Hueck/v. Hoyningen- Huene, § 1 KSchG, Rn. 141.

179 BAG, Urt. v. 17.02.1994- 2 AZR 616/93- BB 1994, S. 1148; BAG, Urt. v. 10.11.1988- 2 AZR 215/88- BB 1989, S. 1483; KR/Etzel, § 1 KSchG, Rn. 294; Schaub, § 130, S. 1171.

Interessen des Arbeitnehmers überwiegen, also nach einer umfassenden Interessenabwägung zwischen den Arbeitsvertragsparteien[180].

Damit werden die hohen Hürden deutlich, die der Arbeitgeber überwinden muss, um eine wirksame Kündigung aussprechen zu können. Die Möglichkeit eines Wiedereinstellungsanspruches ändert nichts an diesen Voraussetzungen. Funktion des Wiedereinstellungsanspruches ist es nicht, die Anforderungen an eine wirksame Kündigung aufzuweichen oder zugunsten des Arbeitgebers großzügiger zu bewerten, weil die nachträgliche Fehlerkorrektur ohnehin einen Kontrahierungszwang des Arbeitgebers auslösen würde[181]. So wird ein umfassender Bestandsschutz sowohl nach dem Kündigungsschutzgesetz *vor* Zugang der Kündigung als auch durch die Möglichkeit eines Wiedereinstellungsanspruches *nach* diesem Zeitpunkt erreicht.

III. Wegfall des Kündigungsgrundes und Kenntnis des Arbeitgebers

Weitere Tatbestandsvoraussetzungen eines Wiedereinstellungsanspruches sind der nachträgliche Wegfall des Kündigungsgrundes und die Kenntnis des Arbeitgebers von dieser Entwicklung.

1. Wegfall des Kündigungsgrundes

Der Arbeitnehmer kann die Wiedereinstellung nur einfordern, wenn die ursprüngliche Prognose des Arbeitgebers durch eine Veränderung der Umstände widerlegt wird[182]. Anknüpfungspunkt ist folglich die jeweilige Prognose: Es geht nicht um eine nochmalige (hypothetische) Wirksamkeitsprüfung der Kündigung[183]. Der Wiedereinstellungsanspruch kann nicht den umfassenden Bestandsschutz des Arbeitnehmers gewährleisten, der vor dem Zugang der Kündigung wegen § 1 KSchG besteht[184].

---

180 KR/ Etzel § 1 KSchG, Rn. 233; Stahlhacke/Preis/Vossen, Rn. 619.

181 Boewer, in: NZA 1999, S. 1121 (1129).

182 Gentges, S. 356; Langenbucher, in: ZfA 1999, S. 299 (323); Löwisch, § 1 KSchG, Rn. 74; Meinel/Bauer, in: NZA 1999, S. 575 (578); Preis (Prinzipien), S. 356; Raab, in: RdA 2000, S. 147 (149).

183 Boemke, in: WiB 1997, S. S. 872 (874); anders könnte das BAG (Urt. v. 28.06.2000- 7 AZR 904/98- NZA 2000, S. 1097 (1100)= ZIP 2000, S. 1781) verstanden werden, wenn es den Wiedereinstellungsanspruch auch bejaht, wenn eine anderweitige Beschäftigungsmöglichkeit im Betrieb besteht, da diese „auch der Wirksamkeit der Kündigung entgegengestanden hätte".

184 Ansonsten ergäbe sich beispielsweise unabhängig von der vorherigen Prognose auch ein Wiedereinstellungsanspruch des Arbeitnehmers, wenn sich die Voraussetzungen der Sozialauswahl nachträglich ändern, etwa wenn ein unterhaltspflichtiger Angehöriger eines vergleichbaren, bis zu diesem Zeitpunkt sozial stärkeren Arbeitnehmers stirbt (Beispiel aufgeworfen von Kaiser, in: ZfA 2000, S. 205 (231 f). Eine derartige Ausdehnung des Wiederein-

Für die Widerlegung der Arbeitgeberprognose muss der Kündigungsgrund *erwiesenermaßen* nachträglich weggefallen sein[185]. Aus Gründen der Rechtssicherheit und einer gerechten Verteilung des Prognoserisikos reichen keine Zweifel an der Richtigkeit der ursprünglichen Prognose[186]; bloße Wahrscheinlichkeitsurteile würden zudem eine Gegenkorrektur des Wiedereinstellungsanspruches herausfordern[187]. Welche konkreten Anforderungen an den Beweis des Wegfalls des Kündigungsgrundes zu stellen sind, ist wiederum anhand der einzelnen Kündigungsgründe und ihrer Besonderheiten herauszuarbeiten.

Dabei ist die Reihenfolge der zu behandelnden Kündigungsanlässe eine andere als im vorangegangenen Abschnitt. Nun beginnt die Darstellung mit dem Kündigungsanlass, bei dem der Nachweis der Fehlprognose am leichtesten gelingt: bei der betriebsbedingten Kündigung. Entsprechend wird zuletzt die verhaltensbedingte Kündigung behandelt, da bei dieser der Nachweis in der Regel am schwierigsten ist.

a) Betriebsbedingte Kündigung

Bei der betriebsbedingten Kündigung ist der Wegfall des Kündigungsgrundes an greifbaren tatsächlichen Umständen festzumachen: an dem Wiederentstehen von Beschäftigungsmöglichkeiten. Diese können sich durch Veränderung des unternehmerischen Konzeptes[188] durch eine wachsende Auftragslage[189] oder durch einen zuvor nicht erwarteten Betriebsübergang nach § 613a BGB ergeben. Da die Widerlegung der Negativprognose bei betriebsbedingten Gründen leicht nachzuweisen ist, wird dieser Fall auch als „Prototyp" des Wiedereinstellungsanspruches bezeichnet[190]. Entsprechend häufig musste sich auch die Rechtsprechung mit dieser Problematik auseinander setzen[191].

Der betriebsbedingten Kündigung liegt die Prognose zugrunde, das Bedürfnis zur weiteren Beschäftigung des Arbeitnehmers werde in Zukunft entfallen[192]. Damit besteht hier eine Besonderheit: Eine Beschäftigungsmöglichkeit des Arbeitnehmers kann sich nicht nur ergeben, wenn sein bisheriger Arbeitsplatz wider Erwar-

---

stellungsanspruches ist jedoch strikt abzulehnen, da sie nicht mehr dem ursprünglichen Sinn der Prognosekorrektur dient, Oetker, in: ZIP 2000, S. 1781 (1788).

185 Boewer, in: NZA 1999, S. 1121 (1129); Meinel/Bauer, in: NZA 1999, S. 575 (578); Preis, Anm. zum LAG Köln- Urt. v. 10.01.1989- LAGE § 611 BGB, Einstellungsanspruch Nr. 1.

186 Boewer, in: NZA 1999, S. 1121 (1130); Meinel/ Bauer, in: NZA 1999, S. 575 (578); Preis (Prinzipien), S. 356.

187 Meinel/ Bauer, in: NZA 1999, S. 575 (578).

188 Vgl. Boewer, in: NZA 1999, S. 1121 (1130).

189 Bram/Rühl, in: NZA 1990, S. 753 (756); Hueck/v. Hoyningen- Huene § 1 KSchG, Rn. 156 c.

190 Boewer, in NZA 1999, S. 1121 (1130).

191 Vgl. § 2 II 2.

192 Vgl. § 1 II 1.

ten fortbesteht oder wieder entsteht. In gleicher Weise kann sich eine Beschäftigungsmöglichkeit ergeben, wenn ein anderer Arbeitsplatz in dem selben Betrieb neu entsteht bzw. frei wird.

In welchem Fall kann man bei der betriebsbedingten Kündigung noch von einer Widerlegung der ursprünglichen Prognose sprechen? Will man den Wiedereinstellungsanspruch als umfassendes Korrektiv für die Belastung des Arbeitnehmers mit dem Prognoserisiko auffassen, ist der Anspruch entsprechend zu erweitern[193]; auf der anderen Seite muss auch das Arbeitgeberinteresse geschützt werden. Deshalb ist zu differenzieren: In einem Fall wird ein vergleichbarer[194] Arbeitsplatz frei, auf den der Arbeitgeber den Arbeitnehmer ohne Änderung des Arbeitsvertrages einseitig umsetzen könnte. Demgegenüber kann aber auch eine unbesetzte Stelle vorliegen, hinsichtlich derer eine Änderungskündigung des Arbeitgebers erforderlich wäre. Wie weit ist die Prognose des Arbeitgebers zu fassen, bezüglich welchen Arbeitsplatzes entsteht nun ein Wiedereinstellungsanspruch des Arbeitnehmers?

Der Wiedereinstellungsanspruch ist auf einen anderen Arbeitsplatz auszudehnen, wenn der Arbeitnehmer für diese Position geeignet[195] und so eine Änderung des Arbeitsvertrages nicht erforderlich ist[196]. Hier ist das Bestandsinteresse des Arbeitnehmers schützenswert[197]: Eine solche anderweitige Beschäftigungsmöglichkeit hätte, sofern sie bei Ausspruch der Kündigung bereits bestanden oder absehbar gewesen wäre, auch der Wirksamkeit der Kündigung entgegengestanden[198].

---

193 Boudon, Anm. zum BAG- Urteil v. 06.08.1997- EWiR § 1 KSchG 1/98.

194 Eine Vergleichbarkeit im oben genannten Sinne ist nur dann gegeben, wenn der Arbeitgeber den Arbeitnehmer kraft eines Direktionsrechtes einseitig auf den anderen Arbeitsplatz versetzen kann, Kraft/Etzel § 1 KSchG, Rn. 633. Im Rahmen des Direktionsrechtes vermag der Arbeitgeber, die Arbeitsleistung des Arbeitnehmers im Rahmen seines Leistungsbestimmungsrechtes durch einseitige Erklärung zu konkretisieren, KR/Rost, § 2 KSchG, Rn. 36; Löwisch, § 2 KSchG, Rn. 87. Wird dieser Rahmen überschritten, bedarf es einer Änderungskündigung, mit der der Arbeitgeber dem Arbeitnehmer zugleich die Fortsetzung des Arbeitsverhältnisses zu geänderten Arbeitsbedingungen anbietet (Hueck/v. Hoyningen- Huene, § 2, Rn. 3.)

195 BAG, Urt. v. 06.08. 1997- 7 AZR 557/96- AP Nr. 2 zu § 1 KSchG Wiedereinstellungsanspruch unter II 1 b der Gründe= NZA 1998, S. 254 (255)= EzA § 1 KSchG Wiedereinstellungsanspruch Nr. 2.

196 BAG, Urt. v. 28.06.2000- 7 AZR 904/98- NZA 2000, S. 1097 (1199)= ZIP 2000, S. 1781; Beckschulze, in: DB 1998, S. 417 (419); Berkowsky (personen- u. verhaltensb. Kündigung), § 34, Rn. 14; Boudon, Anm. zum BAG- Urt. 06.08.1997- EWiR § 1 KSchG 1/98; Preis (Prinzipien), S. 355; v. Stein, in: RdA 1991, S. 85 (89); a.A. Nicolai/Noack, in: ZfA 2000, S. 87 (100); Raab, in: RdA 2000, S. 147 (154).

197 Allgemein zur Sozialwidrigkeit einer Kündigung, wenn eine Weiterbeschäftigungsmöglichkeit auf einem anderen Arbeitsplatz möglich ist, vgl. Kittner/Däubler/Zwanziger- Kittner, § 1 KSchG, Rn. 365 ff.

198 Diese Aussage trifft der 7. Senat erstmals im Urt. v. 28.06.2000- 7 AZR 904/98- NZA 2000, S. 1097 (1100)= ZIP 2000, S. 1781, und dehnt damit den Wiedereinstellungsanspruch stark

Dabei muss näher erläutert werden, anhand welcher Kriterien festzumachen ist, ob die geforderte Geeignetheit des zuvor gekündigten Arbeitnehmers vorliegt. Hier ist auf die für die Sozialauswahl entwickelten Kriterien zurückzugreifen[199]. Die Vergleichbarkeit der in die soziale Auswahl einzubeziehenden Arbeitnehmer richtet sich folglich in erster Linie nach arbeitsplatzbezogenen Merkmalen, also nach der ausgeübten Tätigkeit[200]. Es ist zu prüfen, ob derjenige Arbeitnehmer, dessen Arbeitsplatz fortgefallen ist, aufgrund seiner beruflichen Qualifikation sowie aufgrund seiner bisherigen Tätigkeit im Betrieb dazu in der Lage ist, die andersartige, aber gleichwertige Arbeit (gegebenenfalls nach einer kurzen Einarbeitungszeit[201]) auszuüben[202]. Liegen diese Voraussetzungen vor und ist die freie Stelle folglich mit der früheren vergleichbar, erstreckt sich der Wiedereinstellungsanspruch des Arbeitnehmers auf diesen freien Arbeitsplatz in demselben Betrieb[203].

Daraus ergibt sich die Frage, wie die Situation zu behandeln ist, wenn eine solche Vergleichbarkeit der Aufgabenbereiche ausscheidet. Kann auch hier von einer Widerlegung der Prognose gesprochen werden, entsteht also ein Wiedereinstellungsanspruch auch in Bezug auf Stellen, hinsichtlich derer ein Ausspruch einer Änderungskündigung erforderlich gewesen wäre[204]?

Eine solche Ausdehnung des Wiedereinstellungsanspruches ist zu verneinen: Der Kontrahierungszwang des Arbeitgebers kann sich nicht auf eine derartig erhebliche inhaltliche Vertragsänderung erstrecken. Der Bestandsschutz des Arbeitnehmers für einen Arbeitsplatz, der keinerlei Identität mit dem verlorenen Arbeitsplatz aufweist, tritt in den Hintergrund; in der Situation vor Zugang der Kündigung wäre trotz einer derartigen Beschäftigungsmöglichkeit die Kündigung wirksam gewesen. Hier einen Wiedereinstellungsanspruch zu bejahen, würde einen zu weitgehenden Eingriff in die unternehmerische Entscheidungsfreiheit darstellen. Folglich entsteht kein Wiedereinstellungsanspruch des Arbeitnehmers, wenn sich

---

aus: Dieser beschränkt sich damit nicht mehr auf den „Wegfall des Kündigungsgrundes", sondern greift zudem bei Sachverhalten ein, die bei einer hypothetischen Prüfung der Kündigung zu deren Unwirksamkeit führen würde. Dennoch ist von dem ausschließlichen Anknüpfungspunkt an die ursprüngliche Prognose auszugehen, vgl. § 3 III 1.

199 Berkowsky (betriebsb. Kündigung, § 10, Rn. 15); Bram/Rühl, in: NZA 1990, S. 753 (756).

200 BAG, Urt. v. 07.02.1985- 2 AZR 91/84- NZA 1986, S. 260 (261); KR/Etzel, § 1 KSchG, Rn. 632.

201 BAG, Urt. v. 25.04.1985- 2 AZR 140/84- NZA 1986, S. 64 (65), KPK- Meisel, § 1, Rn. 468.

202 KR/Etzel, § 1 KSchG, Rn. 632.

203 Der Wiedereinstellungsanspruch erstreckt sich jedoch nicht auf eine Beschäftigungsmöglichkeit in einem anderen Betrieb desselben Unternehmens, a.A. Oetker, in: ZIP 2000, S. 1781 (1788).

204 So zum Beispiel auf einen Arbeitsplatz mit einer geänderten Arbeitsleistung, die zu einer wesentlichen Änderung des Arbeitsentgelts führt; zu diesem Beispiel vgl. BAG, Urt. v. 28.02.1968- 4 AZR 114/67- DB 1968, S. 1362 (hier wurde darauf abgestellt, ob der neue Arbeitsplatz derselben tariflichen Vergütungsgruppe entsprach).

in dem Betrieb eine Beschäftigungsmöglichkeit ergibt, hinsichtlich derer wegen ihrer fehlenden Vergleichbarkeit eine Änderungskündigung erforderlich wäre[205].

Im Ergebnis ist bei der betriebsbedingten Kündigung die Prognose nicht nur widerlegt, wenn der alte Arbeitsplatz erhalten bleibt. Der Kündigungsgrund ist auch dann weggefallen und ein Wiedereinstellungsanspruch begründet, wenn ein vergleichbarer Arbeitsplatz in dem selben Betrieb frei wird.

b) Verdachtskündigung

Bei der Verdachtskündigung ist ein Nachweis des weggefallenen Kündigungsgrundes bereits schwieriger. Das Bundesarbeitsgericht hat hier die Widerlegung einer Fehlprognose verneint, wenn der Arbeitnehmer im Strafverfahren lediglich mangels Beweisen freigesprochen wird[206]. Die bloße Einstellung des staatsanwaltlichen Ermittlungsverfahrens nach § 170 II 1 StPO begründe keinen Wiedereinstellungsanspruch[207]. Die Einstellungsverfügung soll lediglich eine vorläufige Beurteilung durch die staatlichen Ermittlungsbehörden darstellen, der keinerlei Bindungswirkung für ein Arbeitsgerichtsverfahren zukomme[208]. Werde einmal eine Verdachtskündigung wirksam ausgesprochen, könne der Arbeitgeber deshalb weiterhin an ihr festhalten, ohne schutzwürdige Interessen des Arbeitnehmers zu verletzen[209]. Folglich ist der Nachweis einer Fehlprognose bei der Verdachtskündigung nur zu bejahen, wenn die Unschuld des Arbeitnehmers erwiesen ist[210].

c) Personenbedingte Kündigung

Auch bei der personenbedingten, hier insbesondere bei der krankheitsbedingten Kündigung ist genau zu unterscheiden. Sie ist wirksam, wenn im Zeitpunkt ihres Ausspruches aufgrund fortbestehender oder weiterer Erkrankungen weitere Fehlzeiten zu erwarten sind[211]; welcher Nachweis muss dann erbracht werden, damit die Fehlprognose zweifelsfrei feststeht? Zum Teil wird allgemein auf die positive

---

205 Nach KPK- Meisel, § 1 , Rn. 468 a, hat der Arbeitnehmer jedoch einen Wiedereinstellungsanspruch auf einen geringwertigeren Arbeitsplatz.

206 BAG, Urt. v. 20.08.1997- 2 AZR 620/96- NZA 1997, S. 1340; zustimmend: Boewer, in: NZA 1999, S. 1121 (1130); Preis (Prinzipien), S. 356; Sowka, § 1 KSchG, Rn. 427.

207 ErfK/Müller- Glöge § 626 BGB, Rn. 217; Linck, in: FA 2000, S. 334 (337); Stahlhacke/Preis/Vossen, § 14, Rn. 582.

208 Linck, in: FA 2000, S. 334 (337).

209 BAG, Urt. v. 20.08.1997- 2 AZR 620/96- NZA 1997, S. 1340.

210 Vgl. BAG, Urt. v. 04.06.1964- 2 AZR 310/63- AP Nr. 13 zu § 626 BGB Verdacht strafbarer Handlung; BAG, Urt. v. 27.03.1958- 2 AZR 367/57- AP Nr. 10 zu § 611 BGB Fürsorgepflicht; BGH, Urt. v. 13.07.1956- VI ZR 88/5- AP Nr. 2 zu § 611 BGB Fürsorgepflicht; BAG, Urt. v. 14.12.1956- 1 AZR 29/55- AP Nr. 3 zu § 611 BGB Fürsorgepflicht; Bader/Bram/Dörner/Wenzel, § 1 KSchG, Rn. 70.

211 Vgl. § 1 II 1.

gesundheitliche Entwicklung abgestellt[212]. Diese Darstellung ist jedoch zu allgemein und bedarf der Konkretisierung.

Das Bundesarbeitsgericht[213] unterscheidet bei der krankheitsbedingten Kündigung zwischen einer bloßen Erschütterung einer Negativprognose, die noch keinen Wiedereinstellungsanspruch auslöst und einer positiven Gesundheitsprognose, die einen Wiedereinstellungsanspruch zur Folge haben kann[214]. Es ist demnach zu differenzieren: Bei der vollständigen Wiederherstellung der körperlichen Stabilität des Arbeitnehmers liegt eine mit Sicherheit feststellbare Fehlprognose vor[215]. Wird also ein bisher unheilbar erscheinender (oder langwierig erkrankter) Arbeitnehmer plötzlich geheilt, steht ihm ein Wiedereinstellungsanspruch zu[216]. Bei häufigen Kurzerkrankungen ist von einem Wegfall des Kündigungsgrundes auszugehen, wenn die Besorgnis weiterer Erkrankungen völlig ausgeräumt ist[217]. Anders ist die Situation bei einer bloßen Besserung des Gesundheitszustandes oder einem Ausfall von Krankheitszeiten nach in der Vergangenheit immer wieder auftretenden Erkrankungen. Hier liegt lediglich eine Erschütterung der Negativprognose - und so nur ein Zweifel an der Richtigkeit der Prognose – vor; dies begründet für sich allein betrachtet noch keinen Wiedereinstellungsanspruch[218].

Und wie ist der Fall zu beurteilen, in der sich der Arbeitnehmer erst nach Ausspruch der Kündigung einer alkoholbedingten Therapie oder einem operativen Eingriff unterzieht? In dieser Situation ist ein Wiedereinstellungsanspruch jedenfalls nicht abzulehnen, da formal zu unterscheiden ist, ob die Widerlegung der Prognose schon in der gesundheitlichen Konstitution des Arbeitnehmers begründet ist, oder die spätere unvorhergesehene Heilung von außen - also durch Operation oder Therapie - kommt[219]. Vielmehr steht einer positiven Gesundheitsprognose nach einer Operation des Arbeitnehmers nichts entgegen, wenn die Gesundheit des Arbeitnehmers vollständig wiederhergestellt wurde. Vom Grundsatz kann bei einer alkoholbedingten Therapie nichts anderes gelten. Hier will die höchstrichter-

---

212 Vgl. Mathern, in: NJW 1996, S. 818 (819).

213 BAG, Urt. v. 17.06.1999- 2 AZR 639/98- EzA § 1 KSchG Wiedereinstellungsanspruch Nr.4 unter I 3 der Gründe= NZA 1999, S. 1328 (1331).

214 Zustimmend: Linck, in: FA 2000, S. 334 (338); Raab, in: RdA 2000, S. 147 (153).

215 So auch v. Hoyningen-Huene, Anm. zum BAG- Urt. v. 09.04.1987- EzA §1 KSchG Krankheit Nr. 18; Löwisch, § 1 KSchG, Rn. 74; Nägele, in: BB 1998, S. 1686 (1687).

216 Preis (Prinzipien), S. 356.

217 Vgl. BAG, Urt. v. 17.06.1999- 2 AZR 639/98- EzA § 1 KSchG Wiedereinstellungsanspruch Nr.4 unter I 3 der Gründe= NZA 1999, S. 1328 (1331).

218 Boewer, in: NZA 1999, S. 1121 (1130); Preis (Prinzipien), S. 356.

219 So aber BAG, Urt. v. 15.08.1984- 7 AZR 536/82- EzA § 1 KSchG Krankheit Nr. 16.

liche Rechtsprechung[220] für eine positive Gesundheitsprognose eine Entziehungskur jedoch nicht ausreichen lassen[221].

Welche Therapie in welchem Zeitraum eine Prognose widerlegen kann, muss einzelfallabhängig entschieden werden; hier kann keine für alle Situationen passende Lösung gefunden werden[222]. Zwar wird der Vorgang der Genesung bei Alkoholkrankheit in seltenen Fällen einen Abschluss finden, da die Entstehung des Wiedereinstellungsanspruches einer zeitlichen Grenze unterliegt[223]. Der Erfolg einer gesundheitlichen Stabilität bleibt deshalb zunächst häufig weiterhin offen[224]. Die grundsätzliche Möglichkeit, durch Therapiemaßnahmen nach Zugang der Kündigung eine positive Gesundheitsprognose zu begründen, ist jedoch zu bejahen.

Kommt es also zu einer vollständigen Genesung des Arbeitnehmers - diese kann auch durch eine Operation herbeigeführt werden - kann bei der krankheitsbedingten Kündigung die Fehlprognose widerlegt und ein Wiedereinstellungsanspruch bejaht werden. Bei bloßer Besserung des Gesundheitszustandes und Verminderung von Fehlzeiten ist hingegen die Prognose lediglich erschüttert und ein Wiedereinstellungsanspruch ausgeschlossen. Wie nach einer Therapie des Arbeitnehmers zu entscheiden ist, bleibt anhand des Einzelfalles unter einer umfassenden Interessenabwägung zu beurteilen.

d) Verhaltensbedingte Kündigung

Bei der verhaltensbedingten Kündigung gelingt der Nachweis einer Fehlprognose am schwierigsten. Der Arbeitgeber kann die Negativprognose auf die Erwartung weiteren Fehlverhaltens oder aber auf eine auch für die Zukunft zerstörten Vertrauensgrundlage stützen[225]. Problematisch ist hier nicht nur das regelmäßige Vor-

---

220 Urt. v. 17.06.1999- 2 AZR 639/98- EzA § 1 KSchG Wiedereinstellungsanspruch Nr.4 unter I 3 der Gründe= NZA 1999, S. 1328 (1331)

221 Dazu wird ausgeführt: zutreffend sei, dass die in der Kündigungsfrist durchgeführte Entziehungstherapie zwar die ursprünglich gegebene negative Prognose erschüttere. Diese habe jedoch keine positive Prognose dahin begründet, die fortbestehende Alkoholkrankheit des Klägers werde künftig nicht mehr zum Ausbruch kommen und zu Fehlzeiten führen. Die hohe Rückfallquote bei Alkoholikern auch nach einer zunächst erfolgreichen Entziehungskur sei allgemein bekannt.

222 Anders aber – wie bereits dargelegt – beispielsweise BAG, Urt. v. 09.04.1987- 2 AZR 210/86- EzA § 1 KSchG Nr. 18 Krankheit; BAG, Urt. v. 15.08.1984- 7 AZR 536/82- EzA § 1 KSchG Krankheit Nr. 16; Hoyningen-Huene, Anm. zum BAG- Urt. v. 09.04.1987- EzA § 1 KSchG Krankheit Nr. 18; Otto, in: FS für Kraft, S. 451 (455), die in jedem Fall die spätere Operation bzw. Therapie unbeachtet lassen wollen.

223 Worauf im nachfolgenden Abschnitt noch eingegangen wird, vgl. § 4.

224 So Boewer, in: NZA 1999, S. 1121 (1130), der mit dieser Aussage von der Möglichkeit ausgeht, dass durch eine Therapie nach Ausspruch der Kündigung die Gesundheitsprognose widerlegt und ein Wiedereinstellungsanspruch entstehen kann.

225 Vgl. § 1 II 1 b.

liegen einer außerordentlichen Kündigung nach § 626 II BGB; zudem stellt sich die Frage, wie nach einer verhaltensbedingten Kündigung die Gewissheit einer Fehlprognose festgestellt werden soll. Die Prognose des Arbeitgebers wird jedenfalls nicht bereits durch vertragstreues Verhalten des Arbeitnehmers nach Kündigungsausspruch widerlegt[226]; das bloße Ausbleiben weiteren Fehlverhaltens nach einer Abmahnung kann allenfalls Zweifel an der Richtigkeit der Prognose begründen. Auch die Möglichkeit der Wiederherstellung der verhaltensbedingt zerstörten Grundlage weiterer Zusammenarbeit aufgrund sich verändernder Umstände ist nur in sehr wenigen Fällen denkbar. Zu Hilfe kommen könnte dem Arbeitnehmer unter Umständen nur ein Weiterbeschäftigungsanspruch während des Kündigungsschutzprozesses. Eventuell hätte er so die Möglichkeit, mit der Zeit durch eine weitere, störungsfreie Beschäftigung die Vertrauensgrundlage wiederherzustellen[227].

Bereits im vorherigen Abschnitt wurde jedoch ein Beispiel genannt, in dem die Negativprognose auch bei der verhaltensbedingten Kündigung zweifelsfrei widerlegt werden kann. Kündigt der Arbeitgeber dem Arbeitnehmer wegen Leistungsdefiziten und nimmt der Arbeitnehmer nach anfänglicher Weigerung dann an Fortbildungsmaßnahmen teil, die seine Fähigkeiten erweitern und Defizite nicht mehr erwarten lassen, kann der Nachweis der Fehlprognose gelingen.

Der Rückgriff auf dieses Beispiel verdeutlicht: Der Wiedereinstellungsanspruch bei der verhaltensbedingten Kündigung ist auf wenige Ausnahmefälle beschränkt[228]. Die Seltenheit dieser Fälle drückt sich auch in ihrer Bedeutungslosigkeit in der Praxis aus; die Rechtsprechung hatte sich mit dem Wiedereinstellungsanspruch bei der verhaltensbedingten Kündigung noch nicht zu beschäftigen.

2. Kenntnis des Arbeitgebers

Als weitere Voraussetzung eines Wiedereinstellungsanspruches wird die Kenntnis des Arbeitgebers von den veränderten Umständen gefordert[229]. Dies wird zumindest bei der betriebsbedingten Kündigung in der Regel der Fall sein, da der Kündigungsgrund aus der Sphäre des Arbeitgebers stammt. Erfährt zuerst der Arbeitnehmer von dem nachträglichen Wegfall des Kündigungsgrundes - wie beispielsweise bei der krankheitsbedingten Kündigung bei positiver Veränderung des Ge-

---

226 Boewer, in: NZA 1999, S. 1121 (1130); Preis, Anm. zum LAG Köln- Urt. v. 10.01.1989- LAGE § 611 BGB 1 Einstellungsanspruch Nr. 1.

227 Preis (Prinzipien), S. 357.

228 Vgl. MünchArbR/Berkowsky, § 134, Rn. 3.

229 Bram/Rühl, in NZA 1990, S. 753 (756); Caspers, D, Rn. 212; Senne, in: AuA 1992, S. 301 (302).

sundheitszustandes - obliegt es ihm, dem Arbeitgeber die Wiederherstellung seiner Einsatzfähigkeit mitzuteilen[230].

IV. Ergebnis zu § 3

Voraussetzungen eines Wiedereinstellungsanspruches sind das Eingreifen des Kündigungsschutzgesetzes, eine wirksame Kündigung sowie der erwiesene Wegfall des Kündigungsgrundes, von dem der Arbeitgeber Kenntnis hat.

230 Bram/Rühl, in NZA 1990, S. 753 (756); Raab, in: RdA 2000, S. 147 (156); Senne, in: AuA 1992, S. 301 (302). Ob hingegen auch den Arbeitgeber eine Unterrichtungspflicht trifft, wenn sich Umstände verändern, die aus seiner Sphäre herrühren, ist an dieser Stelle nicht relevant, hat aber außerhalb dieses Gliederungspunktes eine große Bedeutung, vgl. dazu § 7 II.

§ 4 Zeitliche Entstehungsgrenze des Wiedereinstellungsanspruches

Der Wiedereinstellungsanspruch korrigiert die durch eine Anwendung des Prognoseprinzips entstehenden Ergebnisse. Diese Korrektur soll jedoch die Interessen von Arbeitgeber- und Arbeitnehmerseite in gleichem Maße berücksichtigen und darf nicht einseitig zu Lasten einer Partei erfolgen. Deshalb müssen dem Wiedereinstellungsanspruch in mehrfacher Hinsicht Grenzen gesetzt werden. Dabei stellt sich zunächst die Frage, bis zu welchem Zeitpunkt ein Wiedereinstellungsanspruch entstehen kann.

I. Bis zum Ablauf der Kündigungsfrist

Von der Rechtsprechung[231] und von Teilen der Literatur[232] wird diese zeitliche Grenze grundsätzlich bei der Kündigungsfrist gezogen: Nur bis zu ihrem Ablauf könne ein Wiedereinstellungsanspruch des Arbeitnehmers entstehen. Wird erst nach Ablauf der Kündigungsfrist die Prognose widerlegt, sollen diese Umstände unberücksichtigt bleiben. Die Begründungen für die Kündigungsfrist als zeitliche Grenze sind vielfältig.

Zum einen wird auf das Fehlen einer Rechtsgrundlage für einen Wiedereinstellungsanspruch ab diesem Zeitpunkt hingewiesen: Mit Ablauf der Kündigungsfrist sei die vertragliche Beziehung zwischen Arbeitgeber und Arbeitnehmer beendet.

---

231 BAG, Urt. v. 27.02.1997- 2 AZR 160/96- AP Nr. 1 zu § 1 KSchG 1969 Wiedereinstellung unter II 4 d bb der Gründe= NZA 1997, S. 757 (758)= EzA § 1 KSchG Wiedereinstellungsanspruch Nr. 1; BAG, Urt. v. 06.08. 1997- 7 AZR 557/96- AP Nr. 2 zu § 1 KSchG Wiedereinstellungsanspruch unter II 1 b der Gründe= NZA 1998, S. 254 (255)= EzA § 1 KSchG Wiedereinstellungsanspruch Nr. 2; BAG, Urt. v. 28.06.2000- 7 AZR 904/98- NZA 2000, S. 1097 (1100)= ZIP 2000, S. 1781; LAG Köln, Urt. v. 28.06.1996- 12 Sa 403/96- LAGE § 611 BGB Einstellungsanspruch Nr. 5; LAG Hamm, Urt. v. 28.07.1999- NZA- RR 2000, S. 134 (135); offengelassen in: BAG, Urt. v. 04.12.1997- 2 AZR 140/97- AP Nr. 3 zu § 1 KSchG 1969 Wiedereinstellung unter II 2 der Gründe= NZA 1998, S. 701 (703)= EzA § 1 KSchG Wiedereinstellungsanspruch Nr. 3. Eine Besonderheit ergibt sich bei einem Wiedereinstellungsanspruch nach einem Betriebsübergang nach § 613a BGB, vgl. dazu § 4 III 2.

232 Annuß, in: BB 1998, S. 1582 (1587); Bartel, Anm. zum BAG- Urt. v. 06.08.1997- SAE 1998, S. 318; Bauer/Röder, S. 78; Beckschulze, in: DB 1998, S. 417 (418); Boemke, in: WiB 1997, S. 847; Boewer, in: NZA 1999, S. 1177 (1178); Berkowsky (betriebsb. Kündigung), § 12, Rn. 11; Boudon, Kom. zum BAG- Urt. v. 06.08.1997- EWiR § 1 KSchG1/98; Caspers, D, Rn. 214; ErfK/Ascheid, § 1 KSchG, Rn. 473; Ascheid, Rn. 179; Günzel, in: DB 2000, S. 1227 (1228); Hergenröder, Anm. zum BAG- Urt. v. 04.12.1997- EzA zu § 1 KSchG Wiedereinstellungsanspruch Nr. 3, S. 13 (21); HK- KSchG/Weller/Dorndorf, § 1 KSchG, Rn. 946a; Kania, Anm. zum BAG- Urt. v. 27.02.1997- EzA 1998 § 1 KSchG Wiedereinstellungsanspruch Nr. 1; KPK- Meisel, § 1 , Rn. 468; Linck, in: FA 2000, S.334 (335); Löwisch § 1 KSchG, Rn. 75; MünchKom/Schwerdtner, vor § 620, Rn. 406; Meisel, in: KPK § 1, Rn. 471; Oetker, in: ZIP 2000, S. 643 (649); Preis, Anm. zum LAG Köln- Urt. v. 10.01.1989- LAGE § 611 BGB Einstellungsanspruch Nr. 1; nur als Grundsatz Raab, in: RdA 2000, S. 147 (155); Stahlhacke/Preis/Vossen, Rn. 645; v. Stein, in: RdA 1991, S. 85 (90); Wank, Anm. zum BAG- Urt. v. 24.03.1983- AP Nr. 2 zu § 1 KSchG 1969 Soziale Auswahl.

Eine erst danach entstehende Veränderung der Umstände könne deshalb keine Verpflichtung mehr auslösen, die arbeitsvertraglichen Hauptpflichten neu zu begründen[233]. Zu diesem Zeitpunkt soll auch kein Anspruch aus nachwirkender Fürsorgepflicht des Arbeitgebers bestehen. Diese überdauere zwar die Beendigung des Arbeitsverhältnisses, betreffe aber nur das Weiterbestehen bestimmter Nebenpflichten und nicht einen Anspruch auf Neubegründung des Vertrages[234]. Eine Entstehung des Wiedereinstellungsanspruches über die Kündigungsfrist hinaus sei nur in einem Ausnahmefall möglich: wenn der Arbeitgeber einen besonderen Vertrauenstatbestand geschaffen hat[235].

Weiterhin wird mit den Geboten der Rechtssicherheit und Rechtsklarheit argumentiert. Diese könnten nur gewahrt werden, wenn der Wiedereinstellungsanspruch einer klaren zeitlichen und objektiv festlegbaren Grenze unterliegt[236]. Ansonsten sei die Situation für den Arbeitgeber nicht mehr kalkulierbar: Bei späterer Widerlegung der Prognose müsste er Kontakt mit allen entlassenen Arbeitnehmern suchen und deren erneuten Kontrahierungswillen erforschen. Dies könne zu einer zeitraubenden und schwer durchführbaren Verpflichtung führen und sei mit dem Risiko verbunden, voreilig einen anderen Arbeitnehmer einzustellen[237].

Unterstrichen wird diese Begründung mit einem Hinweis auf den Kontrahierungszwang des Arbeitgebers durch die Wiedereinstellungspflicht[238]. Nach Ablauf der

---

233 BAG, Urt. v. 06.08.1996- 7 AZR 557/96- AP Nr. 2 zu § 1 KSchG Wiedereinstellungsanspruch unter II 1 c der Gründe= NZA 1998, S. 254 (255)= EzA § 1 KSchG Wiedereinstellungsanspruch Nr. 2; LAG Köln, Urt. v. 28.06.1996- 12 Sa 403/96- LAGE § 611 BGB Einstellungsanspruch Nr. 5; Beckschulze, in: DB 1998, S. 417 (418); Boudon, Kom. zum BAG-Urt. v. 06.08.1987- EWiR § 1 KSchG 1/98; Hergenröder, Anm. zum BAG- Urt. v. 04.12.1997- EzA zu § 1 KSchG Wiedereinstellungsanspruch Nr. 3, Linck, in: FA 2000, S. 334 (336); Löwisch, § 1 KSchG, Rn. 75; Preis, Anm. zum LAG Köln- Urt. v. 10.01.1989- LAGE § 611 BGB Einstellungsanspruch Nr. 1; v. Stein, in: RdA 1991, S. 85 (90); Wank, Anm. zum BAG- Urt. v. 24.03.1983- AP Nr. 2 zu § 1 KSchG 19699 Soziale Auswahl.

234 BAG, Urt. v. 06.08. 1997- 7 AZR 557/96- AP Nr. 2 zu § 1 KSchG Wiedereinstellungsanspruch unter II 1 c der Gründe= NZA 1998, S. 254 (255)= EzA § 1 KSchG Wiedereinstellungsanspruch Nr. 2; Caspers, D, Rn. 214; Löwisch § 1 KSchG, Rn. 75; MünchKom/Schwerdtner, vor § 620, Rn. 406.

235 BAG, Urt. v. 06.08. 1997- 7 AZR 557/96- AP Nr. 2 zu § 1 KSchG Wiedereinstellungsanspruch unter II 1 c der Gründe= NZA 1998, S. 254 (255)= EzA § 1 KSchG Wiedereinstellungsanspruch Nr. 2; LAG Hamm, Urt. v. 28.07.1999- NZA- RR 2000, S. 134 (135); Annuß, in: BB 1998, S. 1582 (1587); Caspers, D, Rn. 214.

236 LAG Köln, Urt. v. 28.06.1996- 12 Sa 403/96- LAGE § 611 BGB Einstellungsanspruch Nr. 5; Bartel, in: SAE 1998, S. 318; Bauer/Röder, S. 78; Caspers, D, Rn. 214; Hergenröder, Anm. zum BAG- Urt. v. 04.12. 1997- BAG EzA zu § 1 KSchG Wiedereinstellungsanspruch Nr. 3; Nicolai/Noack, in: ZfA 2000, S. 87 (104), diese lehnen im Ergebnis aber die zeitliche Begrenzung auf die Kündigungsfrist ab.

237 V. Bartel, Anm. zum BAG- Urt. v. 06.08.1997- SAE 1998, S. 318.

238 LAG Köln, Urt. v. 28.06.1996- 12 Sa 403/96- LAGE § 611 BGB Einstellungsanspruch Nr. 5; Annuß, in BB 1998, S. 1582 (1587); Boewer, in: NZA 1999, S. 1177 (1178); Caspers, D,

Kündigungsfrist sei der vertraglichen Dispositionsfreiheit des Arbeitgebers Vorrang vor den Interessen des Arbeitnehmers einzuräumen[239].

Es soll noch ein weiterer Gesichtspunkt für die Grenzziehung bei der Kündigungsfrist sprechen: die Nähe des Wiedereinstellungsanspruches zum Kündigungsschutzgesetz. Die Funktion des Kündigungsschutzgesetzes - der Bestandsschutz des Arbeitsverhältnisses - solle auch durch einen Wiedereinstellungsanspruch gewahrt werden[240]. Bestandsschutz bedeute jedoch lediglich Schutz vor dem Verlust eines Arbeitsplatzes und entsprechend soll sich für den Arbeitgeber keine Verpflichtung über den Bestand eines Arbeitsverhältnisses hinaus entnehmen lassen[241]. Die zeitliche Begrenzung des Wiedereinstellungsanspruches im Hinblick auf den Ablauf der Kündigungsfrist müsse folglich mit dem in § 1 II KSchG geregelten Bestandsschutz des Arbeitsverhältnisses korrespondieren[242].

Als Folge bestehe der Wiedereinstellungsanspruch nur bis zum Ablauf der Kündigungsfrist und gehe mit dem endgültigen Erlöschen der Hauptpflichten aus dem Arbeitverhältnis unter.

II. Andere zeitliche Grenze

Die Gegenansicht lehnt den Bezugspunkt der Kündigungsfrist als zeitliche Entstehungsgrenze eines Wiedereinstellungsanspruches ab[243]. Trotz der Beendigung eines Arbeitsverhältnisses sollen noch Pflichten aus diesem abgeleitet werden können, da es auch nachwirkende Vertragspflichten gebe[244].

Es sei nicht möglich, die zeitliche Grenze des Fristablaufs bei allen Kündigungsanlässen zu ziehen. Vor allem bei der Verdachtskündigung soll das Fristargument

---

Rn. 214.; Günzel, in: DB 2000, S. 1227 (1228); Preis (Prinzipien), S. 354; Löwisch, § 1 KSchG, Rn. 75; Raab, in: RdA 2000, S. 147 (155); Stahlhacke/Preis/Vossen, Rn. 645.

239 Nach Preis (Prinzipien, S. 354), wird der Arbeitgeber bis zum Ablauf der Kündigungsfrist durch Wiedereinstellungspflicht gar keinem Kontrahierungszwang unterworfen, sondern der bereits vorhandene Kontakt lediglich „aktualisiert“.

240 Boewer, in: NZA 1999, S. 1177 (1178).

241 Annuß, in: BB 1998, S. 1582 (1587).

242 Boewer, in: NZA 1999, S. 1177 (1178).

243 MünchArbR/Berkowsky, § 134, Rn. 84, noch deutlicher in der 1. Aufl. § 130, Rn. 90; Bram/Rühl, in: NZA 1990, S. 753 (757); Gentges, S. 360; Honstetter, S.178 (179); KR/Etzel § 1 KSchG, Rn. 569; Krasshöfer, Kom. zum BAG- Urt. v. 04.12. 1997- EWiR § 242 BGB 3/98; Langenbucher, in: ZfA 1999, S. 299 (310); Meinel/Bauer, in: NZA 1999, S. 575 (579); Mummenhoff, in: JUS 1987, S. 893 (895); Nägele, in: BB 1998, S. 1686 (1688); Nicolai/Noack, in: ZfA 2000, S. 87 (105); Otto, in: FS für Kraft, S. 451 (460); Walker, Anm. zum BAG- Urt. v. 27.02.1997- SAE 1998, S. 98 (106).

244 Langenbucher, in: ZfA 1999, S. 299 (310); Meinel/Bauer, in: NZA 1999, S. 575 (579).

fehlgehen[245], aber auch beim Betriebsübergang könne es nicht darauf ankommen, zu welchem Zeitpunkt er erfolgt[246]. Die Konsequenz dieser Argumentation: Da der Fristablauf als Kriterium nicht bei allen Kündigungsanlässen zur Anwendung gelange, scheide dieser Zeitpunkt als zeitliche Grenze stets aus.

Die folgenden Begründungen gegen eine Grenzziehung bei der Kündigungsfrist beziehen sich auf allgemeine Wertungen. So wird darauf hingewiesen, die zeitliche Eingrenzung sei nur eine von mehreren Möglichkeiten, eine ausgewogene Interessenabwägung durchzuführen[247]. Da die berechtigten betrieblichen Interessen des Arbeitgebers mit dem Korrektiv der Zumutbarkeit[248] ausreichend berücksichtigt würden, bestehe kein Anlass für eine zeitliche Einschränkung des Wiedereinstellungsanspruches. Als Folge dieser Ansicht wäre also überhaupt nicht nach dem Entstehungszeitpunkt des Anspruches zu fragen, sondern lediglich danach, ob überwiegende Interessen des Arbeitgebers einem Wiedereinstellungsanspruch des Arbeitnehmers entgegenstehen[249].

Stellt man auf den Ablauf der Kündigungsfrist ab, die gemäß § 622 BGB mit der Beschäftigungsdauer in dem Betrieb zunimmt, soll zudem der Betriebszugehörigkeit eine nicht gerechtfertigte, überproportionale Bedeutung zugestanden werden[250]. Die Dauer der Betriebszugehörigkeit sei zunächst im Rahmen der Sozialauswahl zu berücksichtigen, im weiteren bestimme sie die Dauer der Kündigungsfrist nach § 622 BGB und, damit verbunden, über die Möglichkeit, einen Wiedereinstellungsanspruch geltend zu machen. Damit würde der Wiedereinstellungsanspruch ohne Rechtfertigung zu einem „closed-shop-Anspruch" der Arbeitnehmer mit langer Betriebszugehörigkeit[251].

---

245 Otto, in: FS für Kraft, S. 451 (460); v. Stein, in: RdA 1991, S. 85 (91); Walker, Anm. zum BAG- Urt. v. 27.02.1997- SAE 1998, S. 98 (106); weitere Ausführungen unter § 4 III 2 b.

246 Langenbucher, in: ZfA 1999, S. 299 (311); Otto, in: FS für Kraft, S. 451 (459 f). Genauere Begründung für die Nichtanwendbarkeit der zeitlichen Grenze der Kündigungsfrist bei einer Verdachtskündigung und einer Kündigung mit späterem Betriebsübergang, vgl. unter § 4 III 2 a.

247 Krasshöfer, Kom. zum BAG- Urt. v. 04.12.1997- EWiR § 242 BGB 3/98; Bram/Rühl, in: NZA 1990, S. 753 (757); KR/Etzel § 1 KSchG Rn. 569.

248 Im Rahmen der Eingrenzung des Wiedereinstellungsanspruches unter § 5 I dargestellt („überwiegendes Arbeitgeberinteresse").

249 Auch einer allgemeinen Wertung entspricht die Überlegung von Nicolai/Noack, in: ZfA 2000, S. 87 (104), wonach die durch die Ablehnung der Kündigungsfrist als zeitliche Grenze entstehende Rechtsunsicherheit keine weitere Auswirkung habe, da der Anwendungsbereich des Wiedereinstellungsanspruches ohnehin sehr eng sei.

250 Nägele, in: BB 1998, S. 1686 (1688).

251 Meinel/Bauer, in: NZA 1999, S. 575 (579); Nägele, in: BB 1998, S. 1686 (1688).

Weitere Ansätze weisen auf Nachteile hin, die aus der zeitlichen Eingrenzung des Wiedereinstellungsanspruches bei der Kündigungsfrist erfolgen[252]. Zu unbilligen Ergebnissen soll es danach führen, wenn gleich mehreren Arbeitnehmern mit unterschiedlich langen Kündigungsfristen gekündigt worden ist. Wenn der Arbeitgeber es bei der Beendigung belassen will, leuchte es nicht ein, warum er gegenüber dem einen Arbeitnehmer, bei dem die Kündigungsfrist noch läuft, rechtsmissbräuchlich handeln soll, nicht aber gegenüber anderen gekündigten Arbeitnehmern, deren Kündigungsfrist gerade abgelaufen ist. Folge sei eine ungerechtfertigte Ungleichbehandlung und der Bestandsschutz hinge von Zufälligkeiten ab[253].

1. Zugangszeitpunkt

Aber auch nach der Ansicht, die die Kündigungsfrist als zeitliche Grenze ablehnt, kann der Wiedereinstellungsanspruch nicht uneingeschränkt entstehen. Er bedarf irgendeiner zeitlichen Begrenzung, um noch kalkulierbar und handhabbar zu sein[254]. Es stellt sich somit zwangsläufig die Frage, welche Umstände statt der Kündigungsfrist heranzuziehen sind. Nächstliegende Möglichkeit wäre es, wieder ausschließlich auf den Zugangszeitpunkt abzustellen[255]. Im Ergebnis würde man so zu der Ablehnung eines Wiedereinstellungsanspruches gelangen. Vorstehend wurde jedoch bereits das Erfordernis eines Wiedereinstellungsanspruches ausdrücklich bejaht. Deshalb kann bei der Frage, bis zu welchem Zeitpunkt Umstände zu berücksichtigen sind, die die Prognose widerlegen, nicht die Antwort sein, es gebe gar keinen Wiedereinstellungsanspruch.

2. Späterer Zeitpunkt

So wird auch ganz überwiegend ein späterer Zeitpunkt als Entstehungsgrenze des Wiedereinstellungsanspruch anerkannt. Die verschiedenen Möglichkeiten werden dargelegt und sodann kritisch hinterfragt.

---

252 Vgl. auch BAG, Urt. v. 04.12.1997- 2 AZR 140/97- AP Nr. 3 zu § 1 KSchG 1969 Wiedereinstellung= NZA 1998, S. 701 (703)= EzA § 1 KSchG Wiedereinstellungsanspruch Nr.3 unter I 2 der Gründe; Raab, in: RdA 2000, S. 147 (155), der dennoch vom Grundsatz davon ausgeht, dass nach Ablauf der Kündigungsfrist die Dispositionsfreiheit des Arbeitgebers wiederhergestellt ist.

253 Günzel, in: DB 2000, S. 1227 (1228 f); Nicolai/Noack, in: ZfA 2000, S. 87 (105); so auch Raab, in: RdA 2000, S. 147 (155); Walker, Anm. zum BAG- Urt. v. 27.02.1997- SAE 1998, S. 98 (106).

254 Gentges, S. 360.

255 Otto, in: FS für Kraft, S. 451 (464).

a) Ablauf des Kündigungsschutzprozesses

Ein Vorschlag lautet, den Kündigungsschutzprozess als zeitliche Grenze heranzuziehen; bis zu seinem Ende sollen neue Umstände berücksichtigt werden[256].

Es ist zu überlegen, welche Gründe gegen die Entstehungsmöglichkeit eines Wiedereinstellungsanspruches bis zum Ablauf des Kündigungsschutzprozesses sprechen. Ist es tatsächlich sachgerecht, den Arbeitgeber so lange zur Wiedereinstellung für verpflichtet zu halten, wie noch ein Kündigungsschutzverfahren anhängig ist? An dieser zeitlichen Begrenzung wird kritisiert, die Pflicht zur Wiedereinstellung würde von Umständen abhängig gemacht, die der Arbeitgeber in der Regel nicht beeinflussen könne. Dies führe zu völlig unterschiedlichen Zeiträumen, innerhalb derer wiedereingestellt werden müsste, z.B. je nachdem, wie die Arbeitsbelastung des Gerichtes ist. Unter Umständen entstünden damit Schwebezustände von mehreren Jahren[257]. Den Ablauf eines Kündigungsschutzprozesses als Maßstab für eine zeitliche Grenze anzuerkennen, fordere entsprechende Verzögerungstaktiken geradezu heraus[258].

b) Grundsatz der Verwirkung

Einen noch späteren Zeitpunkt wählen die Stimmen, für die der Anspruch auf Wiedereinstellung nur durch den Grundsatz der Verwirkung[259] begrenzt wird[260]. Ob die Voraussetzungen der Verwirkung erfüllt sind, sei nach den Umständen des Einzelfalles zu beurteilen. Allerdings könne die Verwirkung nicht eintreten, solange noch ein Kündigungsschutzprozess geführt wird, denn dann zeige der Arbeitnehmer noch Interesse an seinem Arbeitsplatz[261].

Kritiker dieser Ansicht begründen ihre Ablehnung ähnlich wie zuvor bei der Frage, ob der Ablauf des Kündigungsschutzprozesses eine mögliche Entstehungsgrenze sein kann. So würde bis zur Grenze eines Verwirkungstatbestandes offen bleiben, ob und wann der Arbeitgeber mit einem Wiedereinstellungsanspruch

---

256 AG Münster, Urt. v. 08.12.1982- 3 Ca 944/82- DB 83, S. 724; Preis (Prinzipien), S. 354; zum Sonderfall der Verdachtskündigung: Belling, in: RdA 1996, S. 223 (238); Hueck/v. Hoyningen- Huene, § 1 KSchG, Rn. 156 a; Kittner/Däubler/Zwanziger- Däubler § 626 BGB, Rn. 151 ff; Linck, in: FA 2000, S. 334 (337).

257 LAG Köln, Urt. v. 28.06.1996- 12 Sa 403/96- LAGE § 611 BGB Einstellungsanspruch Nr. 5.

258 Zwanziger, in: BB 1997, S. 42 (45).

259 Ein Anspruch ist verwirkt, wenn seit seiner Entstehung ein erheblicher Zeitraum abgelaufen ist und der Anspruchsgegner darauf vertrauen durfte, der Anspruch werde nicht mehr geltend gemacht, vgl. Palandt/Heinrichs, § 242 BGB, Rn. 87.

260 Vgl. nur Zwanziger, in: BB 1997, S. 42 (45).

261 Zwanziger, in: BB 1997, S. 42 (45).

rechnen muss. Dies provoziere langwierige Kündigungsschutzprozesse in der Hoffnung, bei späterer Gelegenheit entstehe neuer Beschäftigungsbedarf[262].

c) Realisierung des Kündigungsgrundes

Ein weiterer Lösungsvorschlag lautet, den Wiedereinstellungsanspruch in bezug auf die Realisierung des Kündigungsgrundes einzugrenzen[263]. Erfolge eine Kündigung aufgrund einer Prognose über die weitere Entwicklung, enthalte diese Prognose regelmäßig auch ein zeitliches Element: die Aussage darüber, wann sich der Kündigungsgrund verwirklichen wird. Könne der Arbeitnehmer bis zu diesem Zeitpunkt die Prognose widerlegen, habe er einen Wiedereinstellungsanspruch. Trete erst später eine neue Entwicklung ein, verwirkliche sich nur das allgemeine Lebensrisiko und ein Anspruch des Arbeitnehmers auf Wiedereinstellung scheide aus[264].

Auch diese Grenzziehung erweist sich als problematisch: Der Wegfall des Kündigungsgrundes ist zeitlich generell schwer festzulegen[265] und eine Prognose enthält nicht immer einen genauen Zeitpunkt, wann sie sich verwirklichen wird[266]. Vor allem bei anderen Kündigungsgründen als der betriebsbedingten Kündigung erweist sich diese Ansicht damit als unpraktikabel. Will sich der Arbeitgeber beispielsweise bei einer krankheitsbedingten Kündigung wirklich festlegen, bis zu welchem konkreten Zeitpunkt mit weiteren Fehlzeiten zu rechnen ist? Diese Frage ist zu verneinen. So kann es für die zeitliche Entstehungsgrenze des Wiedereinstellungsanspruches auch nicht auf die Verwirklichung des Kündigungsgrundes ankommen[267].

III. Stellungnahme

Nach der Darstellung der vielfältigen Ansätze bedarf es nun einer Entscheidung: Bis zu welchem Zeitpunkt kann der Wiedereinstellungsanspruch also entstehen?

262 Boewer, in: NZA 1999, S. 1177 (1179).
263 Gentges, S. 360; Meinel/Bauer, in: NZA 1999, 575 (579); Oetker, in: ZIP 2000, S. 643 (650).
264 Gentges, S. 360; im Ergebnis auch Oetker, in: ZIP 2000, S. 643 (650).
265 Zwanziger, in: BB 1997, S. 42 (45).
266 Meinel/Bauer, in: NZA 1999, S. 575 (581) in Bezug auf die Verdachtskündigung.
267 Eine ganz andere zeitliche Begrenzung wählen Nicolai/Noack, in: ZfA 2000, S. 87 (104): Nach ihnen soll ein Wiedereinstellungsanspruch dann ausscheiden, wenn der Arbeitsplatz *neu* entsteht.

1. Grundsatz: Kündigungsfrist als Grenze

Überzeugend ist allein die Auffassung, nach der ein Wiedereinstellungsanspruch nur bis zum Ablauf der Kündigungsfrist entstehen kann.

Es macht einen erheblichen Unterschied, ob innerhalb oder nach Ablauf der Kündigungsfrist – also im Rahmen oder außerhalb einer Vertragsbeziehung – neue Umstände entstehen. Rechtsgrundlage eines Wiedereinstellungsanspruches ist grds. § 242 BGB[268]; von dieser Norm ausgehend müssen alle Folgeprobleme des Anspruches - wie die Frage nach der zeitlichen Entstehungsmöglichkeit - erörtert werden. Eine Anwendung des § 242 BGB setzt jedoch das Bestehen eines Schuldverhältnisses voraus. Nach Beendigung des Arbeitsverhältnisses bestehen allenfalls nachwirkende Nebenpflichten und diese können keine neuen Hauptleistungspflichten wie die Wiedereinstellungspflicht begründen.

Außerdem stellt sich die Frage, ob es nicht durchaus gerechtfertigt ist, dem Arbeitnehmer mit längerer Betriebszugehörigkeit auch die zeitlich längere Entstehung eines Wiedereinstellungsanspruches zuzubilligen. In § 622 BGB und in § 1 III KSchG im Rahmen der Sozialauswahl wird dieser Schutz langer Betriebsangehöriger festgelegt. Entsprechend muss er bei der Frage nach einem Wiedereinstellungsanspruch fortgesetzt werden. Deshalb führt es auch nicht zu unbilligen Ergebnissen, wenn der Arbeitgeber mehreren Arbeitnehmern mit unterschiedlich langen Kündigungsfristen kündigt[269]: Für die besonders schutzbedürftigen Arbeitnehmer gelten in aller Regel auch längere Kündigungsfristen. Folglich werden in der Regel ohnehin nur diejenigen Arbeitnehmer keinen Wiedereinstellungsanspruch haben, die wegen der Berücksichtigung sozialer Belange im Verhältnis zu anderen Arbeitnehmern zurücktreten müssten.

Für die Eingrenzung des Wiedereinstellungsanspruches anhand der Kündigungsfrist sprechen vor allem der Gedanke der Rechtssicherheit und Rechtsklarheit. Es müssen für die Arbeitsvertragsparteien zu irgendeinem Zeitpunkt klare Verhältnisse bestehen. Für den Arbeitgeber wäre es unzumutbar, noch unbestimmte Zeit nach Ablauf der Kündigungsfrist damit rechnen zu müssen, mit einem Wiedereinstellungsanspruch konfrontiert zu werden. Deshalb ist ein objektiv festlegbarer Zeitpunkt für die Entstehung eines Wiedereinstellungsanspruches erforderlich. Dieser Zeitpunkt kann - wie bereits mit der Darstellung der Kritikpunkte deutlich gemacht wurde - weder im Verwirkungstatbestand, noch im Ablauf des Kündigungsschutzprozesses und ebenso wenig in der Erfüllung des Kündigungsgrundes gesehen werden.

---

268 Vgl. Ausführungen zu § 2 I 2 b und § 2 I 3.
269 A.A. Nägele, in: BB 1998, S. 1686 (1688).

2. Sonderfall: Betriebsübergang

Nun ist jedoch zu überlegen, ob dies gleichermaßen für die Situationen des Betriebsüberganges nach Beendigung des Arbeitsverhältnisses und der Verdachtskündigung gilt. Diese beiden Fallgruppen werden argumentativ von der Gegenseite aufgegriffen, um die generelle Unanwendbarkeit der Kündigungsfrist als zeitliche Grenze zu belegen. Es stellt sich daher die Frage, ob hier tatsächlich ausnahmsweise eine andere zeitliche Entstehungsgrenze als die der Kündigungsfrist gezogen werden muss.

Worin besteht die Besonderheit bei Betriebsübergang nach wirksamer Kündigung? Zum einen stellt sich eine besondere Situation dar, da ein Dritter – der Betriebserwerber - in das Rechtsverhältnis eintritt. Entsprechend soll zur Begründung einer zeitlichen Entstehungsgrenze nicht mehr auf das Arbeitsverhältnis zum ehemaligen Arbeitgeber abgestellt werden können[270]. Zum anderen ergibt sich eine Besonderheit aus der Rechtsgrundlage des Wiedereinstellungsanspruches bei einem Betriebsübergang, die in § 613 a BGB selbst zu finden ist[271]. Ausgehend von dieser Vorschrift werden die Begründungen für und gegen die zeitliche Grenze gezogen.

Auch zwischen den Senaten herrscht eine unterschiedliche Rechtsauffassung. Der 2. und der 7. Senat des Bundesarbeitsgericht wollen mit der bereits bei der betriebsbedingten Kündigung angeführten Begründung[272] einen Wiedereinstellungsanspruch nur innerhalb der Kündigungsfrist entstehen lassen[273]. Der 8. Senat[274] weist auf die europarechtlichen Vorgaben zum Bestandsschutz bei Betriebsübergängen hin. Um diesen zu genügen, sei nach einem Betriebsübergang die Entstehung eines Wiedereinstellungsanspruches auch über die Kündigungsfrist hinaus

---

270 Der *Erwerber* habe es in der Hand, durch die willentliche Übernahme der Belegschaft in Dienstleistungsbranchen den Zeitpunkt zu bestimmen, wann es zu einem Betriebsübergang kommt und ob dies innerhalb oder außerhalb der Kündigungsfristen erfolgt, vgl. Meyer, in: BB 2000, S. 1032 (1034).

271 Ob dies aus einer teleologischen Extension des § 613a BGB oder seiner richtlinienkonformen Auslegung resultiert, kann dahinstehen, vgl. § 2 II 2 a.

272 Vgl. § 4 I.

273 BAG, Urt. v. 27.02.1997- 2 AZR 160/96- AP Nr. 1 zu § 1 KSchG 1969 Wiedereinstellung unter II 4 d cc der Gründe= NZA 1997, S. 757 (758)= EzA § 1 KSchG Wiedereinstellungsanspruch Nr. 1; BAG Urt. v. 06.08.1997- 7 AZR 557/96- AP Nr. 2 zu § 1 KSchG Wiedereinstellungsanspruch unter II der Gründe= NZA 1998, S. 254= EzA § 1 KSchG Wiedereinstellungsanspruch Nr. 2.

274 BAG, Urt. v. 13.11. 1997- 8 AZR 295/95- NZA 1998, S. 251 (252)= EzA § 613 a BGB Nr. 154 unter II 2 c aa der Gründe= ZIP 1998, S. 167 (168) sowie BAG, Urt. v. 12.11.98- 8 AZR 265/97- AP Nr. 5 zu §1 KSchG 1969 Wiedereinstellung unter C III 1 der Gründe= NZA 1999, S. 311= EzA § 613 a BGB Nr. 171.

möglich[275]. Auch in der Literatur sind die Standpunkte zu diesem Problem uneinheitlich.

a) Kündigungsfrist als Grenze unanwendbar

So wird zum Teil nach einem Betriebsübergang die Kündigungsfrist als zeitlicher Bezugspunkt abgelehnt[276]. Grund dafür soll die Interpretation des § 613a BGB[277] und nicht das Verhalten des Arbeitgebers oder des Erwerbers[278] sein: Für die Verwirklichung des Schutzzweckes von § 613a BGB sei es unerheblich, ob es vor oder nach Ablauf der Kündigungsfrist zu einem Betriebsübergang kommt[279]. Außerdem wird wiederum argumentiert, dem Bedürfnis des Erwerbers nach Rechtssicherheit ließe sich ausreichend durch den Ausschluss des Wiedereinstellungsanspruches durch Dispositionen des Arbeitgebers[280] Rechnung tragen[281].

Stattdessen wird eine zeitliche Grenze zu dem Zeitpunkt, zu dem die tatbestandlichen Voraussetzungen des § 613a BGB nicht mehr vorliegen können[282], als Lösungsmöglichkeit vorgeschlagen[283].

---

275 Dies kommt zwar nicht ausdrücklich im Leitsatz zum Ausdruck, ergibt sich jedoch aus dem entschiedenen Fall. Der 8. Senat billigt den Wiedereinstellungsanspruch über die Kündigungsfrist hinaus allerdings ausdrücklich nur Arbeitnehmern zu, die in Unternehmen beschäftigt sind, die einen Betriebsübergang durch eine *willentliche Übernahme der Hauptbelegschaft* auslösen können, das heißt in Unternehmen, in denen es in erster Linie auf menschliche Arbeitskraft ankommt.

276 Langenbucher, in: ZfA 1999, S. 299 (311); Otto, in: FS für Kraft, S. 451 (459 f); Raab, in: RdA 2000, S. 147 (162).

277 Otto, in: FS für Kraft, S. 451 (460).

278 Vgl. auch die Argumente von Langenbucher, in: ZfA 1999, S.299 (311): der Anspruch richte sich gegen den neuen Arbeitgeber, für den das bislang bestehende Arbeitsverhältnis nicht Grundlage des Wiedereinstellungsanspruches sein könne. Er selbst habe nicht gekündigt und ihm sei wahrscheinlich der Ablauf der Kündigungsfrist nicht einmal bekannt.

279 Raab, in: RdA 2000, S. 147 (162).

280 Dazu im folgenden Abschnitt, vgl. § 5 I.

281 Raab, in: RdA 2000, S. 147 (162).

282 So zum Beispiel, wenn keine sächliche oder immateriellen Betriebsmittel bestehen und die Hauptbelegschaft bereits ein neues Arbeitsverhältnis eingegangen ist (das BAG lässt nun die Übernahme wesentlicher Teile der Belegschaft für einen Betriebsübergang genügen, vgl. BAG, Urt. v. 22.05.1997- DB 1997, S. 1720). Ein Betriebsübergang ist auch ausgeschlossen, wenn eine wirtschaftlich erhebliche Zeitspanne der Betriebsruhe vorliegt (vgl. Sachverhalt zu dieser BAG- Entscheidung: als erhebliche Zeitspanne wurden hier neun Monate nach tatsächlicher Einstellung der Verkaufstätigkeit erachtet).

283 Langenbucher, in: ZfA 1999, S. 299 (311), diese stellt jedoch auch dar, dass, dieser Zeitpunkt im Regelfall mit dem Ablauf der Kündigungsfrist des bisherigen Arbeitgebers zusammenfällt, da die Hauptbelegschaft sich danach anderweitig nach Arbeit umsehen muss und ein Betriebsübergang somit unmöglich wird.

b) Grenze bei der Kündigungsfrist

Die Argumente für eine zeitliche Grenze[284] des Wiedereinstellungsanspruches beim Betriebsübergang nach wirksamer Kündigung unterscheiden sich oftmals nicht von dem zuvor Gesagten: Für die Rechtssicherheit und -klarheit sei hier in gleicher Weise ein objektiv fixierbarer Zeitpunkt erforderlich[285]. Vor allem aber auch der Wortlaut des § 613a BGB - nach dem der Betriebsinhaber nur in Rechte und Pflichten aus *zum Zeitpunkt* des bei Betriebsüberganges *bestehenden Arbeitsverhältnisses* eintritt - soll für dieses Ergebnis sprechen[286]. Da der Wiedereinstellungsanspruch bei einem Betriebsübergang nach wirksamer Kündigung aus einer teleologischen Extension des § 613a BGB resultiere[287], müsse er mit dem Fortbestand der Arbeitsplätze verknüpft sein[288].

Es wird auch auf die Folgen einer Nichtannahme dieser Frist hingewiesen: Bejahe man auch bei einem Betriebsübergang nach Ablauf der Kündigungsfrist einen Wiedereinstellungsanspruch, so ergebe sich die eigentümliche Situation, in der ein Anspruch nicht vom alten auf den neuen Inhaber übergeleitet, sondern gegenüber dem neuen Inhaber originär begründet wird[289].

c) Stellungnahme

Ergibt sich folglich in der Situation eines Betriebsüberganges nach wirksamer Kündigung eine besondere zeitliche Grenze? Ausgangspunkt der Argumentation ist zwar die jeweilige Rechtsgrundlage des Wiedereinstellungsanspruches. So wurde zuvor auch unter Zugrundelegung des § 242 BGB als allgemeine Rechtsgrundlage aus dieser Vorschrift gefolgert, nur im Rahmen eines noch bestehenden Arbeitsverhältnisses – also innerhalb der Kündigungsfrist – könne ein Anspruch entstehen. Aber vor allem ist der Ursprung des Wiedereinstellungsanspruches als Ergebnis einer Wertung und Interessenabwägung zu beachten: Er ist die Konsequenz einer Korrektur des Prognoseprinzips als Folge richterrechtlicher Rechtsfortbildung. Entsprechend ist auch die zeitliche Grenze ein Teil dieser Wertung. Auch bei einem Betriebsübergang erfordern die Rechtssicherheit und -klarheit einen festlegbaren Zeitpunkt, ab dem der Wiedereinstellungsanspruch ausge-

---

284 Vgl. Annuß, in: BB 1998, S. 1582 (1587); v. Bartel, Anm. zum BAG- Urt. v. 06.08.1997- SAE 1998, S. 318; Boewer, in NZA 1999, S. 1179; Caspers, D, Rn. 222; Kania, Anm. zum BAG- Urt. v. 27.02.1997- EzA § 1 KSchG, Wiedereinstellungsanspruch Nr. 1.

285 Annuß, in: BB 1998, S. 1582 (1587); Stahlhacke/Preis/Vossen, Rn. 655 c, S. 338, die zudem dieses Ergebnis auf die Dispositionsfreiheit des Arbeitgebers stützen.

286 Peters/Thüsing, Anm. zum BAG- Urt. V. 13.11.1997- EzA § 613a BGB, Nr. 154; auch Raab, in: RdA 2000, S. 147 (162) weist auf diesen Wortlaut hin, verzichtet jedoch im Ergebnis auf die zeitliche Begrenzung des Wiedereinstellungsanspruches auf die Kündigungsfrist.

287 So der Ansatz von Langenbucher, vgl. § 2 II 2 a.

288 Kania, Anm. zum BAG- Urt. v. 27.02.1997- EzA § 1 KSchG, Wiedereinstellungsanspruch Nr. 1; Oetker, in: ZIP 2000, S. 643 (650).

289 Raab, in: RdA 2000, S. 147 (162).

schlossen ist. Das Hinzutreten eines Dritten oder die zusätzlichen Bemühungen um die Herleitung in dieser besonderen Konstellation ändern daran nichts.

Stattdessen ist einheitlich zu bewerten: Bis zum Ablauf der Kündigungsfrist kann ein Wiedereinstellungsanspruch auch beim Betriebsübergang mit der üblichen Argumentation entstehen. Nach Ablauf der Frist ist dies nicht mehr möglich[290].

3. Sonderfall: Verdachtskündigung

Eine weitere besondere Konstellation stellt die Verdachtskündigung dar; durch sie kann ein Arbeitnehmer seinen Arbeitsplatz verlieren, ohne tatsächlich eine Vertragsverletzung begangen zu haben[291]. Deshalb soll bei dem Ausspruch einer Verdachtskündigung zwischen Arbeitgeber und Arbeitnehmer ein besonderer Vertrauenstatbestand entstehen[292]. Dieser lasse es ungerechtfertigt erscheinen, die Entstehungsmöglichkeit eines Wiedereinstellungsanspruches auf die Kündigungsfrist zu begrenzen[293]. Als weiteres Argument dient ein Vergleich mit der betriebsbedingten Kündigung: Hier prognostiziere der Arbeitgeber zwangsweise den Wegfall der Beschäftigungsmöglichkeit zu einem bestimmten Zeitpunkt. Bei der Verdachtskündigung hingegen könne er nicht voraussehen, wann sich der Verdacht bestätigen wird. Es gebe daher keine feste zeitliche Grenze, die bestimmt, wann die den Verdacht begründenden Tatsachen widerlegt werden müssten[294].

Im Ergebnis ist mit der ganz überwiegenden Meinung[295] in der Literatur die zeitliche Entstehungsfrist eines Wiedereinstellungsanspruches bei Widerlegung des Verdachts auf einen späteren Zeitpunkt zu verschieben. Die Unanwendbarkeit des Fristargumentes resultiert auch aus folgendem Grund: Die Verdachtskündigung wird in der Regel als außerordentliche Kündigung ausgesprochen[296]. Käme es hier allein auf die Umstände bis zum Ablauf der Kündigungsfrist an, müsste folglich ein Wiedereinstellungsanspruch grundsätzlich ausscheiden. Ein solches Ergebnis

---

290 Und zwar unabhängig davon, ob es um eine willentliche Übernahme der Hauptbelegschaft geht.

291 Wie bereits angeführt (vgl. § 1 II 2 b (1)), will die Rechtsprechung bei der Verdachtskündigung sogar die Kündigung selbst nachträglich beseitigen, wenn sich Umstände im Kündigungsschutzprozess ergeben, die den Verdacht widerlegen; vgl. BAG, Urt. v. 04.06.1964- 2 AZR 310/63- NJW 1964, S. 1918 (1919); BAG, Urt. v 24.04.1975- 2 AZR 118/74- NJW 1975, S. 1752; LAG Köln, Urt. v. 03.06.1985- 2 Sa 1157/84- NZA 1985, S. 625 (626).

292 Vgl. v. Stein, in: RdA 1991, S. 85 (91).

293 So im Ergebnis auch Belling, in: RdA 1996, S. 223 (238); Linck, in: FA 2000, S. 334 (337); Oetker, in: ZIP 2000, S. 643 (649)); Zwanziger, in: BB 1997, S. 42 (45).

294 Meinel/Bauer, in: NZA 1999, S. 575 (581); v. Stein, in: RdA 1991, S. 85 (91).

295 Belling, in: RdA 1996, S. 223 (238); Hueck/v. Hoyningen-Huene § 1 KSchG, Rn. 156 a; Meinel/ Bauer, in: NZA 1999, S. 575 (581); v. Stein, in RdA 1991; S. 85 (91); Zwanziger, in: BB 1997, S. 42 (45).

296 Otto, in: FS für Kraft, S. 451 (460).

stünde im Widerspruch zu der besonderen Schutzbedürftigkeit des Arbeitnehmers bei der Verdachtskündigung[297]: Die Folgen des Prognoseprinzips, das einseitig zu seinen Lasten geht, könnten ausgerechnet hier nicht mehr korrigiert werden[298]. Dies ist mit der gängigen Rechtsprechung und der ganz überwiegenden Literaturmeinung unvereinbar. Will man trotz einiger Bedenken an ihrer Zulässigkeit[299] an der Verdachtskündigung festhalten, muss auch – und gerade - hier ein Ausgleich der Interessen und somit ein Wiedereinstellungsanspruch möglich sein. Dies erfordert ausnahmsweise eine Ausdehnung der Entstehungsmöglichkeit des Anspruchs über die Kündigungsfrist hinaus.

Bis wann kann also bei der Verdachtskündigung ein Wiedereinstellungsanspruch entstehen? Um den Arbeitnehmer zu schützen, könnte bei der Verdachtskündigung ganz auf eine zeitliche Begrenzung verzichtet werden[300]. Dieser Schutz ginge jedoch einseitig zu Lasten des Arbeitgebers; er müsste für einen unbegrenzten Zeitraum mit einem Wiedereinstellungsanspruch rechnen. Deshalb ist bei der Verdachtskündigung die Dauer des Kündigungsschutzprozesses als zeitliche Grenze anzusehen[301], denn nach der Kündigung können noch Ermittlungen durchgeführt werden, die die Unschuld des Arbeitnehmers beweisen. Dem Arbeitgeber ist also – als äußerster Zeitpunkt - die Belastung mit dem Risiko bis zum Ende des Prozesses zuzumuten.

IV. Ergebnis zu § 4

Im Ergebnis ist die erste Grenze des Wiedereinstellungsanspruches bei der zeitlichen Entstehung zu ziehen; diese liegt – mit Ausnahme der Verdachtskündigung - bei dem Ablauf der Kündigungsfrist.

297 Oetker, in: ZIP 2000, S. 643 (649).

298 Ganz anders fällt die Beurteilung bei der verhaltensbedingten Kündigung aus: Auch diese wird in der Regel als außerordentliche Kündigung ausgesprochen, vgl. Kittner/Däubler/Zwanziger- Kittner, § 1 KSchG, Rn. 163. Trotzdem gilt hier keine andere zeitliche Grenze als die der Kündigungsfrist. Im Rahmen der zeitlichen Grenze – und damit im Rahmen der Interessenabwägung –wirkt sich bei der verhaltensbedingten Kündigung nachteilig aus, dass das Fehlverhalten aus der Sphäre des Arbeitnehmers herrührt. Entsprechend besteht hier bei Ausspruch einer außerordentlichen Kündigung nur ein sehr kurzer Zeitraum, in dem der Arbeitnehmer die Prognose des Arbeitgebers widerlegen kann.

299 Kritikpunkte an der Verdachtskündigung, vgl. Dörner, in: NZA 1993, S. 873; Kittner/Däubler/Zwanziger- Däubler, § 626 BGB, Rn. 151 ff.

300 So Meinel/Bauer, in: NZA 1999, S. 575 (581).

301 Belling, in: RdA 1996, S. 223 (238); Hueck/v. Hoyningen- Huene § 1 KSchG, Rn. 156 a; Kittner/Däubler/Zwanziger- Däubler § 626 BGB, Rn. 151 ff; Linck, in: FA 2000, S. 334 (337).

Der Begrenzung des Wiedereinstellungsanspruches in zeitlicher Hinsicht schließt sich eine umfassende Interessenabwägung an. Dem Arbeitnehmer steht nur ein Anspruch auf Wiedereinstellung zu, wenn unter Berücksichtigung der Umstände des Einzelfalles seine Interessen denen des Arbeitgebers gegenüber tatsächlich überwiegen[302]. Wann besteht hingegen ein vorrangiges Interesse des Arbeitgebers?

I. Dispositionen des Arbeitgebers

Das Interesse des Arbeitgebers an der Beendigung des Arbeitsverhältnisses überwiegt zum einen, wenn er in gutem Glauben an den Fortbestand der Kündigungsgründe[303] Dispositionen[304] getroffen hat[305]. Dies ist beispielsweise der Fall, wenn

---

302 BAG, Urt. v. 27.02.1997- 2 AZR 160/96- AP Nr. 1 zu § 1 KSchG 1969 Wiedereinstellung unter II 4 d dd der Gründe= NZA 1997, S. 757 (760)= EzA § 1 KSchG Wiedereinstellungsanspruch Nr. 1; BAG, Urt. v. 28.06.2000- 7 AZR 904/98- NZA 2000, S. 1097 (1100)= ZIP 2000, S. 1781 (1785); Bornhagen, S. 100 (umfassend zum Gedanken der Unzumutbarkeit im Rahmen der Wiedereinstellung); Hergenröder, Anm. zum BAG- Urt. v. 04.12.1997- EzA zu § 1 KSchG Wiedereinstellungsanspruch Nr. 3; HK- KSchG/Weller/Dorndorf, § 1 KSchG, Rn. 946 b; Kania, Anm. zum BAG- Urt. v. 27.02.1997- EzA § 1 KSchG, Wiedereinstellungsanspruch Nr. 1; Mathern, in: NJW 1996, S. 818 (820); Oetker, in: ZIP 2000, S. 643 (645); Walker, Anm. zum BAG- Urt. v. 27.02.1997- SAE 1998, S. 98 (106); a.A. Zwanziger, in: BB 1997, S. 42 (43).

303 Das BAG spricht von dem guten Glauben des Arbeitgebers im Hinblick auf die *Wirksamkeit der Kündigung*, vgl. BAG, Urt. v. 27.02.1997- 2 AZR 160/96- AP Nr. 1 zu § 1 KSchG 1969 Wiedereinstellung unter II 4 d dd der Gründe= NZA 1997, S. 757 (760)= EzA § 1 KSchG Wiedereinstellungsanspruch Nr. 1; BAG, Urt. v. 06.08. 1997- 7 AZR 557/96- AP Nr. 2 zu § 1 KSchG Wiedereinstellungsanspruch unter II 1 b der Gründe= NZA 1998, S. 254 (255)= EzA § 1 KSchG Wiedereinstellungsanspruch Nr. 2; BAG, Urt. v. 04.12.1997- 2 AZR 140/97- AP Nr. 3 zu § 1 KSchG 1969 Wiedereinstellung= NZA 1998, S. 701 (703)= EzA § 1 KSchG Wiedereinstellungsanspruch Nr.3 unter II 2 der Gründe. Diese Aussage verwundert, da die Kündigung unabhängig von der weiteren Entwicklung wirksam ist (vgl. § 1 II 2). Entsprechend ist die Einschränkung anders zu verstehen: Der Arbeitgeber muss bei seinen Dispositionen in gutem Glauben an den Fortbestand der Kündigungsgründe gehandelt haben.

304 Nach anderer Ansicht sind die Dispositionen des Arbeitgebers und allgemein die Frage nach der Zumutbarkeit der Wiedereinstellung keine Abwägungskriterien, sondern als Tatbestandsvoraussetzung des Wiedereinstellungsanspruches zu prüfen, vgl. nur Bram/Rühl, in: NZA 1990, S. 753 (755).

305 BAG, Urt. v. 27.02.1997- 2 AZR 160/96- AP Nr. 1 zu § 1 KSchG 1969 Wiedereinstellung unter II 4 d dd der Gründe= NZA 1997, S. 757 (760)= EzA § 1 KSchG Wiedereinstellungsanspruch Nr. 1; BAG, Urt. v. 06.08. 1997- 7 AZR 557/96- AP Nr. 2 zu § 1 KSchG Wiedereinstellungsanspruch unter II 1 c der Gründe= NZA 1998, S. 254 (255)= EzA § 1 KSchG Wiedereinstellungsanspruch Nr. 2; BAG, Urt. v. 04.12. 1997- 2 AZR 140/97- AP Nr. 3 zu § 1 KSchG 1969 Wiedereinstellung= NZA 1998, S. 701 (703)= EzA § 1 KSchG Wiedereinstellungsanspruch Nr. 3 unter II 2 der Gründe; BAG, Urt. v. 28.06.2000- 7 AZR 904/98- NZA 2000, S. 1097 (1100)= ZIP 2000, S. 1781 (1785)= AuR 2000, S. 306 (307); LAG

der Arbeitgeber den frei gewordenen Arbeitsplatz mit einem anderen Arbeitnehmer besetzt[306].

1. Grundsatz bei den verschiedenen Kündigungsarten

Dieser Aussage schließt sich die Frage an, ob die gutgläubige Neubesetzung des Arbeitsplatzes bei allen Kündigungsgründen das Interesse des Arbeitgebers überwiegen lässt.

a) Betriebsbedingte Kündigung

Können bei der betriebsbedingten Kündigung Dispositionen des Arbeitgebers zu seinen Gunsten berücksichtigt werden? Dies wird zum Teil bejaht[307]: Der Arbeitgeber sei frei in der Entscheidung, mit wem er die Arbeitsplätze besetzten will. Also stünde die Verfügung über den Arbeitsplatz des zuvor gekündigten Arbeitnehmers einem Wiedereinstellungsanspruch entgegen[308]. Deshalb soll auch dem Betriebserwerber im Rahmen des Betriebsüberganges nach § 613a BGB[309] die

Hamburg, Urt. v. 26.04.1990- 2 Sa 90/89- DB 1991, S. 1180; LAG Köln, Urt. v. 10.01.1989- 4/2 Sa 860/88- DB 1989, S. 1475 (1476); LAG Baden- Württemberg, Urt. v. 18.03.1986- 10 Sa 17/85- DB 1987, S. 543; LAG Düsseldorf, Urt. v. 12.04. 1976- 4 Sa 345/76- BB 1976, S. 1226; Beckschulze, in: DB 1998, S. 417 (418); Berkowsky (personen- u. verhaltensb. K.), § 34, Rn. 14; Bram/Rühl, in: NZA 1990, S. 753 (755); Dietz, S. 31 (3.4.1); Honstetter, S. 178; HK- KSchG/Weller/Dorndorf, § 1 KSchG, Rn. 946 b; KR/Etzel § 1 KSchG, Rn. 569; Linck, in: FA 2000, S. 334 (335); Löwisch, §1 KSchG, Rn. 74; Mathern, in: NJW 1996, S. 818 (820); Meinel/Bauer, in: NZA 1999, S. 575 (578); MünchArbR/Berkowsky, § 134, Rn. 85; Oetker, in: ZIP 2000, S. 643 (647); Preis (Prinzipien), S. 355; Ricken, in: NZA 1998, S. 460 (465); v. Stein, in: RdA 1991, S. 85 (88); Wank, Anm. zum BAG- Urt. v. 24.03. 1983- AP Nr.2 zu § 1 KSchG 1969 (Soziale Auswahl); Ziemann, in: MDR 1999, S. 716 (718); a.A. Zwanziger, in: BB 1997, S. 42 (43).

306 Vgl. 2 AZR 160/96 (Fn. 1) unter II 4 d dd der Gründe.

307 Von der Rechtsprechung wurden diese Kriterien gerade im Bereich der betriebsbedingten Kündigung entwickelt, vgl. BAG, Urt. v. 27.02.1997- 2 AZR 160/96- AP Nr. 1 zu § 1 KSchG 1969 Wiedereinstellung unter II 4 d dd der Gründe= NZA 1997, S. 757 (760)= EzA § 1 KSchG Wiedereinstellungsanspruch Nr. 1; bestätigt in BAG, Urt. v. 06.08. 1997- 7 AZR 557/96- AP Nr. 2 zu § 1 KSchG Wiedereinstellungsanspruch unter II 1 c der Gründe= NZA 1998, S. 254 (255)= EzA § 1 KSchG Wiedereinstellungsanspruch Nr. 2; BAG, Urt. v. 12.11.1998- NJW 1999, S. 1132 (1134); BAG, Urt. v. 28.06.2000- 7 AZR 904/98- NZA 2000, S. 1097=ZIP 2000, S. 1781 (Dispositionen des Arbeitgebers unter Berücksichtigung eines Abfindungsvergleichs). In der Literatur: Loritz, in: RdA 1987, S. 65 (71); MünchKom/Müller- Glöge § 611 BGB, Rn. 310; Nägele, in: BB 1998, S. 1686 (1688).

308 Loritz, in: RdA 1987, S. 65 (71); MünchKom/Müller- Glöge § 611 BGB, Rn. 310.

309 Hier ist zu unterscheiden: In der Situation der bloßen Funktionsnachfolge, in der sich der Funktionsnachfolger gegen die Übernahme der früheren Belegschaft entscheidet, schließen seine Verfügungen Wiedereinstellungsansprüche der alten Arbeitnehmer von vornherein aus. Würden umgekehrt in dieser Situation Ansprüche der gekündigten Arbeitnehmer gewährt, müsste das zu Kündigungen im Bestand des Funktionsnachfolgers führen. Der Bestandsschutz der früher tätigen Arbeitnehmer ist jedoch nicht höher zu bewerten, als der Arbeitnehmer des Funktionsnachfolgers, so auch Langenbucher, in: ZfA 1999, S. 299 (324).

Möglichkeit zugestanden werden, unter den Bewerbern auszuwählen und sich ungebunden für die geeigneten Arbeitnehmer zu entscheiden[310]. Ansonsten seien auch die anderen Bewerber um die freie Stelle ungerechtfertigt benachteiligt[311].

Nach anderer Auffassung können sich Dispositionen des Arbeitgebers bei der betriebsbedingten Kündigung nicht zu seinem Vorteil auswirken[312]. Dies treffe auch zu, wenn der Arbeitgeber nach der betriebsbedingten Kündigung einen neuen Auftrag erhält, der sich wirtschaftlich nur durchführen lässt, wenn jüngere Arbeitnehmer mit geringerem Vergütungsanspruch eingestellt werden[313]. Der Arbeitgeber habe kein schutzwürdiges Interesse daran, seinen eigenen Irrtum bei der Beurteilung der weiteren betrieblichen Entwicklung für sich auszunutzen. Das selbe Ergebnis ergebe sich auch aus dem Rechtsgedanken des § 613a BGB: Der übergehende Arbeitnehmer dürfe nicht durch einen versetzten oder eingestellten Arbeitnehmer verdrängt werden[314].

Der zuletzt genannten Ansicht ist im Ergebnis zuzustimmen. Allerdings lässt sich noch eine weitere Begründung finden. Eine Neubesetzung des Arbeitsplatzes ist bei der betriebsbedingten Kündigung erst möglich, wenn eine Veränderung der kündigungsbegründenden Umstände eingetreten und damit die Verpflichtung zur Wiedereinstellung entstanden ist. Hier stellt die Neubesetzung des Arbeitsplatzes also selbst den Umstand dar, der die Prognose widerlegt. Verfügt der Arbeitgeber doch über einen Arbeitsplatz, ist der gute Glaube an den Bestand der Kündigungsgründe somit ausgeschlossen[315]. Mit anderen Worten: Bei der betriebsbedingten Kündigung ist die Voraussetzung der fortbestehenden Beschäftigungsmöglichkeit des zuvor gekündigten Arbeitnehmers stets erfüllt, da hier der Wegfall des Kündigungsgrundes gerade das Wiederentstehen der Beschäftigungsmöglichkeit bedeutet[316]. Folglich fließt der Aspekt der Dispositionen des Arbeitgebers bei der betriebsbedingten Kündigung nicht in die Interessenabwägung ein.

---

310 MünchKom/Müller- Glöge, § 611 BGB, Rn. 310.

311 Langenbucher, in: ZfA 1999, S. 299 (324).

312 Vgl. Bram/Rühl, in: NZA 1990, S. 753 (756); Hambitzer, in: NJW 1985, S. 2239 (2241); Kania, Anm. zum BAG- Urt. v. 27.02.1997- EzA § 1 KSchG, Wiedereinstellungsanspruch Nr.1, S. 13 (16); Preis, Anm. zum LAG Köln- Urt. v. 10.01.1989- LAGE § 611 BGB, Einstellungsanspruch Nr. 1; Raab, in: RdA 2000, S. 147 (156); v. Stein, in: RdA 1991, S. 85 (88).

313 Beispiel gebildet nach Nägele, in: BB 1998, S. 1686 (1688).

314 Kania, Anm. zum BAG- Urt. v. 27.02. 1997- EzA § 1 KSchG, Wiedereinstellungsanspruch Nr.1.

315 Boewer, in: NZA 1999, S. 1121 (1131); Bram/Rühl, in: NZA 1990, S. 753 (756), Meinel/Bauer, in: NZA 1999, S. 575 (578); Preis (Prinzipien), S. 355; v. Stein, in: RdA 1991, S. 85 (89).

316 Auch das Bundesarbeitsgericht stellt in seiner Entscheidungsbegründung die Berücksichtigung von Arbeitgeberdispositionen am Beispiel der krankheitsbedingten Kündigung dar, obwohl es im vorliegenden Sachverhalt um einen Wiedereinstellungsanspruch nach betriebs-

Dieses Ergebnis wird auch durch die vorangegangenen Ausführungen unterstützt. Auf die Frage nach der generellen Möglichkeit eines Wiedereinstellungsanspruches für alle Kündigungsarten[317] lautet die Antwort: Der Aspekt der Sphären kann nicht bei der Frage des „ob" eine Rolle spielen, hingegen ist er hinsichtlich der konkreten Ausgestaltung des Wiedereinstellungsanspruches von Bedeutung. Bei der Interessenabwägung - also der Ausgestaltung bzw. Einschränkung des Anspruches - werden nun diese Unterschiede deutlich. Im Rahmen der betriebsbedingten Kündigung, hier stammen die Kündigungsgründe aus der Sphäre des Arbeitgebers, werden seine Dispositionen nicht berücksichtigt.

b) Personenbedingte und verhaltensbedingte Kündigung

Anders ist die Situation bei der personenbedingten Kündigung zu beurteilen. Bei dieser Kündigungsart lassen Dispositionen des Arbeitgebers seine Interessen überwiegen[318], denn hier bedeutet die Neubesetzung des Arbeitsplatzes nicht automatisch die Widerlegung der Prognose. Der Beschäftigungsbedarf besteht nach dem Ausspruch der Kündigung fort, und der Arbeitgeber hat ein Interesse daran, den Arbeitsplatz neu zu besetzen[319]. Solange der Kündigungsgrund noch besteht, kann seine Dispositionsbefugnis deshalb nicht eingeschränkt werden. Diese Situation ändert sich erst, wenn der Arbeitnehmer seine Genesung darlegt[320]. Erst ab diesem Zeitpunkt ist eine gutgläubige Verfügung über den Arbeitsplatz ausgeschlossen. Dieser Grundsatz gilt im gleichen Maße bei der verhaltensbedingten Kündigung.

c) Verdachtskündigung

In dieser Weise ist auch bei der Verdachtskündigung zu verfahren: Hier schließt die Verfügung über den Arbeitsplatz die Wiedereinstellungspflicht des Arbeitgebers aus[321]. Erst ab Widerlegung des Verdachtes sind die Dispositionen des Arbeitgebers nicht mehr schutzwürdig[322].
Zum Teil wird allerdings gefordert, bei der Verdachtskündigung einen strengeren Maßstab anzulegen[323]: Für ein überwiegendes Interesse des Arbeitgebers soll eine

bedingte Kündigung ging. Es führt im Hinblick auf die betriebsbedingten Kündigung aus, der Arbeitgeber könne regelmäßig noch keine Dispositionen getroffen haben, solange die Kündigungsfrist noch nicht abgelaufen ist, vgl. 2 AZR 160/96 (Fn. 1) unter II 4 d der Gründe.

317 Vgl. § 2 III.

318 Vgl. 2 AZR 160/96 (Fn.1) unter II 4 d dd der Gründe.

319 Boewer, in: NZA 1999, S. 1121 (1131); Nägele, in: BB 1998, S. 1686 (1688); v. Stein, in: RdA 1991, S. 85 (88).

320 Bram/Rühl, in: NZA 1990, S. 753 (756).

321 Dazu va. Belling, in: RdA 1996, S. 223 (238); Meinel/Bauer, in: NZA 1999, S. 575 (578).

322 Bram/Rühl, in: NZA 1990, S. 753 (757).

323 Belling, in: RdA 1996, S. 223 (238).

gutgläubige Verfügung über den Arbeitsplatz nicht genügen. Zusätzlich ist nach dieser Ansicht die Schutzwürdigkeit des Arbeitgebers zu hinterfragen. Gegen eine strengere Kontrolle der Dispositionen des Arbeitgebers im Rahmen einer Verdachtskündigung sprechen jedoch mehrere Argumente. Die Verdachtskündigung stellt zwar eine besondere Situation dar. Die daraus resultierenden schutzwürdigen Interessen des Arbeitnehmers wurden bereits an anderer Stelle berücksichtigt: So wurde die zeitliche Entstehungsmöglichkeit des Wiedereinstellungsanspruches bei der Verdachtskündigung ausgeweitet[324]. Wie auch bei der personenbedingten Kündigung fällt jedoch ein Arbeitnehmer aus, obwohl die Stelle – und damit der Bedarf an Arbeitskraft - weiterhin besteht. Solange der Verdacht nicht widerlegt und der Arbeitgeber entsprechend gutgläubig ist, muss ihm deshalb zugestanden werden, die Stelle neu zu besetzen. Auch ein weiterer Gesichtspunkt ist zu beachten: Die zeitliche Grenze wurde bei der Verdachtskündigung ausnahmsweise auf einen späteren Termin – das Ende des Kündigungsschutzprozesses – verschoben. Damit stand hier ein objektiv bestimmbarer Zeitpunkt zur Verfügung. Im Gegensatz dazu ist der Begriff des schutzwürdigen Vertrauens zu unbestimmt und würde eine weitere Rechtsunsicherheit in den Prozess tragen.

Im Ergebnis ist die gutgläubige Neubesetzung des Arbeitsplatzes im Rahmen der personen- und verhaltensbedingten Kündigung sowie bei der Verdachtskündigung zugunsten des Arbeitgebers zu berücksichtigen[325].

2. Maßstab des guten Glaubens

Der Arbeitgeber wird also geschützt, wenn er gutgläubig Dispositionen über den Arbeitsplatz getroffen hat. Welcher Maßstab ist dabei der Gutgläubigkeit zugrunde zulegen? Es bestehen drei Möglichkeiten. Zum einen könnte sich der Gut-Glaubens-Begriff an die Regelung des § 122 II BGB anlehnen. Dann würde bereits jede fahrlässige Unkenntnis des Arbeitgebers vom Wegfall des Kündigungsgrundes genügen, um seine Dispositionen nicht schutzwürdig erscheinen zu lassen. Ist hingegen der Maßstab des § 932 II BGB einschlägig, so führt erst die grob fahrlässige Unkenntnis des Arbeitgebers zum Wegfall seines Schutzbedürfnisses. Als dritte und für den Arbeitgeber günstigste Möglichkeit könnte der Maßstab des § 892 I BGB zugrunde zulegen sein. Dann würde ihm nur positive Kenntnis schaden.

Nach allgemeiner Ansicht muss positive Kenntnis des Arbeitgebers vorliegen, um seine Dispositionen als unbeachtlich erscheinen zu lassen[326]. Als Begründung

---

324 Vgl. § 4 III 3.

325 Zu der Frage, ob dem Arbeitnehmer bei einem überwiegenden Arbeitgeberinteresse ein Entschädigungsanspruch zusteht, vgl. § 8 II.

326 Meinel/Bauer, in: NZA 1999, S. 575 (578); Ricken, in: NZA 1998, S. 460 (465); sehr allgemein: BAG NZA 2000, S. 1097 (1100): Hier wird dem Arbeitgeber die Berufung auf Dispositionen versagt, wenn er *treuwidrig* den in Betracht kommenden Arbeitsplatz wieder besetzt

wird darauf verwiesen, der Kündigungsgrund müsse nur objektiv vorliegen. Also setze die Wirksamkeit einer Kündigung regelmäßig nicht die Kenntnis des Arbeitgebers vom Kündigungsgrund voraus. Wenn aber keine Kenntnis des Arbeitgebers vom Kündigungsgrund verlangt würde, könne ihm auch nicht die fahrlässige Nichtkenntnis vom Wegfall des Kündigungsgrundes vorgehalten werden[327].

Aber auch mit anderer Argumentation gelangt man dazu, positive Kenntnis des Arbeitgebers zu fordern, um seine Gutgläubigkeit auszuschließen. Wie bereits dargelegt[328], trifft den Arbeitnehmer gegenüber seinem Arbeitgeber eine Unterrichtungspflicht, wenn Kündigungsgründe, die aus seiner Sphäre stammen (also die hier relevanten Fälle der Verdachtskündigung, der krankheitsbedingten und der verhaltensbedingten Kündigung), nachträglich wegfallen. Mit dieser Aussage wird der Arbeitgeber von der Pflicht befreit, eigenständige Nachforschungen über den Gesundheitsstand oder den Prozessverlauf zu betreiben. Als Konsequenz kann dem Arbeitgeber nicht vorgeworfen werden, er habe fahrlässig keine Kenntnis vom Wegfall des Kündigungsgrundes gehabt. Entweder er wurde vom Arbeitnehmer unterrichtet und hat entsprechend positive Kenntnis, oder der Arbeitnehmer unterlässt die Unterrichtung und der Arbeitgeber darf sich auf seine Unkenntnis berufen.

Also sind Dispositionen des Arbeitgebers nur dann im Rahmen der Interessenabwägung unbeachtlich, wenn er positive Kenntnis i.S.v. § 892 BGB vom Wegfall der Kündigungsgründe hatte[329].

3. Anspruch trotz Disposition

Nach den vorangegangenen Ausführungen liegt ein überwiegendes Arbeitgeberinteresse vor, wenn der Arbeitgeber über den alten Arbeitsplatz verfügt hat. Besetzt der Arbeitgeber den alten Arbeitsplatz mit einer neuen Arbeitskraft, stellt sich im Rahmen der Interessenabwägung die Frage, ob ein Wiedereinstellungsanspruch des Arbeitnehmers auch in Bezug auf andere Stellen des Betriebes entsteht.

Wie bereits erörtert[330], kann sich der Wiedereinstellungsanspruch des Arbeitnehmers auch auf freie, vergleichbare Stellen des Betriebes erstrecken[331]. In diesen Fällen würde also das Interesse des Arbeitnehmers an der Wiedereinstellung

hat. Dies folge aus dem in § 162 BGB normierten Rechtsgedanken, nach dem niemand aus einem von ihm selbst treuwidrig herbeigeführten Ereignis Vorteile herleiten könne.

327 Ricken, in: NZA 1998, S. 460 (465).

328 Vgl. § 3 III 2.

329 Oetker wirft in ZIP 2000, S. 1781 (1789) als weitere Frage auf, ob sich der Arbeitgeber bei einer dezentralen Unternehmensorganisation die Kenntnis seiner Mitarbeiter zurechnen lassen muss. Zu dem Problem der sog. Wissenszurechnung vgl. Überblick bei: MünchKom/Stein, § 852, Rn. 14.

überwiegen. Wie ist jedoch der Fall zu beurteilen, in dem sämtliche vergleichbare Arbeitsplätze des Betriebes besetzt sind? Damit ergibt sich die Überlegung, ob auch ein Wiedereinstellungsanspruch auf (vergleichbare) besetzte Arbeitplätze entsteht. Dieser ließe sich nur durchsetzen, indem entweder der neu eingesetzte Arbeitnehmer von seinem ehemaligen Arbeitsplatz oder ein anderer Arbeitnehmer von einem vergleichbaren Arbeitsplatz verdrängt wird. Bei der Frage nach einem solchen Anspruch auf Freikündigung geht es nicht nur um eine Abwägung zwischen Arbeitgeber- und Arbeitnehmerinteressen. Zusätzlich stehen sich hier die Interessen mehrerer Arbeitnehmer gegenüber.

Die veränderten Umstände nach wirksamer Kündigung dürfen sich jedoch nicht unmittelbar zu ungunsten eines anderen Arbeitnehmers auswirken[332], da ein Vertrag zu Lasten eines Dritten unzulässig ist[333]. Ein Wiedereinstellungsanspruch ist entsprechend nicht auf besetzte Stellen auszudehnen[334]. Der Arbeitnehmer kann nicht die Kündigung eines neu eingestellten Arbeitnehmer verlangen, ebenso wenig darf es zum Austausch langjähriger Beschäftigter kommen[335]. Dieses Ergebnis lässt sich auch im Verhältnis zum Arbeitgeber begründen: Ein Wiedereinstellungsanspruch besteht nur in den Grenzen der Zumutbarkeit für den Arbeitgeber. Diese wären jedoch überschritten, würde man ihn zwingen, einen anderen Arbeitsplatz frei zu kündigen[336]. Denn er sähe sich dann möglicherweise zwei Klagen ausgesetzt, die ein und denselben Arbeitsplatz betreffen[337]. Entsprechend muss das Interesse des Arbeitnehmers zurücktreten, wenn sämtliche vergleichbaren Stellen des Betriebes besetzt sind. Dem Arbeitnehmer kann jedoch in dieser Situation unter Umständen ein Schadenersatzanspruch zustehen[338].

---

330 Vgl. § 3 III 1 a.

331 Oetker, in: ZIP 2000, S. 643 (648) benennt diese Fallgruppen, als „Wiedereinstellungsanspruch außerhalb der Prognoseentscheidung".

332 Belling, in: RdA 1996, S. 223 (238); Dörner/Luczak/Wildschütz, D, Rn. 1218; MünchArbR/Berkowsky, § 134, Rn. 92; so auch Preis (Prinzipien), S. 355 anders jedoch zur betriebsbedingten Kündigung.

333 Gaul, in: NZA 1992, S. 673 (675); allgemein zu Unzulässigkeit von Verträgen zu Lasten Dritter: BGH, Urt. v. 19.04.1970- KZR 7/69-BGHZ 54, S. 145 (147).

334 A.A. Caspers, D, Rn. 220; Nicolai/Noack, in: ZfA 2000, S. 87 (108), nach denen der Arbeitgeber bei der Sozialauswahl auch noch und wieder besetzte Arbeitsplätze berücksichtigen muss. Damit müsse der Arbeitgeber unter Umständen auch einen Arbeitsplatz frei kündigen, da es sonst zu einer ungerechtfertigten Privilegierung einzelner Arbeitnehmer(-gruppen) und damit zu Wertungswidersprüchen komme.

335 Berkowsky (personen- u. verhaltensbed. Kündigung), § 34, Rn. 14; Günzel, in: DB 2000, S. 1227 (1228); Kittner/Trittin, § 1 KSchG (2. Aufl.), Rn. 298; KPK- Meisel, § 1 , Rn. 470.

336 Boewer, in: NZA 1999, S. 1177 (1179).

337 Hergenröder, Anm. zum BAG- Urt. v. 04.12.1997- EzA Wiedereinstellungsanspruch § 1 KSchG Nr. 3.

338 KPK- Meisel, § 1 , Rn. 470. Zu den Sekundäransprüchen, vgl. § 8.

Ein überwiegendes Arbeitgeberinteresse liegt also zum einen vor, wenn der Arbeitgeber im guten Glauben an den Bestand des Kündigungsgrundes über den alten Arbeitsplatz verfügt hat und keine vergleichbaren Stellen im Betrieb frei sind. Dieser Grundsatz gilt nicht bei der betriebsbedingten Kündigung.

II. Weitere Fälle der Unzumutbarkeit für den Arbeitgeber

Die Frage nach den Dispositionen des Arbeitgebers ist nur ein Gesichtspunkt, der in die Interessenabwägung einfließt. Daneben besteht ein überwiegendes Arbeitgeberinteresse, wenn die Wiedereinstellung für den Arbeitgeber aus weiteren Gründen unzumutbar ist[339].

1. Beispielsfälle der Rechtsprechung

Das Bundesarbeitsgericht hat im Rahmen einer betriebsbedingten Kündigung Beispiele für die Unzumutbarkeit formuliert[340] und dabei externe Faktoren herangezogen. Erster Beispielsfall: Der Arbeitgeber kündigt dem Arbeitnehmer wegen Betriebsstilllegung und es kommt anschließend doch zu einem Betriebsübergang. Hier soll nach Auffassung des Bundesarbeitsgerichtes ein Wiedereinstellungsanspruch unzumutbar sein, wenn der Erwerber die Übernahme von Rationalisierungsmaßnahmen abhängig macht. Im zweiten Beispielsfall ist der Betriebserwerber zur Betriebsübernahme nur unter veränderten Vertragsbedingungen bereit; hier sei ein Wiedereinstellungsanspruch zu den alten Bedingungen für den Arbeitgeber unzumutbar. Stattdessen entstehe ein Wiedereinstellungsanspruch zu geänderten Vertragsbedingungen.

---

339 BAG, Urt. v. 27.02.1997- 2 AZR 160/96- AP Nr. 1 zu § 1 KSchG 1969 Wiedereinstellung unter II 4 d d der Gründe= NZA 1997, S. 757 (760)= EzA § 1 KSchG Wiedereinstellungsanspruch Nr. 1; bestätigt in: BAG, Urt. v. 06.08. 1997- 7 AZR 557/96- AP Nr. 2 zu § 1 KSchG Wiedereinstellungsanspruch unter II 1 b der Gründe= NZA 1998, S. 254 (255)= EzA § 1 KSchG Wiedereinstellungsanspruch Nr. 2; BAG, Urt. v. 04.12.1997- 2 AZR 140/97- AP Nr. 3 zu § 1 KSchG 1969 Wiedereinstellung= NZA 1998, S. 701 (703)= EzA § 1 KSchG Wiedereinstellungsanspruch Nr.3 unter II 2 der Gründe; LAG Düsseldorf, Urt. v. 15.02.2000; 3 Sa 1781/99= NZA-RR 2000, S. 456 (458); LAG Ham, Urt. v. 28.07.1999- NZA-RR 2000, S. 134 (135); zustimmend: Beckschulze, in: DB 1998, S. 417 (418); Berkowsky (personen- u. verhaltensbed. Kündigung), § 34, Rn. 14; Boewer, in: NZA 1999, S. 1121 (1131); Junker, Kom. zum BAG- Urt. v. 12.111. 1998- EWiR 1997 zu § 613a BGB Nr. 3; HK- KSchG/Weller/Dorndorf, § 1 KSchG, Rn. 946 b; Kania, Anm. zum BAG- Urt. v. 27.02.1997- EzA 1998, zu § 1 KSchG Wiedereinstellungsanspruch Nr. 1; Kleinebrink, in: FA 1999, S. 138 (140); Linck, in: FA 2000, S. 334 (335); Meinel/Bauer, in: NZA 1999, S. 575 (578); Ziemann, in: MDR 1999, S. 716 (717).

340 2 AZR 160/96 (Fn.1) unter II 4 d dd der Gründe; dazu Oetker, in: ZIP 2000, S. 643 (647).

2. Allgemein anwendbarer Grundsatz

Wie können diese Beispiele zu einem Grundsatz geformt werden, der auch auf andere Situationen übertragbar ist? Allgemein formuliert ist ein Wiedereinstellungsanspruch nach den Überlegungen des Bundesarbeitsgerichtes unzumutbar, wenn der Arbeitgeber trotz Widerlegung der Prognose bei einem Fortbestand des Arbeitsverhältnisses erneut kündigen könnte. Auf die gebildeten Beispielsfälle übertragen bedeutet dies: hätte der Arbeitgeber nicht wegen beabsichtigter Betriebsstilllegung gekündigt - das Arbeitsverhältnis bestünde also fort - und würde nun ein möglicher Betriebserwerber den Erwerb von Rationalisierungsmaßnahmen abhängig machen, so könnte der Arbeitgeber betriebsbedingt ohne Verstoß gegen § 613a BGB kündigen[341]. Und wenn der Betriebserwerber nur unter veränderten Vertragsbedingungen zur Übernahme bereit wäre, entstünde ein Wiedereinstellungsanspruch zu geänderten Vertragsbedingungen, da bei hypothetischem Fortbestand des Arbeitsverhältnisses eine entsprechende Änderungskündigung möglich wäre[342].

Warum bedarf es überhaupt dieser weiteren Einschränkung des Wiedereinstellungsanspruches im Rahmen einer Interessenabwägung? Die Gründe ergeben sich schon aus den gebildeten Beispielsfällen. Zum einen würde ohne die Rationalisierungsmaßnahmen der Verkauf des Betriebes insgesamt scheitern und es käme dann doch zu der von Anfang an geplanten Betriebsstilllegung[343]. Der Sinn des Wiedereinstellungsanspruches – der Schutz der Arbeitnehmer – würde so in sein Gegenteil verkehrt. Außerdem wäre der Arbeitgeber verpflichtet, das Arbeitsverhältnis mit dem Arbeitnehmer noch einmal künstlich zu verlängern, obwohl er selbst aufgrund der voraussehbar fehlenden Beschäftigungsmöglichkeit später eine wirksame Kündigung aussprechen könnte[344]. Es bedeutete einen bloßen Formalismus, wenn der Arbeitgeber zunächst den Arbeitnehmer wieder einstellen müsste, nur um ihn sogleich wieder zu kündigen[345].

---

341 Vgl. BAG, Urt. v.18.07. 1996- 8 AZR 127/94- NZA 1997, S.148, zur Kündigungsmöglichkeit in diesem Fall: eine Kündigung *wegen Betriebsübergänges* liegt nicht vor, wenn sie der Rationalisierung des Betriebes zur Verbesserung der Verkaufschancen dient. Allgemein zur Wirksamkeit der Kündigung, wenn der Betriebserwerber die Betriebsübernahme von der Verringerung des Personals abhängig macht: ErfK/Preis, § 613 a BGB, Rn. 115; KR/Pfeiffer, § 613 a BGB, Rn. 113; Vossen, in: BB 1984, S. 1557 (1560); Willemsen, in: ZIP 1983, S. 411 (415 f).

342 Dies stellt ebenfalls einen Unterfall einer sog. Veräußererkündigung aufgrund eines Erwerberkonzeptes dar, vgl. ErfK/Preis § 613 a BGB, Rn. 115.

343 2 AZR 160/96 (Fn. 1) unter II 4 d dd der Gründe; Kleinebrink, in: FA 1999, S. 138 (140); Ricken, in: NZA 1998, S. 460 (462).

344 ErfK/Preis, § 613a BGB, Rn. 115; Vossen, in BB 1984, S. 1557 (1560).

345 So auch Meinel/Bauer, in: NZA 1999, S. 575 (579).

3. Übertragung auf sämtliche Kündigungsanlässe

Wie auch die Beispielsfälle verdeutlichen, sind diese Kriterien der Unzumutbarkeit offensichtlich auf die betriebsbedingte Kündigung zugeschnitten. Was gilt dann bei den anderen Kündigungsanlässen? Auch hier kann sich die Unzumutbarkeit der Wiedereinstellung aus externen Faktoren ergeben. Beispielsweise kann aufgrund einer Änderung des Betriebsablaufs ein Arbeitsplatz wegfallen und daraus die Unzumutbarkeit einer Wiedereinstellung resultieren[346]. Auch bei den anderen Kündigungsarten gilt also eine umfassende Interessenabwägung und Zumutbarkeitsprüfung im Einzelfall[347]. Dabei wird sich allerdings dieses Problem typischerweise im Rahmen der betriebsbedingten Kündigung ergeben.

III. Ergebnis zu § 5

Der Wiedereinstellungsanspruch wird durch das Arbeitgeberinteresse eingegrenzt. Ein überwiegendes Arbeitgeberinteresse liegt zum einen vor, wenn der Arbeitgeber in guten Glauben bereits wieder über den Arbeitplatz verfügt hat. Weiterhin kann sich die Unzumutbarkeit für die Fortsetzung des Arbeitsverhältnisses für den Arbeitgeber aus externen Faktoren ergeben.

Stellt man sich die in der Situation einer Wiedereinstellung gegenüberstehenden Arbeitgeber- und Arbeitnehmerinteressen als Waagschalen vor, wird nun im Rückblick bei der Frage nach der Entstehung eines Wiedereinstellungsanspruches eine bestimmte Entwicklung sichtbar. So schlägt die Waage vor allem bei der Frage der grundsätzlichen Möglichkeit des Wiedereinstellungsanspruches bei allen Kündigungsarten stark zugunsten des Arbeitnehmers aus; seine Schutzwürdigkeit steht im Vordergrund. Sodann werden Korrekturen vorgenommen, um den Ausgleich der Interessen anzustreben. Einschränkungen unterliegt der Anspruch schon bei dem Erfordernis des eindeutigen Nachweises der Fehlprognose. Noch stärker kann ein Ausgleich im Rahmen einer zeitlichen Grenze des Wiedereinstellungsanspruches und durch eine umfassende Interessenabwägung vorgenommen werden. Die Waage richtet sich wieder ein Stück in die Richtung der Arbeitgeberinteressen um letztendlich den Ausgleich der Interessen zu erreichen.

---

346 Vgl. Mathern, in: NJW 1996, S. 818 (820).

347 Belling, in: RdA 1991, S. 223 (238) zum speziellen Fall der Verdachtskündigung.

Da bei der Entstehung des Wiedereinstellungsanspruches die Besonderheiten der einzelnen Kündigungsgründe im Vordergrund stehen, soll abschließend zu den §§ 1-5 eine Tabelle die Übersicht erleichtern.

	Verdachtskündigung	**Betriebsbedingte Kündigung**	**Krankheitsbedingte Kündigung**	**Verhaltensbedingte Kündigung**
Beurteilungs-zeitpunkt	Zugang der Kündigung	Zugang der Kündigung	Zugang der Kündigung	Zugang der Kündigung
Herleitung	§ 242 BGB, **Nachwirkende Fürsorgepflichten** des Arbeitgebers; Grundsatz der Rehabilitation	§ 242 BGB *Sonderfälle*: -**Betriebsübergang:** Herleitung des W. aus **§ 613a BGB** (richtlinienkonforme Auslegung/teleologische Reduktion) -**Abfindungsvergleich bzw. Aufhebungsvertrag**: Herleitung des W. nach den **Grundsätzen des Wegfalls der Geschäftsgrundlage**	§ 242 BGB	§ 242 BGB
Widerlegung der Prognose	**Nachweis** der Unschuld des Arbeitnehmers (nicht ausreichend: Einstellung des Ermittlungsverfahrens)	Wiederentstehen von Beschäftigungsmöglichkeiten; dabei reicht die Entstehung eines **vergleichbaren** Arbeitsplatzes aus	**Positive Gesundheitsprognose** (Abgrenzung: bloße Erschütterung der Negativprognose) *Sonderfälle:* -Operation: kann Positivprognose begründen -Therapie: einzelfallabhängig	Nachweis am schwierigsten: jedenfalls **nicht durch ordnungsgemäßes Verhalten nach der Kündigung** Nachweis eventl. zu erbringen durch Weiterbeschäftigungsanspruch während des Kündigungsschutzprozesses
Zeitliche Entstehungsgrenze	Bis zum **Ablauf des Kündigungsschutzprozesses**	Bis zum Ablauf der Kündigungsfrist, auch bei einem Betriebsübergang nach § 613 a BGB	Bis zum Ablauf der Kündigungsfrist	Bis zum Ablauf der Kündigungsfrist: hier sehr kurz, da in der Regel als außerordentliche Kündigung nach § 626BGB ausgesprochen
Dispositionen des Arbeitgebers	Werden berücksichtigt	**Bleiben unberücksichtigt**, da die Verfügung über den Arbeitsplatz die Prognose selbst widerlegt	Werden berücksichtigt	Werden berücksichtigt
Externe Faktoren	Werden berücksichtigt	Werden berücksichtigt	Werden berücksichtigt	Werden berücksichtigt

§ 6 Benennung und Inhalt des Anspruches

Die erste Hälfte dieser Arbeit befasst sich mit der Frage der *Entstehung* eines Wiedereinstellungsanspruchs. Der nun folgende zweite Teil beschäftigt sich mit der *Umsetzung* des bestehenden Anspruches.

Um diesen Komplex darstellen zu können, muss zunächst die exakte Bezeichnung des Anspruches geklärt werden, da von ihr die Lösung mehrerer Folgeprobleme abhängt.

I. Benennung des Anspruches

Fraglich ist demnach, ob es sich - wie bis zu diesem Abschnitt bezeichnet - tatsächlich um einen *Wiedereinstellungs*anspruch des Arbeitnehmers handelt oder sich sein Anspruch auf *Fortsetzung* des Arbeitsverhältnisses richtet[348].

Die Differenzierung zwischen Fortsetzung und Wiedereinstellung ist keine bloße Begriffsbestimmung, sondern hat praktische Auswirkungen[349]. Einem Fortsetzungsanspruch kommt ex tunc Wirkung zu, und es besteht ein ununterbrochenes Arbeitsverhältnis. Im Unterschied dazu wirkt ein Wiedereinstellungsanspruch ex nunc: Wird er durchgesetzt, liegt eine Neubegründung des zunächst wirksam gekündigten Arbeitsverhältnisses vor[350].

1. Begriffsbestimmung der Rechtsprechung

Bei dieser begrifflichen Unterscheidung könnte zunächst eine Orientierung an der Terminologie der Rechtsprechung helfen. Das Bundesarbeitsgericht geht jedoch uneinheitlich mit den Begriffen um. So spricht der 2. Senat[351] von einer *Fortsetzung* des Arbeitsverhältnisses; in den Leitsätzen derselben Entscheidung geht er dann von einer *Wiederbegründung* von vertraglichen Hauptpflichten und von ei-

---

348 Anders ausgedrückt: Ist von einem Einwand gegen die Kündigung (Fortsetzungsanspruch) auszugehen oder entsteht tatsächlich ein Anspruch des Arbeitnehmers auf Neubegründung des Arbeitsverhältnisses (Wiedereinstellungsanspruch).

349 Walker, Anm. zum BAG- Urt. v. 27.02. 1997- SAE 1998, S. 98 (107).

350 Im Bereich der tatbestandlichen Voraussetzungen ergibt sich aus dieser Differenzierung kein Unterschied; so ist auch zu erklären, warum bis zu diesem Abschnitt der Arbeit noch keine Abgrenzung vorgenommen wurde. Anders fällt jedoch die Beurteilung auf der Rechtsfolgenseite aus: Hier ist es von Bedeutung, ob zwischenzeitlich das Arbeitsverhältnis beendet wurde. Die Konsequenz der Unterscheidung tritt vor allem bei der Frage nach der Anspruchsgrundlage für Schadenersatzansprüche in dem Zeitraum zwischen Kündigung und Wiedereinstellung zu Tage, vgl. § 8 I 1. Wichtig ist sie auch in prozessualer Hinsicht im Hinblick auf den Klageantrag, vgl. § 9 I 1.

351 Vgl. Fn. 1.

nem *Wiedereinstellungs*anspruch aus[352]. Da diese unterschiedlichen Bezeichnungen nicht näher erläutert werden und beliebig erscheinen, sollte offensichtlich kein Unterschied zwischen den Begriffen gemacht werden[353], statt dessen wurden sie als Synonym gebraucht[354].

Aber auch die Begriffsbestimmung der Instanzgerichte kann nicht als Lösung herangezogen werden. So behandelt beispielsweise das LAG Köln[355] die Frage nach der *Fortbeschäftigung* des Arbeitnehmers bei nachträglichem Wegfall des Kündigungsgrundes, während sich das LAG Hamburg[356] ausdrücklich auf den Standpunkt stellt, aus rechtsgrundsätzlichen Gründen gehe es nicht um die Fortsetzung des alten, sondern um die *Begründung eines neuen Arbeitsverhältnisses* durch Wiedereinstellung. Eine Orientierung an der Begriffsbestimmung der Rechtsprechung führt damit nicht weiter.

Deshalb ist nun zu überlegen: Anhand welcher Kriterien kann unterschieden werden, ob es sich um einen *Fortsetzungs-* oder *Wiedereinstellungs*anspruch des Arbeitnehmers handelt?

2. Formale Unterscheidung nach dem Zeitpunkt

So wird teilweise danach differenziert, *wann* der Anspruch entsteht bzw. geltend gemacht wird[357]. Der vor der Beendigung des Arbeitsverhältnisses entstehende bzw. geltend gemachte Anspruch sei auf *Vertragsfortsetzung* gerichtet. Auch wenn die Kündigung wirksam bleibe, sei die Annahme gekünstelt, das alte Ar-

---

352 Ebenso uneinheitlich: BAG, Urt. v. 06.08. 1997- 7 AZR 557/96- AP Nr. 2 zu § 1 KSchG Wiedereinstellungsanspruch= NZA 1998, S. 254 = EzA § 1 KSchG Wiedereinstellungsanspruch Nr. 2; BAG, Urt. v. 13.11. 1997- 8 AZR 295/95- NZA 1998, S. 251= EzA § 613°a BGB Nr. 154= ZIP 1998, S. 167; BAG, Urt. v. 04.12.1997- 2 AZR 140/97- AP Nr. 3 zu § 1 KSchG 1969 Wiedereinstellung= NZA 1998, S. 701= EzA § 1 KSchG Wiedereinstellungsanspruch Nr. 3, hier ist sowohl von einer Wiedereinstellung als auch von einer Fortsetzung des Arbeitsverhältnisses die Rede. Ausschließlich von einer Wiedereinstellung spricht der 2. Senat beispielsweise im Urt. v. 20.08.1997- 2 AZR 620/96- NZA 1997, S. 1340.

353 Boewer, in: NZA 1999, S. 1177 (1178); Ziemann, in: MDR 1999, S. 716 (718).

354 So führt das BAG im Urt. v. 27.01.1997- NZA 1997, S. 757 zur Bezeichnung des Anspruchs aus (S. 760) „Ob man den (...) Anspruch als Weiterbeschäftigung, Fortsetzungsanspruch oder Wiedereinstellungsanspruch bezeichnet, ist lediglich eine Frage der Benennung"; nach Gentges, S. 364 kommt es ebenfalls nicht auf die genaue Bezeichnung dès Anspruches an, da diese nichts über dessen Charakter aussage.

355 LAG Köln, Urt. v. 10.01.1989- 4/2 Sa 860/88- LAGE § 611 BGB Einstellungsanspruch Nr. 1.

356 LAG Hamburg, Urt. v. 26.04.1990- 2 Sa 90/89- DB 1991, S. 1180.

357 KPK- Meisel, § 1 , Rn. 468; Langer, in: NZA Beil. 3/1991, S. 23; Preis, Anm. zum LAG Köln- Urt. v. 10.01.1989- LAGE § 611 BGB Einstellungsanspruch Nr. 1; Raab, in: RdA 2000, S. 147 (157); Wank, Anm. zum BAG- Urt. v. 24.02.1983- AP Nr. 2 zu § 1 KSchG Soziale Auswahl unter B IV4.

beitsverhältnis werde beendet; vielmehr bleibe der Vertrag im weiteren Sinne bestehen[358]. Erst nach dem Ablauf der Kündigungsfrist komme ein Anspruch auf *Wiedereinstellung* in Betracht[359].

Eine Unterscheidung anhand des Zeitpunktes ist jedoch nicht sinnvoll. Es kann zum einen nicht auf den Zeitpunkt der Entstehung ankommen, da ein Wiedereinstellungsanspruch grundsätzlich nach Ablauf der Kündigungsfrist ohnehin ausgeschlossen ist[360]. Zum anderen kann auch nicht auf den Zeitpunkt der Geltendmachung des Anspruches abgestellt werden: Wann der Arbeitnehmer seinen Anspruch durchsetzt, ist zufallsabhängig. Außerdem weist die Frage nach der Geltendmachung des Anspruches keine Beziehung zu seinem Charakter auf[361]. Der Zeitpunkt der Entstehung oder der Geltendmachung ist damit für die Frage nach der Natur des Anspruches irrelevant.

3. Diskussion um die Abgrenzung

Dementsprechend ist eine formale Abgrenzung zwischen *Fortsetzungs*- und *Wiedereinstellungs*anspruch abzulehnen. Statt dessen ist argumentativ zu belegen, um welche Art des Anspruches es sich handelt. Dabei gibt es sowohl Vertreter, die generell von einer *Fortsetzung* des Arbeitsverhältnisses ausgehen, als auch Stimmen, die einen *Wiedereinstellungs*anspruch annehmen.

a) Fortsetzungsanspruch

Das Hauptargument für einen *Fortsetzung*sanspruch[362] knüpft an die Aussage an, dem Arbeitgeber sei es trotz wirksamer Kündigung nach Widerlegung der Prognose nach Treu und Glauben verwehrt, sich auf die Beendigung des Arbeitsverhältnisses zu berufen[363]. Wenn sich der Arbeitgeber aber nicht auf die Wirksamkeit der Kündigung berufen dürfe, sei diese als nicht existent zu betrachten und das Arbeitsverhältnis bestünde fort. Ohne Beendigung des Vertrages komme entsprechend nur seine Fortsetzung in Betracht[364]. Folglich soll eine Wiedereinstellung ausscheiden, da der Arbeitnehmer das Arbeitsverhältnis noch gar nicht verlassen hat[365]. Es werde ein „Anschlussarbeitsverhältnis" begründet, das dem Ar-

---

358 Raab, in: RdA 2000, S. 147 (157).

359 KPK- Meisel, § 1 , Rn. 468; Preis, Anm. zum LAG Köln- Urt. v. 10.01.1989- LAGE § 611 BGB Einstellungsanspruch Nr. 1; Raab, in: RdA 2000, S. 147 (157).

360 Mit der Ausnahme der Verdachtskündigung, vgl. § 4 III 3.

361 Gentges, S. 363.

362 Andere bezeichnen den selben Sachverhalt als Weiterbeschäftigungsanspruch.

363 Vgl. § 2 I 2 b (3); die Herleitung des Wiedereinstellungsanspruches stützt sich va. aus dem nach § 242 BGB begründeten Verbotes rechtsmissbräuchlichen Verhaltens.

364 Mathern, in: NJW 1996, S. 818 (819); Zwanziger, in: BB 1997, S. 42 (45).

365 V. Stein, in: RdA 1991, S. 83 (87); ebenso Preis/Steffan, in: DB 1998, S. 309 (312) für den speziellen Fall des Betriebsüberganges nach § 613 a BGB.

beitnehmer die lückenlose Fortsetzung der Tätigkeit im Betrieb ohne jeglichen Rechtsverlust ermögliche[366].

b) Wiedereinstellungsanspruch

Die Gegenansicht[367] leitet einen Anspruch auf *Wiedereinstellung* konsequent aus dem Beurteilungszeitpunkt[368] einer Kündigung her[369]: Ab ihrem Zugang sei sie wirksam und beende das Arbeitsverhältnis. Dementsprechend könne der Anspruch des Arbeitnehmers nur auf Wiedereinstellung gerichtet sein. Die Annahme eines Fortsetzungsanspruches widerspreche diesem allgemein anerkannten Beurteilungszeitpunkt einer Kündigung, da auf diese Weise doch der nachträgliche Wegfall des Kündigungsgrundes unmittelbar für ihre Wirksamkeit von Bedeutung wäre[370]. Zudem spreche der Sinn des auf § 242 BGB gestützten Anspruchs entscheidend dafür, nicht von einem Fortbestand des Arbeitsverhältnisses auszugehen. Der Anspruch diene dem Schutz des Arbeitnehmers; er soll gerade nicht gegen seinen Willen an dem gekündigten Arbeitsvertrag festgehalten werden, wenn er beispielsweise zwischenzeitlich ein neues Arbeitsverhältnis eingegangen ist[371]. Deshalb sei der Anspruch auf Wiedereinstellung im Sinne einer Neubegründung gerichtet[372], selbst wenn dieses neue Arbeitsverhältnis sich nahtlos an das gekündigte Arbeitsverhältnis anschließe[373].

c) Stellungnahme

Die letztgenannte Ansicht ist zutreffend: Die wirksame Kündigung führt zu einer Beendigung des Arbeitsverhältnisses. Soll diese Rechtsfolge später nicht eintreten, so bedarf es des Abschlusses eines neuen Arbeitsvertrages, auch wenn mit ihm lediglich die Fortsetzung des vorhergehenden Vertrages vereinbart werden soll. Das Erfordernis eines einheitlichen Beurteilungszeitpunktes aller Kündi-

---

366 Boewer, in: NZA 1999, S. 1177 (1181); v. Stein, in: RdA 1991, S. 85 (88); Zwanziger, in: BB 1997, S. 42 (45).

367 Annuß, in: BB 1998, S. 1582 (1587); Belling, in: RdA 1996, S. 223 (238); Boemke, Arbeitsvertrag- Arbeitsverhältnis X, AR- Blattei 220.19, Rn. 186; Caspers, Rn. 216; Honstetter, S. 169; Imping, in: MDR 1999, S. 125 (130); Kleinebrink, in: FA 1999, S. 138 (140); MünchKom/Schwerdtner, vor § 620 BGB, Rn. 403 (2. Auflage); Walker, Anm. zum BAG- Urt. v. 27.02. 1997- SAE 1998, S. 98 (107).

368 Vgl. § 1 II 2.

369 Preis/Steffan, in: DB 1998, S. 309 (312), wiederum zum Betriebsübergang.

370 Walker, Anm. zum BAG- Urt. v. 27.02. 1997- SAE 1998, S. 98 (107).

371 Kleinebrink, in: FA 1999, S. 138 (140).

372 So auch das BAG im Ergebnis, vgl. 2 AZR 160/96 (Fn.1) unter II 5 der Gründe: „In der Sache geht es darum, durch einen neuen Vertrag das aufgrund der Kündigung wirksam endende Arbeitsverhältnis für die Zeit nach Ablauf der Kündigungsfrist neu zu begründen, was die herkömmliche Bezeichnung als Wiedereinstellungsanspruch erscheinen lässt".

373 Walker, Anm. zum BAG- Urt. v. 27.02. 1997- SAE 1998, S. 98 (107).

gungsarten resultiert aus dem Gebot der Rechtssicherheit[374]. Dieses wäre durch eine nahtlose Fortsetzung des Arbeitsverhältnisses gefährdet, denn letztendlich würde dadurch doch wieder der Beurteilungszeitpunkt der Kündigung verschoben.

Daneben bietet die zwischenzeitliche Beendigung des Arbeitsverhältnisses Vorteile für beide Parteien. Auf der einen Seite ist der Arbeitgeber einem Anspruch auf Wiederbegründung des Arbeitsverhältnisses nur ausgesetzt, wenn der Arbeitnehmer diesen geltend macht. Bei einer automatischen Fortsetzung des Vertrages wäre er hingegen Verzugsansprüchen aus § 615 BGB[375] ausgesetzt, ohne womöglich von der Nichtbeendigung des Arbeitsverhältnisses zu wissen. Der Arbeitgeber kann sich also passiv verhalten, ohne Nachteilen ausgesetzt zu sein. Aber auch für den Arbeitnehmer wirkt sich die Annahme eines *Wiedereinstellung*sanspruches positiv aus: Er muss zwar aktiv werden, indem er seine Ansprüche geltend macht. Dadurch besteht für ihn jedoch eine Wahlmöglichkeit; er kann ein Arbeitsverhältnis zu alten Bedingungen[376] fordern oder es bei der Beendigung belassen.

Im Ergebnis richtet sich bei nachträglicher Widerlegung der Prognose der Anspruch des Arbeitnehmers auf *Wiedereinstellung*.

II. Anspruchsinhalt

Im Anschluss stellt sich die Frage nach dem Inhalt des Wiedereinstellungsanspruches: Worauf bezieht er sich und kann er ausnahmsweise nur beschränkt bestehen?

1. Grundsatz

Grundsätzlich ist der zunächst wirksam gekündigte Arbeitnehmer zu unveränderten Bedingungen wiedereinzustellen[377]; der neue Arbeitsvertrag knüpft inhaltlich an den alten Vertrag an. Wenn der alte Arbeitsplatz besetzt ist und sich der Wie-

---

374 Vgl. § 1 II 2.

375 Zu Ansprüchen zwischen der Beendigung des alten und Begründung des neuen Arbeitsverhältnisses, vgl. § 8.

376 Dazu im folgenden, vgl. § 6 II 1.

377 BAG, Urt. v. 13.11. 1997- 8 AZR 295/95- NZA 1998, S. 251 (252)= EzA § 613°a BGB Nr. 154 unter II 3 c aa der Gründe= ZIP 1998, S. 167 (168); BAG, Urt. v. 12.11.1998- 8 AZR 265/97- NJW 1999, S. 1132 (1133); Annuß, in: BB 1582 (1587); Beckschulze, in: DB 1998, S. 417 (419); Belling, in: RdA 1996, S. 223 (238); Boemke, Arbeitsvertrag- Arbeitsverhältnis X, AR- Blattei 220.19, Rn. 186; Boewer, in: NZA 1999, S. 1177 (1181); Bram/Rühl, in: NZA 1990, S. 753 (758); Caspers, D, Rn. 216; Honstetter, S. 179; Mathern, in: NJW 1996, S. 818 (820); Oetker, in: ZIP 2000, S. 643 (650); Otto, in: FS f. Kraft, S. 451 (453).

dereinstellungsanspruch des zuvor gekündigten Arbeitnehmers auf einen vergleichbaren Arbeitsplatz im Betrieb erstreckt[378], ergeben sich entsprechende Veränderungen im Vergleich zu den vormals geltenden Vertragsbedingungen.

2. Beschränkung des Anspruches

Eine Wiedereinstellung zu unveränderten Vertragsbedingungen ist dann problematisch, wenn der Kündigungsgrund lediglich vorübergehend wegfällt. Ein solcher Fall ist denkbar, wenn der Arbeitgeber nach einer betriebsbedingten Kündigung wegen Auftragmangels einen nur zeitlich begrenzten Auftrag erhält. Als weiteres Beispiel kann die Situation herangezogen werden, in der durch den Kauf einer Maschine Arbeitsplätze wegrationalisiert werden sollen, der Arbeitgeber dem Arbeitnehmer daraufhin kündigt und sich sodann die Anschaffung der Maschine um mehrere Monate verzögert. In beiden Beispielen besteht der Beschäftigungsbedarf wider der ursprünglichen Prognose für einen kurzen Zeitraum fort.

Hätte der Arbeitnehmer in diesen Fällen einen Anspruch auf Wiedereinstellung zu den bisherigen Vertragsbedingungen, dann hätte dies grds. den Abschluss eines unbefristeten Arbeitsvertrages zur Folge. Daraus ergibt sich die Frage, ob in den beschriebenen Situationen dem Arbeitnehmer nicht vielmehr nur ein Anspruch auf befristete Wiedereinstellung zusteht.

Die Befristung eines Arbeitsverhältnisses bedarf grds. (sowohl im Hinblick auf den Grund der Befristung als auch im Hinblick auf ihre Dauer) eines sachlichen Grundes[379]. In den Beispielsfällen besteht ein sachlicher Grund für eine Befristung[380]: Dieser ist in dem späteren Wegfall der Beschäftigungsmöglichkeit zu sehen; nach Ablauf des Auftrages, bzw. ab dem Einsatz der Maschinen, entfällt der Bedarf an einer bestimmten Arbeitskraft.

Dann muss auch eine nur befristete Wiedereinstellungspflicht des Arbeitgebers bestehen[381]: Der Grund für eine ordentliche Kündigung ist gerade nicht endgültig weggefallen, sondern lediglich zeitlich hinausgeschoben. Die Interessenwahrungspflicht – und damit die Wiedereinstellungspflicht - des Arbeitgebers kann dann nicht weiter reichen, als der Wegfall des Kündigungsgrundes[382]. Für den

---

378 Vgl. § 3 III 1 a.

379 MünchArbR/Wank, § 113, Rn. 47.

380 § 1 I BeschfG ist hier nicht anwendbar, eine zulässige Befristung ohne das Erfordernis des sachlichen Grundes scheidet damit aus. Da sich die Veränderung der Umstände, die zu einem Wiedereinstellungsanspruch führen, noch während des Laufs der Kündigungsfrist ergibt, liegt zwingend ein enger sachlicher Zusammenhang mit dem Arbeitsverhältnis i.S.v. § 1 III BeschfG vor.

381 Boewer, in: NZA 1999, S. 1121 (1132); KR/Etzel, § 1 KSchG, Rn. 569; Oetker, in: ZIP 2000, S. 643 (650); a.A. Raab, in: RdA 2000, S. 147 (154).

382 Oetker, in: ZIP 2000, S. 643 (650).

Arbeitgeber hat die befristete Wiedereinstellung zudem den Vorteil, einen bereits eingearbeiteten Arbeitnehmer auf einen Arbeitsplatz einzustellen, auf den sich für den kurzen Zeitraum regelmäßig keine Neueinstellung lohnt[383].

Bei einer nur zeitlich befristeten Weiterbeschäftigungsmöglichkeit kommt also auch nur ein befristeter – und damit ein eingeschränkter - Wiedereinstellungsanspruch in Betracht[384]. Folglich ist hier ausnahmsweise ein neuer Vertragsschluss möglich, der im Vergleich zu den alten Vertragsbedingungen einer (zeitlichen) Beschränkung unterliegt.

3. Rechte neben dem Wiedereinstellungsanspruch

Mit der Frage nach dem Inhalt des Wiedereinstellungsanspruches hängt die Überlegung zusammen, ob dem Arbeitnehmer durch die Unterbrechung des Arbeitsverhältnisses zwischen Kündigung und Wiedereinstellung Rechte verloren gehen, die auf der Dauer seiner bisherigen Betriebszugehörigkeit beruhen. Hier geht es beispielsweise um Anwartschaften auf Arbeitslosengeld[385] oder um Urlaubsansprüche, die der Arbeitnehmer bei Bestehen eines Arbeitsvertrages erworben hätte. Weiterhin wirft das zwischenzeitlich beendete Arbeitsverhältnis die Frage auf, ob dennoch für den Kündigungsschutz oder die betriebliche Altersversorgung frühere Betriebszugehörigkeitszeiten berücksichtigt werden können[386].

Der Wiedereinstellungsanspruch ermöglicht dem Arbeitnehmer, zu unveränderten Arbeitsbedingungen tätig zu werden. Daneben ergibt sich aus Sinn und Zweck des Wiedereinstellungsanspruches die Wahrung des Besitzstandes[387]. Der Status des Arbeitnehmers bleibt damit gewahrt[388]; Rechte, die auf der Dauer der bisherigen Betriebszugehörigkeit beruhen, werden entsprechend erhalten[389]. Damit ist der Arbeitnehmer umfassend geschützt: Der Umfang des Wiedereinstellungsan-

[383] Beckschulze, in: DB 1998, S. 417 (419).

[384] Beckschulze, in: DB 1998, S. 417 (419); KR/Etzel § 1 KSchG, Rn. 569; Oetker, in: ZIP 2000, S. 643 (650).

[385] Nach § 117 I Nr. 3 i.V.m. § 123 Nr. 1 SGB III entsteht ein Anspruch des Arbeitnehmers auf Arbeitslosengeld erst, wenn eine Anwartschaftszeit erfüllt ist. Dazu muss der Arbeitnehmer grds. zwölf Monate in einem Versicherungsverhältnis gestanden haben; ausführlicher dazu Brand, in: Niesel, SGB III, Rn. 2 ff.

[386] Ausführlicher dazu: Kaiser, in: ZfA 2000, S. 205 (233).

[387] BAG, Urt. v. 13.11. 1997- 8 AZR 295/95- NZA 1998, S. 251 (252)= EzA § 613a BGB Nr. 154 unter II 3 c bb der Gründe= ZIP 1998, S. 167 (167); Boewer, in: NZA 1999, S. 1177 (1181); tendenziell ebenso: Oetker, in: ZIP 2000, S. 1781 (1788).

[388] Belling, in: RdA 1996, S. 223 (238); Bram/Rühl, in: NZA 1990, S. 753 (757).

[389] BAG, Urt. v. 02.12.1999- 2 AZR 757/98- NZA 2000, S. 531 (533)= ZIP 2000, S. 676 (678); Raab, in: RdA 2000, S. 147 (158); Walker, Anm. zum BAG- Urt. v. 27.02. 1997- SAE 1998, S. 98 (107); a.A. Boemke, Arbeitsvertrag- Arbeitsverhältnis X, AR- Blattei 220.19, Rn. 186.

spruches entspricht seiner vorherigen Rechtsstellung; zudem bleibt ihm der Status mit allen bisher erworbenen Rechten erhalten.

III. Ergebnis zu § 6

Der Anspruch des Arbeitnehmers richtet sich auf Wiedereinstellung im Sinne einer Neubegründung des Arbeitsverhältnisses. Dieser Anspruch auf Wiedereinstellung lehnt sich inhaltlich an den alten Vertrag an. Unter besonderen Umständen ist auch eine Beschränkung des Anspruches auf eine befristete Wiedereinstellung möglich. Die Wiedereinstellung hat unter Wahrung des ursprünglichen Status zu erfolgen.

§ 7 Folgeprobleme des Wiedereinstellungsanspruches

Besteht ein Wiedereinstellungsanspruch, ergeben sich im Hinblick auf seine praktische Umsetzung verschiedene Probleme. Bei der Darstellung der folgenden Themenkomplexe wird die große Uneinigkeit deutlich, die gerade hinsichtlich der Durchführung eines Wiedereinstellungsanspruches herrscht.

I. Konkurrierende Wiedereinstellungsansprüche

Eine Besonderheit kann vor allem im Rahmen der betriebsbedingten Kündigung auftreten: Der Arbeitgeber kündigt mehreren Arbeitnehmern. Später tritt eine Änderung der betrieblichen Situation ein, durch die jedoch nur einzelne Arbeitsplätze wieder zu besetzen sind. Entsprechend kann nur ein Teil der Beschäftigten wiedereingestellt werden. Kann der Arbeitgeber nun über der Wahl der wiedereinzustellenden Arbeitnehmer frei entscheiden oder muss er rechtliche Vorgaben berücksichtigen?

Unstreitig soll im Rahmen der Wiedereinstellung die Auswahl der Arbeitnehmer bestimmten Beschränkungen unterworfen sein. Über die Frage nach dem Umfang dieser Einschränkung gehen die Ansichten jedoch weit auseinander. Dabei wird hauptsächlich um die analoge Anwendung des § 1 III KSchG gestritten. Nach dieser Vorschrift ist eine Kündigung sozial ungerechtfertigt, wenn der Arbeitgeber bei der Auswahl der zu kündigenden Arbeitnehmer soziale Gesichtspunkte außer acht gelassen hat: Der Arbeitgeber hat unter mehreren Arbeitnehmern denjenigen auszuwählen, der aus der Kündigung die geringsten Nachteile zu erwarten hat[390]. So soll im Fall des Arbeitsplatzverlustes im Verhältnis der Arbeitnehmer zueinander Gerechtigkeit erreicht werden[391]. Die vom Arbeitgeber zu beachtenden sozialen Gesichtspunkte[392] i.S.v. § 1 III KSchG sind insbesondere die Dauer der Betriebszugehörigkeit, Lebensalter und Unterhaltspflichten[393].

Fraglich ist, ob der Arbeitgeber diese Auswahlkriterien des Kündigungsschutzgesetzes auch in der Situation der Wiedereinstellung anwenden muss.

---

[390] Hueck/v. Hoyningen- Huene, § 1 KSchG, Rn. 432; Kittner/Däubler/Zwanziger- Kittner, § 1 KSchG, Rn. 419; MünchArbR/Berkowsky, § 139, Rn. 17.

[391] Löwisch, § 1 KSchG, Rn. 305.

[392] Kittner/Däubler/Zwanziger- Kittner, § 1 KSchG, Rn. 468; Löwisch, § 1 KSchG, Rn. 305.

[393] Diese Kriterien sind in der Fassung vom 01.10. 1996 noch namentlich in § 1 III KSchG aufgeführt. Seit dem 01.01. 1999 ist der Gesetzgeber zu der alten Rechtslage zurückgekehrt, in der bei § 1 III KSchG die sozialen Gesichtspunkte nicht mehr ausdrücklich normiert sind. Zu der Problematik der darausfolgenden Unbestimmtheit des § 1 III KSchG, vgl. Stahlhacke/Preis/Vossen, Rn. 667 b.

1. Sozialauswahl nach § 1 III KSchG verneint

Gegen eine Sozialauswahl nach § 1 III KSchG analog im Rahmen einer Wiedereinstellung wendet sich sowohl die Rechtssprechung[394] als auch ein Teil der Literatur[395]. Argumentiert wird vor allem mit dem Grundsatz der Vertragsfreiheit: Dieser habe Vorrang vor der Berücksichtigung sozialer Gesichtspunkte, da es bei der Wiedereinstellung um die Begründung und nicht um die Beendigung eines Arbeitsverhältnisses gehe[396]. Anstatt den Arbeitgeber nach einer durchgeführten Sozialauswahl im Rahmen einer Kündigung aus der vertraglichen Bindung zu befreien, werde durch die Anwendung des § 1 III KSchG in der Situation der Wiedereinstellung de facto ein zusätzliches Kündigungsschutzverfahren installiert[397]. Dies bedeute eine unzulässige Rechtsfortbildung[398], da § 1 III KSchG eine abschließende Regelung darstelle[399].

Allerdings besteht über die Frage, welche Auswahlkriterien stattdessen anzuwenden sind, ebenfalls Uneinigkeit[400].

---

394 BAG, Urt. v. 15.03.1984- 2 AZR 24/83- NZA 1984, S. 226 (227); BAG, Urt. v. 28.06.2000- 7 AZR 904/98- NZA 2000, S. 1097 (1101)= ZIP 2000, S. 1781 (1785); LAG Köln, Urt. v. 10.01.1989- 4/2 Sa 860/88- LAGE § 611 BGB Einstellungsanspruch Nr.1; ArbG Berlin, Urt. v. 31.03.1992- 68 Ca 11908/91- BB 1992, S. 1795.

395 Berkowsky (personen- u. verhaltensbed. Kündigung), § 34, Rn. 14; Boewer, in: NZA 1999, S. 1177 (1179); Bram/Rühl, in: NZA 1990, S. 753 (757); DLW/Dörner, D, Rn. 1214; Eich, Anm. zum BAG- Urt. v. 29.01. 1987- SAE 1988, S. 75 (80); Lück, S. 45; Meisel, in: KPK § 1, Rn. 493; Mummenhoff, Anm. zum BAG- Urt. v. 15.03. 1984- SAE 1985, S. 302 (307); MünchArbR/Berkowsky, § 134, Rn. 89; Oetker, in: ZIP 2000, S. 643 (651); Raab, in: RdA 2000, S. 147 (157); Senne, in: AuA 1992, S. 301 (303); Stein, in: RdA 1991, S. 85 (89); Wank, Anm. zum BAG- Urt. v. 24.03.1983- AP § 1 KSchG 1969 Nr. 2 Soziale Auswahl.

396 BAG, Urt. v. 15.03.1984- 2 AZR 24/83- NZA 1984, S. 226 (227); Berkowsky (personen- u. verhaltensbed. Kündigung), § 34, Rn. 14; Mummenhoff, Anm. zum BAG- Urt. v. 15.03.1984- SAE 1985, S. 302 (307); derselbe in: JUS 1987, S. 893 (896).

397 Raab, in: RdA 2000, S. 147 (157).

398 BAG, Urt. v. 15.03.1984- 2 AZR 24/83- NZA 1984, S. 226 (227); Eich, Anm. zum BAG- Urt. v. 29.01.1987- SAE 1988, S. 75 (80); v. Stein, in: RdA 1991, S. 85 (89); Wank Anm. zum BAG- Urt. v. 24.03.1983- AP zu § 1 KSchG 1969 Nr. 2 Soziale Auswahl; HK-KSchG/Weller/Dorndorf, 1 KSchG, Rn. 947.

399 Mummenhoff, Anm. zum BAG- Urt. v. 15.03.1984- SAE 1985, S. 302 (307), stellt bei seiner Argumentation gegen die Anwendung des KSchG auf den Entwurf zum Kündigungsschutzgesetz von 1951 ab.

400 Nach Raab, in: RdA 2000, S. 147 (157), soll die Auswahlentscheidung des Arbeitgebers *keinerlei Bindung* unterliegen: Jede Bindung der Auswahlentscheidung führe zu einer gerichtlichen Überprüfbarkeit. Wisse der Arbeitgeber erst nach rechtskräftigem Abschluss des Prozesses, ob seine Personalentscheidung Bestand hat; widerspreche dies der notwendigen Planungssicherheit.

a) Prioritätsprinzip oder Willkürkontrolle

Eine Ansicht will anstatt der Vorschrift des § 1 III KSchG das Prioritätsprinzip heranziehen[401]: Danach soll derjenige Arbeitnehmer einen Anspruch auf vorrangige Einstellung haben, der diesen zuerst gegenüber dem Arbeitgeber geltend macht. Folgt man dieser Ansicht, unterliegt das Vorgehen des Arbeitgebers nur einer Prüfung in zeitlicher Hinsicht.

Nach anderer Auffassung soll der Arbeitgeber dem Willkürverbot unterliegen[402]. Durch eine Willkürkontrolle wird dem Arbeitgeber zwar eine inhaltliche Beschränkung bei der Auswahl der wiedereinzustellenden Arbeitnehmer auferlegt, diese belässt ihm jedoch einen sehr weiten Spielraum.

b) Berücksichtigung sozialer Gesichtspunkte

Nach überwiegender Ansicht müssen die Grenzen einer Auswahl bei der Wiedereinstellung enger gezogen werden. Danach sind bei der Frage, welchem Arbeitnehmer die Stelle zusteht, soziale Gesichtspunkte zu berücksichtigen[403]. Die Begründung stützt sich vor allem auf die Entstehung der Wiedereinstellungspflicht des Arbeitgebers innerhalb der Kündigungsfrist und so im Rahmen eines bestehenden Arbeitsverhältnisses: Dem Arbeitgeber obliege eine Fürsorgepflicht, welche die Berücksichtigung sozialer Gesichtspunkte mit einschließe[404]. Außerdem betätige sich der Arbeitgeber bei der Wiedereinstellung gerade nicht innerhalb seiner Vertragsfreiheit, sondern erfülle ein sich aus Treu und Glauben ergebenes rechtliches Gebot. Dies erfordere die Anlehnung an sachlichen Kriterien bei der Auswahl mehrerer in Frage kommender Arbeitnehmer und damit die Berücksichtigung sozialer Gesichtspunkte[405].

In diese Richtung geht auch die Auffassung des Bundesarbeitsgerichtes[406]: Erst die Auswahlentscheidung des Arbeitgebers konkretisiere, welchem Arbeitnehmer

---

401 Caspers, D, Rn. 218; MünchArbR/Berkowsky, § 134, Rn. 92; derselbe in betriebsbedingte Kündigung, Rn. 16.

402 Mummenhoff, Anm. zum BAG- Urt. v. 15.03.1984- SAE 1985, S. 302 (307); derselbe, in: JUS 1987, S. 893 (896).

403 BAG, Urt. v. 04.12.1997- 2 AZR 140/97- AP Nr. 3 zu § 1 KSchG 1969 Wiedereinstellung= NZA 1998, S. 701 (70)= EzA § 1 KSchG Wiedereinstellungsanspruch Nr. 3 unter II 5 c der Gründe; LAG Köln, Urt. v. 10.01.1989- 4/2 Sa 860/88- LAGE § 611 Einstellungsanspruch Nr. 1; Bauer/Röder, S. 78; Berscheid, in: MDR 1998, S. 1129 (1131); Boewer, in: NZA 1999, S. 1177 (1179); Bram/Rühl, in: NZA 1990, S. 753 (757); DLW/Dörner, D, Rn. 1214; ErfK/Ascheid § 1 KSchG, Rn. 473; Linck, in: FA 2000, S. 334 (337); Oetker, in: ZIP 2000, S. 643 (651); v. Stein, in: RdA 1991, S. 85 (89).

404 LAG Köln, Urt. v. 10.01.1989- 4/2 Sa 860/88- LAGE § 611 Einstellungsanspruch Nr. 1.

405 Bram/Rühl, in: NZA 1990, S. 753 (757).

406 BAG, Urt. v. 04.12.1997- 2 AZR 140/97- AP Nr. 3 zu § 1 KSchG 1969 Wiedereinstellung= NZA 1998, S. 701 (704)= EzA § 1 KSchG Wiedereinstellungsanspruch Nr. 3 unter II 5 c der

ein Wiedereinstellungsanspruch zu versagen sei und welche der vom Arbeitgeber ausgesprochenen Kündigungen damit im Ergebnis zur Entlassung des betroffenen Arbeitnehmers führe. Deshalb dürfe eine Auswahlentscheidung nicht willkürlich erfolgen, sondern sei entsprechend der §§ 242, 315 I BGB nach billigem Ermessen zu treffen. Um nicht gegen Treu und Glauben zu verstoßen, sollen diese sozialen Belange ohne Vorrang der betrieblichen Interessen berücksichtigt werden. Während der 7. Senat[407] darüber hinaus eine analoge Anwendung des § 1 III KSchG in der Situation der Wiedereinstellung ausdrücklich ablehnt, ließ der 2. Senat[408] diese Frage offen[409].

2. Sozialauswahl nach § 1 III KSchG bejaht

Nach anderer Auffassung soll der Arbeitgeber in der Situation der Wiedereinstellung ausdrücklich zu einer Sozialauswahl nach § 1 III KSchG analog verpflichtet werden[410]. Die Festlegung auf die Kriterien des Kündigungsschutzgesetzes diene der Rechtssicherheit und Rechtsklarheit[411] und sei vorteilhaft, da eigene Kriterien für die soziale Auswahl nicht neu entwickelt werden müssten[412].

Gründe; BAG, Urt. v. 02.12.1999- 2 AZR 757/98- NZA 2000, S. 531 (533)= ZIP 2000, S. 676; BAG, Urt. v. 28.06.2000- 7 AZR 904/98- NZA 2000, S. 1097 (1101)= ZIP 2000, S. 1781 (1785); so auch schon von einem Instanzgericht begründet, vgl. LAG Köln, Urt. v. 10.01.1989- 4/2 Sa 860/88- LAGE § 611 Einstellungsanspruch Nr.1.

407 BAG, Urt. v. 28.06.2000- 7 AZR 904/98- NZA 2000, S. 1097 (1101)= ZIP 2000, S. 1781 (1785).

408 BAG, Urt. v. 04.12.1997- 2 AZR 140/97- AP Nr. 3 zu § 1 KSchG 1969 Wiedereinstellung= NZA 1998, S. 701 (704)= EzA § 1 KSchG Wiedereinstellungsanspruch Nr. 3 unter II 5 c der Gründe.

409 Damit zeichnet sich jedoch eher eine Tendenz des 2. Senates (Fn. 408) ab, eine Sozialauswahl nach § 1 III KSchG vorzunehmen: Vgl. dessen Hinweis, „*ob an der früheren Rechtsprechung überhaupt* und unter welchen Voraussetzungen *festgehalten werden soll*, könne hier offen bleiben". Diese Tendenz zeigt sich auch in den genutzte Formulierungen, der Arbeitgeber habe „wenn auf derartige Fälle nicht überhaupt § 1 III KSchG analog anzuwenden ist- *zumindest* eine Auswahlentscheidung nach §§ 242,315 BGB(...) vorzunehmen"; „*selbst wenn* § 1 III KSchG nicht entsprechend angewandt wird (...)".

410 Beckschulze, in: DB 1998, S. 417 (420); Boemke, Anm. zum BAG- Urt. v. 27.02.1997- WiB 1997, S. 874; Günzel, in: DB 2000, S. 1227 (1228); Hambitzer, Diss., S. 142; derselbe in: NJW 1985, S. 2239 (2240); Hergenröder, Anm. zum BAG- Urt. v. 04.12.1997- EzA § 1 KSchG Wiedereinstellungsanspruch Nr. 3; HK- KSchG/Weller/Dorndorf, § 1 KSchG, Rn. 947 (anders noch in der 1. Aufl.); KPK- Meisel, § 1 , Rn. 468 b; Linck, in: FA 2000, S. 334 (337); Meinel/Bauer, in: NZA 1999, S. 575 (579); MünchArbR/Buchner, § 40, Rn. 114 (anders noch in der 1. Aufl., § 37, Rn. 113); Nägele, in: BB 1998, S. 1686 (1689); Nicolai/Noack, in: ZfA 2000, S. 87 (108); KR/Etzel, § 1 KSchG, Rn. 569; Preis, Anm. zum LAG Köln- Urt. v. 10.01.1989- LAGE § 611 BGB Einstellungsanspruch Nr. 1 (Differenziert nach freiwilliger und Rechtspflicht zur Wiedereinstellung); Zwanziger, in: BB 1997, S. 42 (43).

411 Hergenröder, Anm. zum BAG- Urt. v. 04.12.1994- EzA § 1 KSchG Wiedereinstellungsanspruch Nr. 3.

412 Nicolai/Noack, in: ZfA 2000, S. 87 (108).

Zur Rechtfertigung der analogen Anwendung wird auf die vergleichbare Interessenlage bei Kündigung und Wiedereinstellung verwiesen[413]: In beiden Fällen gehe es darum, den sozialen Besitzstand des Arbeitnehmers zu sichern[414]. Wegen der Nähe zum Kündigungsschutzgesetz stelle die analoge Anwendung des § 1 III KSchG auch keine unzulässige Rechtsfortbildung dar, sondern die gleiche Behandlung vergleichbarer Sachverhalte[415].

Außerdem gehe auch die Begründung fehl, die ihre Ablehnung der Sozialauswahl nach dem Kündigungsschutzgesetz auf die Gefährdung der Vertragsfreiheit des Arbeitgebers stützt[416]. Schon durch die Wiedereinstellungspflicht unterliege der Arbeitgeber einem gerechtfertigten Kontrahierungszwang[417]: Er könne nicht mehr frei darüber entscheiden, ob er den Kandidaten vom freien Arbeitsmarkt oder den Arbeitnehmer einstellt, dem er zuvor gekündigt hat[418]. Der Arbeitgeber habe einen Vorteil durch die Möglichkeit der Prognosekündigung. Dann soll er jedoch nicht zusätzlich durch die Möglichkeit privilegiert werden, nur allgemeine Billigkeitserwägungen anstellen zu müssen, wenn sich die Prognose im nachhinein als falsch erweist. Ein solcher „doppelter Vorteil" sei mit dem Kündigungsschutz nicht zu vereinbaren[419]. Nach dieser Ansicht hat der Arbeitnehmer also eine Sozialauswahl nach dem Kündigungsschutzgesetz durchzuführen.

Uneinigkeit herrscht auch hinsichtlich der maßgeblichen Vergleichsgruppe: Einerseits sollen auch die ungekündigten Arbeitnehmer in die Auswahl mit einbezogen werden, da es ansonsten zu einer Privilegierung der Arbeitnehmer mit kürze-

---

413 Vgl. Meinel/Bauer, in: NZA 1999, S. 575 (579).

414 Boewer, in: NZA 1999, S. 1177 (1179); Hergenröder, Anm. zum BAG- Urt. v. 04.12.1997- EzA § 1 KSchG Wiedereinstellungsanspruch Nr. 3.

415 Boemke, Anm. zum BAG- Urt. v. 27.02.1997- WiB 1997, S. 847 („Verzahnung mit dem Kündigungsschutzrecht"); Hergenröder Anm. zum BAG- Urt. v. 04.12.1997- EzA § 1 KSchG Wiedereinstellungsanspruch Nr. 3; Meinel/Bauer, in: NZA 1999, S. 575 (579).

416 So im Ergebnis Hergenröder Anm. zum BAG- Urt. v. 04.12.1997- EzA § 1 KSchG Wiedereinstellungsanspruch Nr. 3.

417 Preis, Anm. zum LAG Köln- Urt. v. 10.01.1989- LAGE § 611 BGB Einstellungsanspruch Nr. 1, der nur bei einer Rechtspflicht zur Wiedereinstellung zu einer analogen Anwendung des § 1 III KSchG gelangt.

418 Meinel/Bauer, in: NZA 1999, S. 575 (579), ergänzende Begründung für die analoge Anwendung des § 1 III KSchG: Ein Wiedereinstellungsanspruch scheide aus, wenn der Arbeitgeber bei hypothetischem Fortbestand des Arbeitsverhältnisses erneut kündigen könnte (vg. § 5 II). Entfällt nun entgegen der ursprünglichen Prognose des Arbeitgebers nicht die Beschäftigungsmöglichkeit für alle Arbeitnehmer, sondern nur für einen Teil, so könnte der Arbeitgeber – unter Beachtung des § 1 III KSchG - bei hypothetischem Fortbestand des Arbeitsverhältnisses diesem Teil kündigen.

419 Hergenröder, Anm. zum BAG- Urt. v. 04.12.1997- EzA § 1 KSchG Wiedereinstellungsanspruch Nr. 3.

rer Kündigungsfrist komme[420]. Auf der anderen Seite wird dargelegt, nur die bereits Gekündigten seien die entscheidende Vergleichsgruppe[421]. Für den Arbeitgeber sei es unzumutbar, einem beschäftigten Arbeitnehmer zu kündigen, um dem Wiedereinstellungsanspruch eines anderen Arbeitnehmers zu genügen.

3. Stellungnahme

Zunächst ist zu entscheiden, ob der Arbeitgeber bei der Wahl der wiedereinzustellenden Arbeitnehmer überhaupt soziale Gesichtpunkte zu beachten hat. Dies ist unzweifelhaft der Fall; der Wiedereinstellungsanspruch dient der Korrektur der durch das Prognoseprinzip entstehenden Ergebnisse und damit dem Schutz des Arbeitnehmers. Seine Schutzwürdigkeit ist jedoch nicht nur bei der Entstehung des Wiedereinstellungsanspruches, sondern ebenso bei dessen Durchsetzung zu beachten. Die Auswahl des Arbeitgebers lediglich der Willkürkontrolle zu unterwerfen, würde diese Wertung unterlaufen. Ohne soziale Vorgaben lägen Missbrauchsmöglichkeiten auf der Hand: Der Arbeitgeber könnte die sozial stärkeren Arbeitnehmer vorrangig wiedereinstellen, ohne diesbezüglich einer Kontrolle unterworfen zu sein.

Zu überlegen ist jedoch weiterhin, ob sich diese Kontrolle sogar an § 1 III KSchG orientieren soll[422]. Ist eine analoge Anwendung dieser Vorschrift gerechtfertigt? Eine Analogie setzt eine (unbewusste) Regelungslücke und die Ähnlichkeit des ungeregelten mit dem gesetzlich erfassten Tatbestand voraus[423]. Schon der Wiedereinstellungsanspruch selbst ist nicht gesetzlich geregelt und damit eine Regelungslücke evident. Auch die Ähnlichkeit der Situationen Kündigung und Wie-

---

420 Günzel, in: DB 2000, S. 1227 (1228); Nicolai/Noack, in: ZfA 2000, S. 87 (108); Meinel/Bauer, in: NZA 1999, S. 575 (579) (diese argumentieren wiederum mit dem Erfordernis einer hypothetischen Prüfung der Kündigung: die bei der Kündigung vorzunehmende Auswahl nach § 1 III KSchG habe als Bezugspunkt ebenfalls die vergleichbare Gesamtbelegschaft und nicht nur die gekündigten Arbeitnehmer); offengelassen in BAG, Urt. v. 04.12.1997 - NZA 1998, S. 701 (705).

421 Boewer, in: NZA 1999, S. 1177 (1179); Hergenröder, Anm. zum BAG- Urt. v. 04.12.1997- EzA 3 zu § 1 KSchG Wiedereinstellungsanspruch Nr. 3; Linck, in: FA 2000, S. 334 (335).

422 Nach Beckschulze, in: DB 1998, S. 417 (420) und Boewer, in NZA 1999, S. 1177 (1179), kann diese Frage dahinstehen. Als Argument wird angeführt, vor dem Hintergrund des neuen § 1 III KSchG kämen die verschiedenen Meinungen letztlich zu dem gleichen Ergebnis. Nach § 1 III 2 KSchG seien solche Arbeitnehmer nicht in die soziale Auswahl einzubeziehen, deren Weiterbeschäftigung im berechtigten Interesse des Arbeitgebers liegt. Dies führe dazu, dass der Arbeitgeber unter den Arbeitnehmern, deren Kündigungsfrist noch nicht abgelaufen ist, denjenigen wiedereinstellen kann, der unter Berücksichtigung des § 1 III 2 KSchG am geeignetsten für die freigewordene Stelle ist. Bei der Überprüfung dieser Entscheidung sei dem Arbeitgeber ein großer Beurteilungsspielraum zuerkannt worden. Eine so verstandene Anwendung des §1 III KSchG würde den Grundsatz der Vertragsfreiheit angemessen berücksichtigen.

423 Larenz/Canaris, S. 202; Pawlowski, § 11, Rn. 476 ff.

dereinstellung ist zu bejahen. Zwar stellt die Wiedereinstellung formal betrachtet eine Einstellung dar, bei der keine Sozialauswahl vorzunehmen ist. Der Wiedereinstellungsanspruch kann aber nur innerhalb der Kündigungsfrist[424] und so im Rahmen eines bestehenden Arbeitsverhältnisses entstehen. In diesem Zeitraum verfolgt er noch das Ziel des Bestandsschutzes und damit den Zweck des Kündigungsschutzgesetzes. Deshalb ist der Arbeitgeber auch im Rahmen der Wiedereinstellung verpflichtet, unter den betroffenen Arbeitnehmern eine Auswahl nach § 1 III KSchG durchzuführen, um die Interessen der sozial schutzwürdigeren Arbeitnehmer zu wahren. Aber auch den Arbeitgeber trifft keinen Nachteil: Er muss seine Auswahlentscheidung nur unter den Arbeitnehmern treffen, die innerhalb des geänderten Unternehmerkonzepts gleichermaßen geeignet sind[425].

Der Arbeitgeber ist jedoch nicht verpflichtet, noch bzw. bereits wieder besetzte Arbeitsplätze in seine Auswahlentscheidung mit einzubeziehen. Wie bereits dargelegt[426], darf es durch den Wiedereinstellungsanspruch eines Arbeitnehmers nicht zu einer Kündigung noch Beschäftigter kommen. Nichts anderes wäre aber die Folge, wenn man die noch Beschäftigten mit in die Sozialauswahl einbezöge. Außerdem dient der Wiedereinstellungsanspruch nicht der nachträglichen Korrektur der bei der vorangegangenen betriebsbedingten Kündigung durchgeführten Sozialauswahl[427].

Der Arbeitgeber hat – wenn ihn eine Wiedereinstellungspflicht gegenüber mehreren Arbeitnehmern trifft – eine Sozialauswahl nach § 1 III KSchG analog durchzuführen[428].

II. Unterrichtungspflicht des Arbeitgebers

Der Wiedereinstellungsanspruch ist vom Arbeitnehmer geltend zu machen[429]. Voraussetzung dafür ist jedoch seine Kenntnis von den neuen Umständen. Damit

---

424 Vgl. § 4 III 1.

425 BAG, Urt. v. 04.12.1997- 2 AZR 140/97- AP Nr. 3 zu § 1 KSchG 1969 Wiedereinstellung= NZA 1998, S. 701 (704)= EzA § 1 KSchG Wiedereinstellungsanspruch Nr. 3 unter II 5 c der Gründe; Boewer, in: NZA 1999, S. 1171 (1179).

426 Vgl. § 5 I 3.

427 Linck, in: FA 2000, S. 334 (337).

428 Kommt der Arbeitgeber dieser Pflicht nicht nach, hat der benachteiligte Arbeitgeber weiterhin einen Wiedereinstellungsanspruch, bzw. – wenn der alte Arbeitsplatz mit einem sozial stärkeren Arbeitnehmer besetzt ist, einen Schadenersatzanspruch, vgl. § 8 I 1.

429 Belling, in: RdA 1996, S. 223 (239); Berkowsky (betriebsbed. Kündigung), Rn. 16; Boewer, in: NZA 1999, S. 1121 (1123); Bram/Rühl, in: NZA 1990, S. 753 (756); Otto, in: FS. F. Kraft, S. 451 (474); Raab, in: RdA 2000, S. 147 (156); Ziemann, in: MDR 2000, S. 716 (719).

stellt sich die Frage, ob der Arbeitgeber den Arbeitnehmer über den nachträglichen Wegfall des Kündigungsgrundes unterrichten muss.

Die Frage, ob den Arbeitnehmer seinerseits eine Unterrichtungspflicht trifft, wenn Kündigungsgründe, die aus seiner Sphäre stammen[430], wegfallen, wurde bereits erläutert und bejaht[431]. Problematisch sind jedoch die Fälle der betriebsbedingten Kündigung: Hier erfährt der Arbeitnehmer in der Regel nicht unmittelbar von der Widerlegung der Kündigungsgründe, da sie aus der Sphäre des Arbeitgebers stammen. Hier besteht für den Arbeitnehmer das Risiko, mangels Kenntnis von den neuen Umständen die Geltendmachung eines Wiedereinstellungsanspruches zu versäumen, obwohl ihm dieser Anspruch zusteht[432].

1. Unterrichtungspflicht verneint

Einerseits wird eine solche Unterrichtungspflicht des Arbeitgebers verneint[433]. Eine solche soll die Pflichten der ehemaligen Vertragspartner überspannen[434]. Das praktische Problem der Unwissenheit der ausgeschiedenen Arbeitnehmer hinsichtlich einer verbesserten Beschäftigungslage müsse hingenommen werden, da keine Rechtsgrundlage für eine Unterrichtungspflicht des Arbeitgebers bestehe[435].

2. Unterrichtungspflicht bejaht

Nach anderer Ansicht ist der Arbeitgeber verpflichtet, den Arbeitnehmer zu unterrichten, wenn sich die betrieblichen Umstände zu dessen Gunsten verändern[436]. Die Begründung ergibt sich entsprechend der Argumentation zur Mitteilungs-

---

430 Also vor allem im Rahmen einer krankheitsbedingten Kündigung.

431 Siehe unter „Voraussetzungen des Wiedereinstellungsanspruches", § 3 III 2.

432 Aus umgekehrter Sicht entfällt der Anspruch bereits aufgrund Nichtvorliegens der Tatbestandsvoraussetzungen: Wenn der Arbeitnehmer es versäumt, den Arbeitgeber von den aus seiner Sphäre stammenden Umständen zu unterrichten, scheidet mangels Kenntnis des Arbeitgebers ein Wiedereinstellungsanspruch aus. Das Risiko liegt also in jedem Fall bei dem Arbeitnehmer: Fehlt auf der einen oder der anderen Seite die Kenntnis von den veränderten Umständen, kann er sein Recht auf Wiedereinstellung nicht durchsetzen.

433 Bram/Rühl, in: NZA 1990, S. 753 (756); MünchArbR/Berkowsky, § 134, Rn. 88.

434 So Bram/Rühl, in: NZA 1990, S. 753 (756), die so zwar zu einer Ablehnung hinsichtlich einer Unterrichtungspflicht gelangen, aber eine „Informationsobliegenheit" bejahen, deren Verletzung dem Arbeitgeber die Berufung auf eine zwischenzeitlich erfolgte Stellenbesetzung verwehrt.

435 MünchArbR/Berkowsky, § 134, Rn. 88.

436 Boewer, in: NZA 1999, S. 1177 (1181); Gussen, Anm. zum BAG- Urt. v. 12.11.1989- AP Nr. 5 § 1 KSchG 1969 Wiedereinstellung, will dem Arbeitgeber eine „Handlungspflicht" auferlegen, um die Frist des § 4 KSchG auszulösen; Hambitzer, Diss., S. 150, Preis/Steffan, in: DB 1998, S. 309 (311); Raab, in: RdA 2000, S. 147 (156); nach dem Bundesarbeitsgericht, Urt. v. 28.06.2000- ZIP 2000, S. 1781 (1786) hängt die Unterrichtungspflicht des Arbeitgebers gemäß § 242 BGB von den Umständen des Einzelfalls ab.

pflicht des Arbeitnehmers[437]: Es hänge davon ab, aus welcher Risikosphäre der Wegfall des Kündigungsgrundes stamme. Dementsprechend sei bei betriebsbedingten Kündigungsgründen von einer Unterrichtungspflicht des Arbeitgebers auszugehen. Da der Arbeitgeber die unternehmerischen Dispositionen treffe, könne der Arbeitnehmer nicht mit der Informationsbeschaffung belastet werden. Nur wenn der Arbeitnehmer von den tatsächlichen Veränderungen gegenüber der prognostizierten Entwicklung in Kenntnis gesetzt werde, könne er seinen Anspruch auf Vertragsfortsetzung auch realisieren[438].

Aus welcher Rechtsgrundlage soll die Unterrichtungspflicht resultieren? Ein Vorschlag lautet: Durch den Eintritt in die auf Neubegründung des Arbeitsverhältnisses gerichteten Vertragsverhandlungen entstehe ein Rechtsverhältnis, aus dem wiederum die Unterrichtungspflicht des Arbeitgebers resultiere[439]. Nach anderer Auffassung soll sich die dogmatische Grundlage der Mitteilungspflicht entsprechend der Grundlage des Wiedereinstellungsanspruches allgemein aus der nachwirkenden Fürsorgepflicht oder dem nachwirkenden Treu- und Glauben- Prinzip gemäß § 242 BGB herleiten[440].

Eine Unterrichtungspflicht sei jedoch auch nach dieser Auffassung zu verneinen, wenn ein etwaiger Wiedereinstellungsanspruch des Arbeitnehmers von vornherein scheitert, beispielsweise weil der Arbeitgeber vor Eintritt der tatsächlichen Veränderungen gutgläubig über den Arbeitsplatz disponiert hat oder die veränderten Umstände erst nach Ablauf der Kündigungsfrist eingetreten sind[441]. Zum Teil wird auch aus praktischen Gründen eine grds. bestehende Unterrichtungspflicht abgelehnt, wenn die Grenze der Zumutbarkeit überschritten ist. Es sei beispielsweise dem Arbeitgeber nicht zuzumuten, die Adresse seines ehemaligen Arbeitnehmers, der inzwischen verzogen ist, zu ermitteln, um ihn von den neuen Umständen zu informieren[442].

3. Stellungnahme

Die Frage, ob dem Arbeitgeber eine Unterrichtungspflicht auferlegt werden kann, ist zu bejahen[443]. Die Argumentation fällt ähnlich aus wie bei der Frage nach der

---

437 Vgl. § 3 III 2.

438 Boewer, in: NZA 1999, S. 1177 (1181).

439 Boewer, in: NZA 1999, S. 1177 (1180)

440 Hambitzer, Diss., S. 150.

441 Boewer, in: NZA 1999, S. 1177 (1181) und Kleinebrink, in: FA 1999, S. 138 (141), machen davon jedoch wiederum eine Ausnahme, wenn es sich um die Sondersituation des Betriebsüberganges handelt. Dann soll der Betriebsübernehmer auch nach Beendigung des Arbeitsverhältnisses gehalten sein, die Arbeitnehmer von der veränderten Sachlage zu unterrichten.

442 Hambitzer, Diss., S. 150.

443 Und zwar im Rahmen eines Betriebsüberganges auch gegenüber den Arbeitnehmern, die der Erwerber nicht übernehmen will, vgl. Kleinebrink, in: FA 1999, S. 138 (141); Preis/Steffan,

Sozialauswahl: Der Wiedereinstellungsanspruch entsteht nur innerhalb der Kündigungsfrist. Während dieses Zeitraums besteht jedoch auch keine Schwierigkeit für den Arbeitgeber, die einzelnen Arbeitnehmer zu benachrichtigen, da diese in der Regel noch in dem Betrieb arbeiten; dann besteht auch nicht die Gefahr, dem Arbeitgeber einseitige und schwer durchführbare Pflichten aufzuerlegen. Schließlich hätte ein Wiedereinstellungsanspruch wenig Sinn, wenn der Arbeitgeber nicht von veränderten betrieblichen Umständen berichten müsste: So läge es letztlich in seiner Hand, ob der Wiedereinstellungsanspruch geltend gemacht wird. Dies würde im Ergebnis den Schutz des Arbeitnehmers aushöhlen.

Aber auch die Rechtsgrundlage einer solchen Unterrichtungspflicht bereitet keine Schwierigkeiten. Der Wiedereinstellungsanspruch stützt sich grundsätzlich auf § 242 BGB[444]. Da die Unterrichtungspflicht der praktischen Durchsetzung eines bestehenden Wiedereinstellungsanspruches dient, ist die Pflicht ebenfalls aus § 242 BGB herzuleiten.

Der Arbeitgeber muss den Arbeitnehmer unterrichten, wenn sich innerhalb der Kündigungsfrist neue Umstände ergeben, die einen Wiedereinstellungsanspruch begründen[445].

III. Beteiligung des Betriebsrates nach § 99 BetrVG

Eine weitere Frage hinsichtlich der Durchführung eines Wiedereinstellungsanspruches ergibt sich in betriebsverfassungsrechtlicher Hinsicht: Muss der Betriebsrat[446] nach § 99 I BetrVG der Wiedereinstellung des ehemaligen Arbeitnehmers zustimmen?

Ein solches Mitwirkungsrecht käme nur dann in Betracht, wenn die Wiedereinstellung begrifflich unter die Einstellung i.S.v. § 99 BetrVG zu fassen ist. Unter Einstellung ist sowohl die Begründung eines Arbeitsverhältnisses, als auch die damit zusammenhängende tatsächliche Arbeitsaufnahme an einem bestimmten Arbeitsplatz zu verstehen[447]. Durch sie werden Personen in den Betrieb eingeglie-

---

in: DB 1998, S. 309 (311).

444 Vgl. § 2 I 2 b und § 2 I 3.

445 Zu der Frage, welche Ansprüche dem Arbeitnehmer zustehen, wenn der Arbeitgeber seine Unterrichtungspflicht verletzt, vgl. nachfolgend § 8.

446 Soweit ein solcher existiert, vgl. § 1 BetrVG.

447 So die überwiegende Ansicht, vgl. nur Däubler/Kittner/Klebe- Kittner, § 99 BetrVG, Rn. 37; GK-BetrVG- Kraft, § 99 BetrVG, Rn. 20; Fitting/Kaiser/Heither/Engels, § 99 BetrVG, Rn. 28. Das BAG ist jedoch in ständiger Rechtsprechung von dem Erfordernis einer Begründung eines Arbeitsverhältnisses abgerückt, vgl. BAG, Beschl. v. 27.02.1993- 1 ABR /93- BB 1993, S. 2233 (2234); BAG, Beschl. v. 05.03.1991- 1 ABR 39/90- DB 1991, S. 1334; BAG,

dert, um zusammen mit den im Betrieb bereits beschäftigten Arbeitnehmern den arbeitstechnischen Zweck des Betriebes durch weisungsgebundene Tätigkeit zu verrichten[448]. Allein anhand dieser Definition dürfte es jedoch schwierig sein, die Frage zu beantworten, ob die Wiedereinstellung mit der Einstellung im Sinne des BetrVG gleichzustellen ist.

Deshalb könnte ein Vergleich der Wiedereinstellungssituation mit anderen Fällen von Nutzen sein, in denen eine Anwendung des § 99 BetrVG diskutiert wird. Zunächst ist die Situation der Rücknahme einer Kündigung zu nennen. Hier wird das Vorliegen einer Einstellung i.S.v. § 99 BetrVG abgelehnt[449]. In diesem Fall liege weder ein neuer Vertragsschluss noch eine erneute Eingliederung vor; entsprechend scheide eine Erneuerung des Arbeitsverhältnisses und somit eine Beteiligung des Betriebsrates aus. Ein anderer mit der Wiedereinstellungssituation vergleichbarer Sachverhalt ist die Verlängerung befristeter Arbeitsverträge: Hier wird das Zustimmungserfordernis mit der Begründung bejaht, die Zustimmung beziehe sich immer nur auf das jeweilige befristete Arbeitsverhältnis[450]. Eine letzte Parallele könnte sich außerdem zu Vorschriften § 78 a BetrVG und § 613a BGB ergeben, bei denen ebenfalls eine Rechtspflicht des Arbeitgebers zur Begründung eines Arbeitsverhältnisses besteht. Nach überwiegender Ansicht ist hier mangels Gestaltungsspielraum des Arbeitgebers § 99 BetrVG nicht einschlägig[451].

Diese verschiedenen Situationen, aber auch weitere Argumente werden in dem Streit darüber herangezogen, ob die Wiedereinstellung eine Einstellung i.S.d. § 99 BetrVG darstellt.

Beschl. v. 18.04.1989- 1 ABR 97/7- NZA 1989, S. 804 (805).

448 Däubler/Kittner/Klebe- Kittner, § 99 BetrVG, Rn. 37; Hess/Schlochauer/Glaubitz-Schlochauer, § 99, Rn. 17.

449 GK BetrVG/Kraft, § 99 BetrVG, Rn. 32; MünchArbR/Matthes, § 352, Rn. 21.

450 So die überwiegende Ansicht, vgl. nur BAG, Urt. v. 07.08.1990- AP Nr. 82 zu § 99 BetrVG 1972; GK- BetrVG/Kraft § 99 Rn. 25; Richardi, § 99 BetrVG, Rn. 34: Zwar bestehe hier bereits ein Arbeitsvertrag und der Arbeitnehmer sei auch in den Betrieb eingegliedert. Der Betriebsrat könne sich aber zur Zeit der Einstellung nur zur befristeten Einstellung äußern. Aufgrund der Zwecksetzung des § 99 BetrVG sei deshalb eine erneute Zustimmung erforderlich; a.A. beispielsweise Hess/Schlochauer/Glaubitz, § 99 BetrVG, Rn. 23.

451 BAG, Beschl. v. 07.11.1975- 1 ABR- 78/74- AP Nr. 3 zu § 99 BetrVG 1972 (bezogen auf eine Situation des § 613 a BGB); GK- BetrVG/Kraft, § 99 BetrVG, Rn. 31, Argument: Wo der Arbeitgeber nichts zu bestimmen habe, komme auch eine Mitbestimmung des Betriebsrates nicht in Frage.

1. Wiedereinstellung stellt Einstellung dar

Zum Teil wird die Wiedereinstellung stets als eine Einstellung im Sinne von § 99 BetrVG erachtet und entsprechend eine Beteiligung des Betriebsrates befürwortet[452].

Diese Ansicht weist zum einen allgemein auf die Situation der Wiedereinstellung hin: Hier sei das Arbeitsverhältnis beendet worden. Folglich liege mit der Wiedereinstellung ein neuer Vertrag und so auch eine neue Eingliederung entsprechend der Situation des § 99 BetrVG vor[453]. Deshalb soll auch der bereits in der Einführung in Erwägung gezogene Vergleich mit dem Sachverhalt einer zurückgenommenen Kündigung nicht möglich sein[454]. Maßgeblich für diese Fallbeurteilung sei die Nichtbeendigung des Arbeitsverhältnisses und entsprechend dessen unveränderte Fortsetzung. Anders stelle sich aber der Fall des Wiedereinstellungsanspruches dar: Die vorausgegangene Kündigung beende das Arbeitsverhältnis und mache seine unveränderte Fortsetzung deshalb unmöglich[455].

Außerdem gehe die Ansicht fehl, ein Mitbestimmungsrecht komme zumindest dann nicht in Betracht, wenn den Arbeitgeber eine Pflicht zur Wiedereinstellung treffe (und zudem keine Auswahl zwischen mehreren Arbeitnehmern zu erfolgen habe)[456]. Statt dessen sei der Fall umgekehrt zu beurteilen: Bei berechtigter Zustimmungsverweigerung des Betriebsrates entfalle die Pflicht zur Wiedereinstellung, bzw. entstehe ein Kündigungsrecht des Arbeitgebers[457].

2. Wiedereinstellung stellt grds. keine Einstellung dar

Nach anderer Ansicht stellt die Wiedereinstellung eines Arbeitnehmers keinen mitbestimmungspflichtigen Tatbestand dar[458]. Allerdings wird von den Vertretern dieser Ansicht überwiegend differenziert: Wenn dem Arbeitgeber in sachlicher[459]

452 Bram/Rühl, NZA 1990, S. 753 (758); Nägele, in: BB 1998, S. 1686 (1689); wohl auch Nicolai/Noack, in: ZfA 2000, S. 87 (109); Ziemann, in: MDR 1999, S. 716 (720).

453 Nägele, in: BB 1998, S. 1686 (1689).

454 Beckschulze, in: DB 1998, S. 417 (421); Nägele, in: BB 1998, S. 1686 (1689).

455 Nägele, in: BB 1998, S. 1686 (1689).

456 So aber Boewer, in: NZA 1999 S. 1177 (1181); Langer, in: NZA Beil. 3/1991, S. 23 (29); Oetker, in: ZIP 2000, S. 643 (652).

457 Bram/Rühl, in: NZA 1990, S. 753 (758).

458 Beckschulze, in DB 1998, S. 417 (420 f); Boewer, in: NZA 1999, S. 1177 (1181); Boudon, Anm. zum BAG- Urt. v. 06.08.1997 EWiR § 1 KSchG 1/98; GK/Kraft, § 99 Rn. 31 (bezogen auf die Situation nach lösender Aussperrung), Rn.34; Herschel, in: BlStSozArbR 1977, S. 113 (116); Hess/Schlochauer/Glaubitz, § 99, Rn. 24 (in der Situation der lösenden Aussperrung); Kleinebrink, in: FA 1999, S. 138 (140); KPK- Meisel, § 1 , Rn. 468; Langer, in: NZA Beil. 3/91, S. 23 (29); Oetker, in ZIP 2000, S. 643 (652); Richardi, BetrVG § 99, Rn. 42; v. Stein, Diss. 1989, S. 183 f.

459 Betrifft die „Ausdehnung“ des Wiedereinstellungsanspruches auf einen anderen Arbeitsplatz,

oder personeller[460] Hinsicht ein Gestaltungsspielraum bei der Wiedereinstellung zukommt, sei ausnahmsweise eine Mitwirkung des Betriebsrates nach § 99 BetrVG erforderlich.

a) Grundsatz: Keine Einstellung

Grundsätzlich soll nach dieser Auffassung also die Wiedereinstellung keine Einstellung im Sinne des § 99 BetrVG darstellen. Als Hauptargument wird auf die rechtliche Verpflichtung[461] hingewiesen, aufgrund derer die Wiedereinstellung erfolgt. Diese Lage sei vergleichbar mit der Situation, in der ein Gesetz die Entstehung oder Fortsetzung des Arbeitsverhältnisses vorschreibt[462] und in der eine Beteiligung des Betriebsrates abgelehnt wird[463]. Entsprechendes müsse auch für die vom Arbeitnehmer erzwungene Wiedereinstellung gelten[464]: Da der Arbeitgeber im Falle des Wiedereinstellungsanspruches einem Kontrahierungszwang unterliege, könne er der tatsächlichen Eingliederung des Arbeitnehmers praktisch nicht ausweichen. Dann fehle es jedoch bereits an einem Bestimmungsrecht des Arbeitgebers, an dem der Betriebsrat in der durch § 99 II BetrVG vorgesehenen Weise partizipieren kann[465].

Die Nichtanwendbarkeit des § 99 BetrVG soll sich auch aus der Zielsetzung dieser Norm ergeben. Danach liege eine Einstellung nur dann vor, wenn die Arbeitnehmer in den Betrieb eingegliedert werden. Diejenigen Arbeitnehmer denen ein Wiedereinstellungsanspruch zusteht, seien jedoch bereits in den Betrieb eingegliedert, da der Wiedereinstellungsanspruch nur während des Laufs der Kündigungsfrist entstehen könne. Eine Beteiligung des Betriebsrates komme daher dann nicht in Betracht, wenn der Arbeitnehmer an „seinem" Arbeitsplatz weiterbeschäftigt wird[466], hier sei der Schutzzweck des § 99 BetrVG nicht betroffen. Hier eine Beteiligung des Betriebsrates anzunehmen stelle deshalb eine reine Formalität ohne Sinngehalt dar[467].

---

dazu § 3 III 1 a.

460 Er hat also eine Sozialauswahl vorzunehmen, dazu § 7 I.

461 Langer, in: NZA Beil. 3/1991, S. 23 (29); Richardi, BetrVG § 99, Rn. 42 (als weiteres Beispiel einer rechtlichen Verpflichtung zur Einstellung wird die Situation angeführt, in der ein Arbeitnehmer nach Obsiegen im Kündigungsschutzstreit seine Arbeit wiederaufnimmt oder der Fall, in dem der Arbeitnehmer aufgrund einer Weiterbeschäftigung nach § 102 V BetrVG oder des richterrechtlich anerkannten Weiterbeschäftigungsanspruchs tätig wird).

462 Wobei als Hauptbeispiel die Weiterbeschäftigung von Jugend- und Auszubildendenvertretern nach § 78 a BetrVG dient. Weiteres Beispiel einer gesetzlich festgeschriebenen Verpflichtung zur Übernahme von Arbeitsverträgen stellt § 613 a BGB dar.

463 Vgl. oben, § 7 III.

464 Boewer, in: NZA 1999, S. 1177 (1181); Oetker, in: ZIP 2000, S. 643 (652).

465 Boewer, in: NZA 1999, S. 1177 (1181); Kleinebrink, in: FA 1999, S. 138 (140); v. Stein, Diss. 1989, S. 183 f.

466 Beckschulze, in: DB 1998, S. 417 (421).

467 Herschel, in: BlStSozArbR 1977, S. 113 (116).

Auch ein schon mehrfach erwähnter Aspekt soll dafür sprechen, die Wiedereinstellung nicht als Einstellung i.S.v. § 99 BetrVG zu betrachten: die Nähe zum Kündigungsschutzgesetz. Der Wiedereinstellungsanspruch sichere tendenziell den in § 1 KSchG geregelten Bestandschutz. Deshalb liege ein der Feststellung der Unwirksamkeit einer Kündigung vergleichbarer Sachverhalt vor, bei dem die tatsächliche Beschäftigung im Betrieb lediglich unterbrochen wurde und bei dem der § 99 BetrVG unanwendbar sei[468].

Zudem sei die Situation mit derjenigen vergleichbar, in der eine Kündigung zurückgenommen wird. Für diesen Fall sei die Ablehnung einer Einstellung i.S.v. § 99 BetrVG anerkannt, wenn die Beschäftigung ohne Unterbrechung fortgesetzt wird[469]. Dies sei auch beim Wiedereinstellungsanspruch in der Regel der Fall[470]. Kaum ein Unterschied ergebe sich deshalb daraus, ob der Arbeitnehmer durch Rücknahme der Kündigung oder durch Abschluss eines neuen Arbeitsvertrages weiterhin auf seinem Arbeitsplatz beschäftigt wird. Entsprechend soll es von der Systematik her geboten sein, beide Fälle hinsichtlich der Beteiligung des Betriebsrates gleich zu behandeln[471].

Hingegen nicht möglich sei die Parallele der Rechtsprechung zu dem Fall einer Verlängerung befristeter Verträge, für den das Zustimmungserfordernis des Betriebsrates bejaht wird. Grund sei der bereits angesprochene fehlende Entscheidungsspielraum des Arbeitgebers: Bei der Verlängerung befristeter Verträge handele es sich um eine vom freien Willen des Arbeitgebers getragene Vertragsverlängerung. Eine vergleichbare Situation läge bei der Wiedereinstellung allenfalls vor, wenn sich der Arbeitgeber freiwillig durch eine Zusage gebunden hat. Sei der Arbeitgeber jedoch zur Wiedereinstellung verpflichtet, so fehle der von § 99 I BetrVG teleologisch vorausgesetzte Entscheidungsspielraum und die Beteiligung des Betriebsrates gehe ins Leere[472].

b) Ausnahme: Gestaltungsspielraum des Arbeitgebers

Die Situation soll sich jedoch nach dem überwiegenden Teil dieser Ansicht[473] anders darstellen, wenn ein Gestaltungsspielraum des Arbeitgebers vorliegt: Hier seien die im Betriebsverfassungsgesetz geschützten Belange der Beschäftigten möglicherweise betroffen und deshalb eine Kontrolle durch den Betriebsrat sinn-

---

468 Boewer, in: NZA 1999, S. 1177 (1181).

469 Vgl. oben, § 7 III.

470 Beckschulze, in: DB 1998, S. 417 (420 f); Boudon, Anm. zum BAG- Urt. v. 06.08.1997- EWiR § 1 KSchG 1/98, S. 323 (324).

471 V. Stein, Diss., S. 183 f.

472 Oetker, in: ZIP 2000, S. 643 (652).

473 Beckschulze, in: DB 1998, S. 417 (420f); Boewer, in: NZA 1999, S. 1177 (1181); KPK-Meisel, § 1, Rn. 468; Langer, in: NZA Beil. 3/91, S. 23 (29); v. Stein, Diss. 1989, S. 183 f.

voll. Ein Spielraum des Arbeitgebers liege zum einen vor, wenn er nicht zur Wiedereinstellung aller gekündigten Arbeitnehmer in der Lage ist und daher eine Auswahlentscheidung nach sozialen Gesichtspunkten zu treffen hat[474]. Hier biete sich eine Parallele zu § 102 III Nr. 1 BetrVG an, wonach der Betriebsrat bei einer beabsichtigten ordentlichen Kündigung des Arbeitgebers aus betriebsbedingten Gründen widersprechen darf, wenn der Arbeitgeber soziale Gesichtspunkte nicht oder nicht ausreichend berücksichtigt hat[475].

Ebenfalls verbleibe dem Arbeitnehmer ein Gestaltungsraum, wenn die Wiedereinstellung auf einem anderen als dem ursprünglichen Arbeitsplatz erfolgen soll. Eine solche Situation liege beispielsweise vor, wenn der alte Arbeitsplatz des Arbeitnehmers schon besetzt, aber ein anderer vergleichbarer[476] Arbeitsplatz zur Verfügung steht. Darin könne eine Versetzung und ggf. auch eine Umgruppierung liegen[477] und die Belange der Beschäftigten seien möglicherweise betroffen. Entsprechend müsse auch in diesen Fällen ein Beteiligungsrecht des Betriebsrates bejaht werden[478].

3. Stellungnahme

Der letztgenannten Ansicht ist zuzustimmen. Sowohl der Zweck des Betriebsverfassungsgesetzes als auch die Situation einer Wiedereinstellungs*pflicht* führen zu dem Ergebnis: Der Betriebsrat ist im Rahmen einer Wiedereinstellung nicht zu beteiligen.

Grundgedanke des Betriebsverfassungsgesetzes ist es, den Arbeitnehmern in den betrieblichen Entscheidungen Mitwirkungsbefugnisse zu gewähren, wodurch ihre Abhängigkeit abgeschwächt und die absolute Herrschaft des Arbeitgebers eingeschränkt werden soll[479]. Bei bestehender Wiedereinstellungs*pflicht* kann jedoch weder der Arbeitgeber in seiner Herrschaft eingeschränkt, noch können den Arbeitnehmern zusätzliche Mitbestimmungsrechte zugesprochen werden. Das Ziel des BetrVG ist also in dieser Situation nicht zu verwirklichen. Die Nichtanwendbarkeit von § 99 BetrVG ergibt sich jedoch wiederum vor allem aus folgendem Aspekt: Der Wiedereinstellungsanspruch kann nur bis zum Ablauf der Kündigungsfrist entstehen. Bis zu diesem Zeitpunkt wird der Arbeitnehmer in der Regel noch im Betrieb beschäftigt sein. Soll in dieser Situation der Arbeitgeber tatsäch-

---

474 Zu diesem Gesichtspunkt, vgl. Boewer, in: NZA 1999, S. 1177 (1182); Langer, in: NZA Beil. 3/1991, S. 23 (29); Richardi, § 99 BetrVG, Rn. 43.

475 Boewer, in: NZA 1999, S. 1177 (1182).

476 Zu den Anforderungen an die Vergleichbarkeit eines Arbeitsplatzes, vgl. § 3 III 1 a.

477 KPK- Meisel, § 1 , Rn. 468.

478 Beckschulze, in: DB 1998, S. 417 (421); Boewer, in: NZA 1999, S. 1177 (1182); Langer, in: NZA Beil. 3/1991, S. 23 (29); Richardi, § 99 BetrVG, Rn. 43; v. Stein, Diss., S. 183f.

479 GK- BetrVG/Wiese, Einl., Rn. 49; v. Hoyningen- Huene, BetrVR, § 1, S. 6.

lich die Zustimmung des Betriebsrates einholen müssen, ob der Arbeitnehmer der eventuell schon viele Jahre in den Betrieb und die Belegschaft integriert war – in den Betriebsablauf eingegliedert werden kann? Dies ist zu verneinen; die Wiedereinstellung soll nicht auf betrieblicher Ebene noch weiteren Hürden unterworfen werden.

Dies betrifft jedoch nur die Situation, in der durch eine Wiedereinstellung dieselbe Sachlage wie vor der Kündigung entsteht. Anders müssen die Fälle beurteilt werden, in denen durch die Wiedereinstellung ein Zustand erreicht wird, der von der vorherigen Situation abweicht. Wie schon dargelegt, kann dies zum einen der Fall sein, wenn nicht alle gekündigten Arbeitnehmer wiedereingestellt werden können, nach der Wiedereinstellung also weniger Arbeitnehmer in dem Betrieb beschäftigt sind als vorher. Hier kann das BetrVG seinen Sinn entfalten: Außerhalb der gerichtlichen Ebene kann der Betriebsrat eingreifen und beobachten, ob die sozialen Gesichtspunkte vom Arbeitgeber ausreichend berücksichtigt wurden. Im Fall der unzureichenden Auswahl könnte der Betriebsrat nach § 99 II Nr. 3 BetrVG seine Zustimmung verweigern und damit die sozial schwächeren Arbeitnehmer schützen. Damit wäre die auch bei der Wiedereinstellung vorzunehmende Sozialauswahl[480] nach § 1 III KSchG praktisch durchgesetzt. In gleicher Weise ist zu entscheiden, wenn der Arbeitnehmer nicht auf dem selben Arbeitsplatz weiterbeschäftigt werden soll; auch dieses Vorgehen des Arbeitgebers bedarf der Kontrolle durch den Betriebsrat. Hier ist eine Verweigerung der Zustimmung nach § 99 II Nr. 2 i.V.m. § 95 I, III BetrVG[481] möglich[482]. Der Arbeitgeber hat dann die Möglichkeit, mit einer vorläufigen Einstellung nach § 100 I BetrVG zu reagieren und ein Zustimmungsersetzungsverfahren gegen den Betriebsrat (§ 99 IV BetrVG) durchzuführen.

Eine Zustimmung des Betriebsrates ist bei der Wiedereinstellung also grds. nicht erforderlich. Als Ausnahme davon sind die Fälle zu sehen, in denen ein Gestaltungsspielraum des Arbeitgebers vorliegt.

---

480 Vgl. § 7 I.

481 Die Situation der Wiedereinstellung auf einen vergleichbaren Arbeitsplatz kann unter den betriebsverfassungsrechtlichen Versetzungsbegriff (vgl. § 95 III BetrVG) gefasst werden, denn eine Versetzung kann auch dann vorliegen, wenn ein neuer Arbeitsplatz von den Anforderungen gleichwertig ist, ausführlich dazu Hess/Schlochauer/Glaubitz- Schlochauer, § 99 BetrVG, Rn. 43.

482 Bei einer Versetzung kann der Betriebsrat die Zustimmung mit der Begründung verweigern, der Arbeitgeber habe soziale Auswahlkriterien nicht berücksichtigt, wenn mehrere vergleichbare Arbeitsplätze wegfallen und lediglich ein Teil der betroffenen Arbeitnehmer versetzt werden kann.

IV. Ergebnis zu § 7

Der Arbeitgeber hat in der Situation der Wiedereinstellung eine Sozialauswahl nach § 1 III KSchG analog durchzuführen, wenn mehreren Arbeitnehmern ein Wiedereinstellungsanspruch zusteht, aber nur ein Teil von ihnen wiedereingestellt werden kann. Weiterhin trifft den Arbeitgeber gegenüber dem Arbeitnehmer eine Unterrichtungspflicht über die neuen betriebsbedingten Umstände. Die Zustimmung des Betriebsrates zur Wiedereinstellung des ehemaligen Arbeitnehmers ist grds. nicht erforderlich.

Steht dem Arbeitnehmer ein Schadenersatzanspruch zu, wenn die Wiedereinstellung scheitert? Zu diesem Problemkreis musste die Rechtsprechung bisher noch keine Stellung nehmen. Die tendenzielle Ausweitung des Wiedereinstellungsanspruches wird jedoch langfristig auch eine Auseinandersetzung mit Sekundäransprüchen des Arbeitnehmers zwingend zur Folge haben, denn nicht immer wird der Idealfall der reibungslosen Wiedereinstellung eintreten.

I. Anspruch auf Wiedereinstellung besteht

Zunächst werden die Fälle hinterfragt, in denen zwar die Voraussetzungen eines Wiedereinstellungsanspruches vorliegen, seine Durchsetzung jedoch verspätet erfolgt oder ganz vereitelt wird. Dazu kann es durch verschiedene Verhaltensweisen des Arbeitgebers kommen: Im ersten Fall verweigert er die Wiedereinstellung, obwohl der Arbeitnehmer den Wiedereinstellungsanspruch geltend macht[483]. Eine andere Situation entsteht, wenn der Arbeitgeber schon die Unterrichtung des Arbeitnehmers von den den Wiedereinstellungsanspruch begründenden veränderten (betrieblichen) Umständen unterlässt.

1. Der Arbeitgeber verweigert die Wiedereinstellung

Zunächst zu der Konstellation der verweigerten Wiedereinstellung: Der Arbeitnehmer hat Kenntnis von den veränderten Umständen und gibt ein Angebot zum Arbeitsvertrag ab. Der Arbeitgeber jedoch nimmt das Vertragsangebot nicht an. Sodann erhebt der Arbeitnehmer Leistungsklage auf Abgabe der Willenserklärung des Arbeitgebers[484]. Unproblematisch sind hier die Ansprüche des Arbeitnehmers gegen den Arbeitgeber *ab* dem Zeitpunkt *der Rechtskraft des Urteils:* durch das rechtskräftige Urteil wird die Willenserklärung des Arbeitgebers nach § 894 ZPO[485] ersetzt. Ab diesem Zeitpunkt besteht also ein Arbeitsvertrag der Parteien, der Lohnansprüche bzw. Ansprüche aus Annahmeverzug nach § 615 BGB auslösen kann. Welche Ansprüche bestehen jedoch im Zeitraum zwischen dem Angebot des Arbeitnehmers und dem rechtskräftigen Urteil?

a) Anspruch gem. § 615 BGB

In Betracht kommt zunächst wiederum ein Anspruch aus Annahmeverzug des Arbeitgebers nach § 615 BGB. Voraussetzung für eine Anwendung des

---

483 Beispielsweise, weil der Arbeitgeber bösgläubig den Arbeitsplatz mit einem anderen Arbeitnehmer besetzt hat (und auch kein vergleichbarer Arbeitsplatz in dem Betrieb frei ist).

484 Genauer zu den prozessualen Einzelheiten, siehe nachfolgend § 9.

485 Zu der Frage, ob sich der Klageantrag des Arbeitnehmers auf Abgabe einer Willenserklärung gem. § 894 ZPO richtet, vgl. § 9 I.

§ 615 BGB ist jedoch das Bestehen eines Arbeitsverhältnisses[486]. Damit stellt sich die Frage nach der Wirkung des § 894 ZPO: Zu welchem Zeitpunkt werden die vertraglichen Pflichten durch ihn begründet? Rückwirkend zum Zeitpunkt der Vertragsbeendigung oder ex nunc ab Einverständniserklärung des Arbeitgebers bzw. stattgebendem Urteil?

(1) Ex tunc Wirkung des § 894 ZPO

Zum Teil wird vertreten, mit Rechtskraft des Urteils würde das Arbeitsverhältnis auch für die Vergangenheit begründet und § 615 BGB sei entsprechend schon in diesem Zeitraum anwendbar[487]. Anstatt einer rein formalen Betrachtungsweise soll der gesamte Inhalt des Wiedereinstellungsanspruches bzw. des Antrages auf Abschluss eines Arbeitsverhältnisses zu würdigen sein: Beide seien auf die Begründung des Arbeitsverhältnisses im Anschluss an die Beendigung des bisherigen Arbeitsverhältnisses gerichtet[488].

(2) Ex nunc Wirkung des § 894 ZPO

Dieser Ansicht, kann jedoch nicht gefolgt werden. Entsprechend der ganz überwiegenden Ansicht wird das Arbeitsverhältnis durch § 894 ZPO erst für die Zukunft begründet[489]. Die Erklärung stützt sich zum Teil auf eine Parallele zu § 465 BGB: Hier entstehe der Anspruch auf Rückzahlung des Kaufpreises erst mit Erklärung des Einverständnisses durch den Verkäufer oder mit dem stattgebenden Urteil[490]. Übertragen bedeute dies die Entstehung der Hauptpflichten aus dem Arbeitsverhältnis ebenfalls ex nunc mit Neuabschluss des Arbeitsverhältnisses bzw. mit dem stattgebenden Urteil. Entsprechend entstünden Lohnansprüche aus dem Arbeitsvertrag bzw. aus § 615 BGB auch erst ab rechtskräftigem Urteil[491].

Aber auch mit einer weiteren Argumentation gelangt man zwingend zu der Ablehnung einer rückwirkenden Begründung eines Arbeitsverhältnisses: Ein solcher

---

486 MünchKom/Schaub, § 615 BGB; Rn. 10; Soergel/Kraft, § 614 BGB, Rn. 11.

487 Oetker, in: ZIP 2000, S. 643 (653); Raab, in: RdA 2000, S. 147 (158) wenn der Arbeitnehmer den Anspruch noch vor Ablauf der Kündigungsfrist geltend gemacht hat.

488 Oetker, in: ZIP 2000, S. 643 (653).

489 BAG, Urt. v. 14.10.1997- 7 AZR 811/96- NZA 1998, S. 778; Annuß, in: BB 1998, S. 1582 (1587); Baumbach/Lauterbach/Albers/Hartmann, § 894 ZPO, Rn. 11; Boewer, in: NZA 1999, S. 1177 (1181); Kaiser, in: ZfA 2000, S. 205 (233); Linck, in: FA 2000, S. 334 (337); Meinel/Bauer, in: NZA 1999, S. 575 (581); Preis/Steffan, in: DB 1998, S. 309 (313); für den Fall der Geltendmachung des Anspruches nach Ablauf der Kündigungsfrist: Raab, in: RdA 2000, S. 147 (157).

490 Staudinger/Honsell, § 465, Rn. 37.

491 Meinel/Bauer, in: NZA 1999, S. 575 (581).

Vertrag wäre auf eine unmögliche Leistung gerichtet[492] und damit nach § 306 BGB nichtig[493].

Im Ergebnis kommen Ansprüche aus Annahmeverzug nach § 615 BGB mangels eines Arbeitsverhältnisses bis zum Zeitpunkt der Urteilsverkündung nicht in Betracht[494].

b) Anspruch gem. §§ 284, 286 BGB

Durch die ex nunc Wirkung des § 894 ZPO wird der Arbeitnehmer wirtschaftlich nicht schlechter gestellt als bei einer Begründung des Arbeitsverhältnisses für die Vergangenheit[495]. Vielmehr entstehen in dem Zeitraum zwischen dem Angebot zum Arbeitsvertrag und dem rechtskräftigen Urteil Schadenersatzansprüche des Arbeitnehmers aus den Verzugsvorschriften[496] der §§ 284, 286 BGB[497].

Mit dem Wiedereinstellungsanspruch des Arbeitnehmers korrespondiert ein Abschlusszwang des Arbeitgebers. Voraussetzung ist ein vorheriges Vertragsangebot des Arbeitnehmers: Erst wenn dieser ein Angebot auf Abschluss des Arbeitsvertrages abgibt, wird der Kontrahierungszwang des Arbeitgebers ausgelöst[498]. Der Abschlusszwang erzeugt ein gesetzliches Schuldverhältnis, das auf die Verpflichtung zur Abgabe einer auf Vertragsschluss gerichteten Willenserklärung gerichtet ist[499]. Kommt der Arbeitgeber dieser Verpflichtung nicht nach, muss er Schaden-

---

492 Zur Begründung der nachträglichen Unmöglichkeit, vgl. § 8 I 2.

493 BAG, Urt. v. 14.10.1997- 7 AZR 298/96- NZA 1998, S. 775 (776); BAG, Urt. v. 14.10.1997- 7 AZR 811/96- NZA 1998, S. 778 (799); BAG, Urt. v. 28.06.2000- 7 AZR 904/98- NZA 2000, S. 1097 (1099)= ZIP 2000, S. 1781 (1783); Boewer, in: NZA 1999, S. 1177 (1182); Ziemann, in: MDR 1999, S. 716 (719).

494 A.A. Raab, in: RdA 2000, S. 147 (158).

495 Der Unterschied zwischen dem Annahmeverzug nach § 615 BGB (i.V.m. §§ 293 ff BGB) und dem nun zu prüfenden Schuldnerverzug gem. §§ 284 ff BGB besteht darin, dass der Annahmeverzug *kein Verschulden* voraussetzt. Da hier aber Fälle der bewussten Verweigerung des Arbeitgebers im Hinblick auf die Wiedereinstellung des Arbeitnehmers vorliegen, ist ein Verschulden in jedem Fall zu bejahen und damit eine Differenzierung der Verzugsvorschriften für den Arbeitnehmer ohne praktische Auswirkungen.

496 Der Gläubiger kann durch Nichtannahme gleichzeitig in Schuldnerverzug kommen, wenn die Annahme zugleich als Rechtspflicht geschuldet wird (Palandt/Heinrichs, § 293, Rn. 6); dies ist insbesondere bei der Beschäftigungspflicht von Arbeitnehmern der Fall (Palandt/Putzo, § 615, Rn. 5).

497 So auch im Ergebnis BAG, Urt. v. 14.10.1997- 7 AZR 298/96- NZA 1998, S. 775 (776); BAG, Urt. v. 14.10.1997- 7 AZR 811/96- NZA 1998, S. 778 (799) (diese Rechtsprechung bezieht sich auf einen aus Tarifvertrag resultierenden Kontrahierungszwang); BAG, Urt. v. 28.06.2000- 7 AZR 904/98- NZA 2000, S. 1097 (1099)= ZIP 2000, S. 1781 (1783); Boewer, in: NZA 1999, S. 1177 (1181); Meinel/Bauer, in: NZA 1999, S. 575 (581).

498 Boewer, in: NZA 1999, S. 1177 (1181); Preis/Steffan, in: DB 1998, S. 309 (313).

499 Dies entspricht der überwiegenden Meinung zum gesetzlichen Abschlusszwang, vgl. nur BGH, Urt. v. 18.04.1974- KZR 6/73- DB 1974, S. 2004 (gesetzlicher Abschlusszwang nach

ersatz leisten[500]; durch die bewusste Weigerung, eine Annahmeerklärung abzugeben, gerät er in Schuldnerverzug nach den §§ 284, 286 BGB[501].

c) Rechtsfolge

Fraglich ist, welche Rechtsfolge sich ergibt, wenn der Arbeitgeber das Vertragsangebot des Arbeitnehmers nicht annimmt. Der Arbeitnehmer kann grds. nach den §§ 249 ff BGB verlangen, so gestellt zu werden, als sei die Wiedereinstellung erfolgt. Daraus ergibt sich die Frage, ob eine tatsächliche Herstellung des früheren Zustandes im Sinne des § 249 S. 1 BGB hier überhaupt möglich ist. Auf den Fall der Wiedereinstellung § 249 BGB anzuwenden, hieße, rückwirkend von einer Wiedereinstellung - also einem Arbeitsverhältnis - auszugehen. Es wurde jedoch bereits der Ausschluss einer solchen ex tunc Wirkung dargelegt[502]. Entsprechend ist auch die Herstellung des alten Zustandes nicht möglich[503]. Stattdessen ergibt sich die Rechtsfolge unterlassener Wiedereinstellung aus § 251 BGB[504]: Der Arbeitnehmer kann eine Entschädigung in Geld beanspruchen, die der Höhe der entgangenen vertragsgemäßen Vergütung entspricht[505].

---

§ 453 HGB, § 3 EVO, § 22 PbefG, § 21 LuftVG); so auch ausdrücklich zum Abschlusszwang des Arbeitgebers bei Vorliegen eines Wiedereinstellungsanspruches Preis/Steffan, in: DB 1998, S. 309 (313).

500 Preis/Steffan, in: DB 1998, S. 309 (313).

501 Vgl. BAG, Urt. v. 14.10.1997- 7 AZR 298/96- NZA 1998, S. 775 (777/778), „da der Kläger seine Übernahme in ein Arbeitsverhältnis verlangt hatte, war die Beklagte durch die bewusste Verweigerung der Abgabe eines Übernahmeangebots in Schuldnerverzug geraten, so dass sich ein Schadenersatzanspruch des Auszubildenden bereits aus § 286 I BGB ergeben kann, sofern die Ablehnung unberechtigt war“.

502 § 8 I 1 a (2).

503 Anderer Ansicht ist das LAG Niedersachen, Urt. v. 24.08.1995- NZA-RR 1996, S. 297 (298f) (wiederum ging es um einen Einstellungsanspruch aus Tarifvertrag im Anschluss an ein Ausbildungsverhältnis): Auch wenn es sich bei der geschuldeten Leistung um eine Fixschuld handele, könne der eingetretene Schaden durch Naturalrestitution ausgeglichen werden. Die Erfüllung des Schadenersatzanspruches sei durch eine der untergegangenen Verpflichtung gleichartige Leistung, nämlich der tatsächlichen Beschäftigung zu einem späteren Zeitpunkt möglich. Hierdurch könne der gleiche wirtschaftliche Zustand hergestellt werden, der ohne das schädigende Ereignis bestehen würde.

504 Boewer, in: NZA 1999, S. 1177 (1181); Hambitzer, Diss., S. 154; Gentges, S. 368. Eine ähnliche Begründung gab das BAG in einem Fall, in dem nach Ablauf eines begrenzten Zeitraums im Anschluss an das Ausbildungsverhältnis statt einer Naturalrestitution nach § 249 BGB nur eine Entschädigung in Geld nach § 251 BGB zugesprochen wurde; vgl. BAG, Urt. v. 14.10.1997- 7 AZR 298/96- NZA 1998, S. 775 (778); BAG, Urt. v. 14.10.199- 7 AZR 811/96- NZA 1998, S. 778 (799).

505 Vgl. BAG, Urt. v. 14.10.1997- 7 AZR 298/96- NZA 1998, S. 775.

2. Der Arbeitgeber verletzt seine Unterrichtungspflicht

Der Arbeitgeber kann durch eine weitere Pflichtverletzung die Wiedereinstellung verhindern oder verzögern: durch die Verletzung seiner Unterrichtungspflicht[506]. Wenn der Arbeitgeber schuldhaft die Unterrichtung des Arbeitnehmers über den nachträglichen Fortfall des Kündigungsgrundes unterlässt und aus diesem Grund der Arbeitnehmer seinen Anspruch auf Abschluss eines Arbeitsvertrages nicht oder erst später erhebt, stellt sich wiederum die Frage nach Ersatzansprüchen.

a) Anspruch gem. §§ 284, 286 BGB

In dieser Situation können nicht die Verzugsvorschriften der §§ 284, 286 BGB zur Begründung einer Schadenersatzpflicht herangezogen werden. Der Arbeitnehmer hat mangels Kenntnis von seinem Wiedereinstellungsanspruch kein Angebot zum Abschluss eines Arbeitsverhältnisses abgegeben. Entsprechend wird kein Kontrahierungszwang des Arbeitgebers ausgelöst und er kann mit der Pflicht zur Annahme nicht in Verzug geraten[507].

b) Anspruch gem. § 280 BGB oder aus p.V.V.

Eine Schadenersatzpflicht des Arbeitgebers ergibt sich jedoch auch in dieser Situation. Zum einen kann eine solche Pflicht wegen nachträglicher, zu vertretender Unmöglichkeit nach § 280 BGB entstehen[508]. Die Annahme des Vertragsangebotes zum Abschluss des Arbeitsverhältnisses für die Vergangenheit ist (nachträglich) unmöglich geworden: Eine solche Willenserklärung wäre auf eine unmögliche Leistung gerichtet[509] und würde die Folgen des § 306 BGB auslösen[510].

Will man als Bezugspunkt nicht auf den geschuldeten Vertragsabschluss, sondern auf die Verletzung der Unterrichtungspflicht durch den Arbeitgeber abstellen, ergibt sich zum anderen ein Anspruch des Arbeitnehmers aus positiver Vertragsverletzung (p.V.V.)[511]. Die Unterrichtungspflicht des Arbeitgebers über den nach-

---

506 Deren Bestehen bei § 7 II 3 festgestellt wurde.

507 Vgl. § 8 I 1 b; a.A. Preis/Steffan, in: DB 1998, S. 309 (313), die zwar von dem Erfordernis des Arbeitnehmerangebots ausgehen, um einen Kontrahierungszwang des Arbeitgebers auszulösen, nun aber prüfen, ob das Angebot des Arbeitnehmers entbehrlich sein könnte, weil der Arbeitgeber ihn über die neuen Umstände nicht unterrichtet hat. Darin soll eine Täuschung durch Verschweigen liegen können.

508 Boewer, in: NZA 1999, S. 1177 (1181); Hambitzer, Diss., S. 157.

509 Vgl. § 8 I 1 a (2).

510 Boewer, in: NZA 1999, S. 1177 (1181); Hambitzer, Diss., S. 157; a.A. Raab, in: RdA 2000, S. 147 (156): der Tatbestand der Unmöglichkeit sei nicht erfüllt, da der geschuldete Leistungserfolg noch bewirkt werden könne. Die Annahme eines Vertragsangebotes sei noch möglich und auf die Frage, ob der Arbeitgeber den Arbeitnehmer tatsächlich beschäftigen könne, komme es nicht an.

511 Raab, in: RdA 2000, S. 147 (158).

träglichen Wegfall der Kündigungsgründe stellt eine Nebenpflicht dar, deren Verletzung eine Schadenersatzpflicht auslöst[512].

Aus beiden Anspruchsgrundlagen ergibt sich als Rechtsfolge aus den genannten Gründen[513] gem. § 251 BGB eine Entschädigung in Höhe des entgangenen Entgelts.

Damit ist als Ergebnis zunächst festzuhalten: Vereitelt der Arbeitgeber die Umsetzung eines Wiedereinstellungsanspruches, hat der Arbeitnehmer Schadenersatzansprüche in Höhe seines entgangenen Arbeitslohnes[514]. Diese Ansprüche können sich entweder aus Verzugsvorschriften nach §§ 284, 286 BGB oder aus einer nachträglichen Unmöglichkeit gemäß § 280 BGB bzw. aus positiver Vertragsverletzung ergeben.

II. Anspruch auf Wiedereinstellung besteht nicht

Davon deutlich zu unterscheiden ist die Frage nach Ansprüchen des Arbeitnehmers, wenn schon die Voraussetzungen eines Wiedereinstellungsanspruches nicht vorliegen. Diese Problematik ist in den Fällen zu diskutieren, in denen die Wiedereinstellung an einem überwiegenden Arbeitgeberinteresse[515] scheitert: Hier entfällt der Wiedereinstellungsanspruch durch Umstände, die aus der Sphäre des Arbeitgebers stammen. Wenn der Arbeitgeber durch die (gutgläubige) Neubesetzung des Arbeitsplatzes oder durch externe Faktoren daran gehindert ist, die Wiedereinstellung vorzunehmen, ergibt sich die Frage, ob es interessengerecht ist, dem Arbeitnehmer auch in dieser Situation einen finanziellen Ausgleich zu gewähren.

1. Befürwortung eines Entschädigungsanspruches

Von einigen wird ein Entschädigungsanspruch des Arbeitnehmers auch in dieser Konstellation bejaht[516]. Scheitere der Wiedereinstellungsanspruch des Arbeitnehmers an dem Verhalten des Arbeitgebers, liege ein letztlich nicht gerechtfertigter

---

512 Wegen der bestehenden Regelungslücke ist die p.V.V bei der Prüfung von Nebenpflichten nicht subsidiär und wird entsprechend von keinen Sonderregeln des Schuldrechts verdrängt, vgl. nur Palandt/ Heinrichs, § 276, Rn. 113.

513 Vgl. § 8 I 1 c.

514 Nach Meisel, in: KPK, § 1, Rn. 470 ist die Höhe des Schadens nach § 611a II BGB analog auf drei Monatsverdienste begrenzt.

515 Vgl. dazu § 5.

516 Belling, in: RdA 1996, S. 238 (239); Gamillscheg, AR BD I, S. 433; Herschel, in: BlStSozArbR 1977, S. 113 (115); Hwang, S. 126; MK/Schwerdtner 1. Aufl., § 626, Rn. 118.

Verlust des Arbeitsplatzes vor. Diese Situation erfordere eine Entschädigung des Arbeitnehmers.

Uneinig ist man sich jedoch bezüglich der Rechtsgrundlage eines Entschädigungsanspruches. Nach einer Ansicht soll sich die Entschädigung aus einer Analogie zu den §§ 9 I 2, 10 KSchG ergeben[517]. Die Situation, in der ein Wiedereinstellungsanspruch an einem überwiegenden Arbeitgeberinteresse scheitert, soll vergleichbar sein mit der des § 9 I 2 KSchG: In beiden Fällen sei der Arbeitnehmer gleichermaßen schutzbedürftig[518]. § 9 I 2 KSchG räume dem Arbeitgeber die Möglichkeit ein, bei Undienlichkeit einer weiteren Zusammenarbeit von der Weiterbeschäftigung des Arbeitnehmers befreit zu werden, obwohl die Kündigung unwirksam ist. In der Konstellation des gescheiterten Wiedereinstellungsanspruches würde der Arbeitgeber von der Pflicht, ein Arbeitsverhältnis durch neuen Vertragsschluss fortzusetzen, trotz Wegfalls des Kündigungsgrundes, entbunden. Da beiden Konstellationen dieselbe Wertung zugrunde liegt, sei eine Analogie zu § 9 II KSchG gerechtfertigt. Es mache keinen Unterschied, ob sich die Widerlegung der Prognose schon im Prozess oder erst später herausstellt[519].
Eine andere Auffassung gelangt mit einem Rückgriff auf den Aufopferungsgedanken zu einer Entschädigung[520]. Der Verlust eines Arbeitsplatzes trotz entkräfteten Verdachts stelle ein Sonderopfer des Arbeitnehmers dar und begründe so eine Entschädigungspflicht des Arbeitgebers.

2. Ablehnung eines Entschädigungsanspruches

Nach anderer Ansicht ist der Arbeitgeber nicht verpflichtet, eine Entschädigung zu leisten, wenn dem Arbeitnehmer kein Wiedereinstellungsanspruch zusteht[521]. Argumentiert wird mit dem Fehlen einer Rechtsgrundlage[522]. Ein Anspruch aus einer Analogie der §§ 9, 10 KSchG bzw. aus dem Gedanken der Aufopferung setze ein in seinem Bestand geschütztes Arbeitverhältnis voraus, woran es hier wegen der wirksamen Kündigung[523] fehle[524]. Außerdem wird auf die Wertung des

517 Belling, in: RdA 1996, S. 238 (239); Gamillscheg, AR BD I, S. 433.

518 Belling, in: RdA 1996, S. 238 (239).

519 Gamillscheg, AR BD I, S. 433.

520 So va. Herschel, in: BlStSozArbR 1977, S. 113 (115), aber auch Belling, in: RdA 1996, S. 238 (239), will seine Argumentation durch den Aufopferungsgedanken unterstreichen; KR/Hillebrecht (4. Auflage), § 626 BGB, Rn. 152, dieser gewährt dem Arbeitnehmer einen Schadenersatzanspruch aus dem Aufopferungsgedanken in der Situation der Druckkündigung.

521 Bram/Rühl, in: NZA 1990, S. 753 (758); Gentges, S. 371; Hambitzer, Diss., S. 161; KR/Fischermeier, § 626 BGB, Rn. 234.

522 KR/Fischermeier, § 626 BGB, Rn. 234.

523 Vgl. § 1 II 2.

524 Bram/Rühl, in: NZA 1990, S. 753 (758).

Kündigungsschutzgesetzes zurückgegriffen[525]: Ist eine Kündigung gerechtfertigt, sei der Arbeitgeber nicht zu einem Ausgleich verpflichtet. Das Kündigungsschutzgesetz sehe danach einen entschädigungslosen Verlust des Arbeitsplatzes vor, wenn hierfür ein anerkennenswerter Grund besteht.

3. Stellungnahme

Damit ist zu entscheiden, ob dem Arbeitnehmer auch in der Situation des gescheiterten Wiedereinstellungsanspruches ein Anspruch auf finanziellen Ausgleich gewährt werden kann. Dies muss verneint werden.

Zum einen gelingt hier keine analoge Anwendung der §§ 9, 10 KSchG. Die Voraussetzungen einer Analogie sind nicht erfüllt. Zwar könnte noch eine planwidrige Regelungslücke bejaht werden[526]. Die Interessenlagen bei §§ 9, 10 KSchG einerseits und der wegen überwiegender Arbeitgeberinteressen unzumutbaren Fortführung des Arbeitsverhältnisses andererseits sind jedoch nicht vergleichbar. Die in § 9 KSchG normierte Abfindung soll den Arbeitnehmer auf der einen Seite für den an sich nicht gerechtfertigten Verlust des Arbeitsplatzes entschädigen und auf der anderen Seite zugleich eine Sanktion bzw. Abgeltung für die ungerechtfertigte Kündigung des Arbeitgebers darstellen[527]. Im Fall des gescheiterten Wiedereinstellungsanspruches ist die Situation jedoch eine andere: Hier ist die Kündigung gerechtfertigt. Aus der Wertung des § 9 KSchG ist der Arbeitgeber damit nicht zu einem Ausgleich verpflichtet. Nach allgemeiner Ansicht ist das Kündigungsschutzgesetz ein Bestandschutzgesetz und kein Abfindungsgesetz; die Möglichkeit des finanziellen Ausgleichs wollte das Kündigungsschutzgesetz gerade einschränken[528]. Seine Regelungen sind deshalb keiner Extension zugänglich und können nicht auf die erörterte Situation entsprechend angewandt werden.

Die Ablehnung einer analogen Anwendung der §§ 9, 10 KSchG ist auch interessengerecht, wenn zuvor die Arbeitgeber- und Arbeitnehmerinteressen sorgfältig gegeneinander abgewogen wurden und die Interessen des Arbeitgebers überwiegen. Dann müssen die Interessen des Arbeitnehmers zurückstehen und ein Wiedereinstellungsanspruch entfällt. Diese Wertung würde unterlaufen, wenn man dem Arbeitnehmer auch in dieser Situation eine Entschädigung zubilligte.

---

525 Gentges, S. 371.

526 Zur Analogie zum Kündigungsschutzgesetz im Rahmen des Wiedereinstellungsanspruches, siehe schon bei der Frage nach der Sozialauswahl nach § 1 III KSchG, § 7 I.

527 Vgl. BAG, Urt. v. 15.02.1973- 2 ZR 16/72- BB 1973, S. 984 (985); DWL/Dörner, D, Rn. 1452 f; Löwisch, § 9 KSchG, Rn. 1.

528 Vgl. nur BAG, Urt. v. 05.11.1964- 2 AZR 15/64 EzA § 7 KSchG Nr. 1, zustimmend: Hueck/v. Hoyningen- Huene § 9 KSchG, Rn. 5 a; Kittner/Däubler/Zwanziger- Kittner, § 9 KSchG; Rn.1; Sowka, § 9 KSchG, Rn. 2.

Auch der Aufopferungsgedanke ist nicht anwendbar. Ein solcher privatrechtlicher Aufopferungsanspruch ist zwar in Anlehnung an den aus den §§ 74, 75 Einl. Preuß. ALR entwickelten öffentlich-rechtlichen Aufopferungsanspruch[529] anerkannt[530]. Da die Kündigung jedoch wirksam ist, liegt kein Sonderopfer vor.

Der Arbeitgeber ist zu keiner Entschädigungsleistung verpflichtet, wenn bereits der Wiedereinstellungsanspruch an den überwiegenden Arbeitgeberinteressen scheitert.

III. Ergebnis zu § 8

Der Arbeitnehmer hat einen Anspruch auf Schadenersatz, wenn ihm ein Wiedereinstellungsanspruch zusteht, die Wiedereinstellung jedoch am Verhalten des Arbeitgebers scheitert. Umgekehrt entfallen Ansprüche des Arbeitnehmers auf finanziellen Ausgleich, wenn die Voraussetzungen eines Wiedereinstellungsanspruches nicht vorliegen.

---

529 Bei bestehender Interessenkollision darf danach das überwiegende Interesse durch Eingriff in das geringere verfolgt werden, und der Verletzte kann eine Entschädigung für das ihm dadurch auferlegte Sonderopfer verlangen, vgl. Hubmann, in: JZ 1958, S. 489 (493).

530 Vgl. nur BAG, Beschl. v. 10.11.1961- GS 1/60- NJW 1962, S. 411 (413).

§ 9 Die Durchsetzung des Wiedereinstellungsanspruches

Im letzten Abschnitt dieser Arbeit werden prozessuale Fragen aufgeworfen und beantwortet. Wenn der Kündigungsgrund wegfällt, erhebt der Arbeitnehmer regelmäßig zunächst eine Kündigungsschutzklage, um die Unwirksamkeit der Kündigung feststellen zu lassen. Strebt er zusätzlich seine Wiedereinstellung an, muss der Arbeitnehmer ebenfalls selbst aktiv werden[531].

I. Der Klageantrag

Nun stellt sich die Frage nach dem Inhalt des Klageantrages: Wie muss der Antrag des Arbeitnehmers lauten, wenn er seinen Wiedereinstellungsanspruch durchsetzen will?

1. Erfordernis eines zusätzlichen Antrages

Es ist zunächst zu überlegen, ob der Wiedereinstellungsanspruch als Einwendung in den bereits schwebenden Kündigungsschutzprozess eingebracht werden kann. Oder muss der Arbeitnehmer einen zweiten Klageantrag stellen und worauf wäre ein solcher Antrag gerichtet?

a) Kein zusätzlicher Antrag erforderlich

Zum Teil wird vertreten, der Antrag auf Wiedereinstellung sei bereits in dem Kündigungsschutzantrag des Arbeitnehmers enthalten[532]. Entsprechend soll ein besonderer Antrag neben der Kündigungsschutzklage entbehrlich sein. Der Antrag auf Feststellung der Unwirksamkeit der Kündigung enthalte stets den Antrag auf Weiterbeschäftigung als geringeres Begehren[533].

b) Hilfsantrag erforderlich

Die Gegenansicht[534], die einen besonderen Antrag des Arbeitnehmers für die Durchsetzung der Wiedereinstellung fordert, stützt sich vor allem auf die Ent-

---

531 Belling, in: RdA 1996, S. 223 (239); Boewer, in: NZA 1999, S. 1121 (1123); Bram/Rühl, in: NZA 1990, S. 753 (756); Otto, in: FS. F. Kraft, S. 451 (474); Raab, in: RdA 2000, S. 147 (156); Zwanziger, in: MDR 2000, S. 716 (719).

532 KR/Hillebrecht (4. Auflage), § 626 BGB, Rn. 182; Mathern, in: NJW 1996, S. 818 (821); Wank, Anm. zum BAG- Urt. v. 24.03.1983- AP Nr. 2 zu § 1 KSchG 1969 Soziale Auswahl; Zwanziger, in: BB 1997, S. 45; derselbe, in: Kittner/Däubler/Zwanziger- Zwanziger, Einl., Rn. 510 i.

533 KR/Hillebrecht (4. Auflage), § 626 BGB, Rn. 182; offengelassen vom LAG Köln, Urt. v. 10.01.1989- LAGE § 611 BGB Einstellungsanspruch Nr. 1. Nach Bram/Rühl, in: NZA 1990, S. 753 (758) soll es eine Frage des Einzelfalles sein, ob ein zusätzlicher Antrag erforderlich ist.

534 Boewer, in: NZA 1999, S. 1177 (1182); Kleinebrink, in: FA 1999, S. 138 (141); Krasshöfer,

scheidung für einen *Wiedereinstellungs*anspruch[535]: Es soll nicht über einen Umweg doch zu einer Berücksichtigung der neuen Umstände im Rahmen einer Kündigungsschutzklage kommen[536]. Habe eine wirksame Kündigung das Arbeitsverhältnis beendet, könne der Arbeitnehmer nur die Neubegründung des Vertrages verlangen. Der bloße Kündigungsschutzantrag reiche dazu nicht aus: Der Wiedereinstellungsanspruch stelle kein Minus zum Kündigungsschutzantrag dar[537], sondern betreffe als aliud einen anderen Streitgegenstand[538]. Der Arbeitnehmer müsse deshalb ausdrücklich einen Antrag auf Wiedereinstellung stellen.

Allerdings herrscht unter den Vertretern dieser Ansicht Uneinigkeit darüber, worauf sich der Hilfsantrag des Arbeitnehmers richtet.

(1) Klage direkt auf Erfüllung der Hauptpflichten

Formal betrachtet muss sich der Antrag des Arbeitnehmers auf die Abgabe einer Willenserklärung gem. § 894 ZPO richten. Der 2. Senat[539] und auch ein Teil der Literatur[540] nehmen jedoch aus Gründen der Prozessökonomie an, der Arbeitnehmer könne den Arbeitgeber direkt auf die Erfüllung der Hauptpflichten – also auf „Weiterbeschäftigung" – verklagen. Habe der Arbeitgeber die Annahme des Vertragsangebotes verweigert, so könne sich dieser nach Treu und Glauben nicht auf das eigene pflichtwidrige Verhalten berufen und den Arbeitnehmer auf den Umweg einer Vollstreckung nach § 894 ZPO verweisen. Der Arbeitgeber sei nicht

---

Anm. zum BAG- Urt. v. 04.12.1997- EWiR § 242 BGB 3/98, S. 773 (774); Lakies, Anm. zum BAG- Urt. v. 27.02.1997- NJ 1997, S. 665; Oetker, in: ZIP 2000, S. 643 (652); Preis/Steffan, in: DB 1998, S. 309 (310); Stahlhacke/Preis/Vossen, Rn. 582; v. Stein, in: RdA 1991, S. 83 (88); Walker, Anm. zum BAG- Urt. v. 27.02.1997- SAE 1998, S. 98 (103).

535 In Abgrenzung zum Fortsetzungsanspruch, vgl. § 6 I.

536 An dieser Stelle wiederholen sich zum Teil die Argumente zu der Abgrenzung *Wiedereinstellungs*anspruch/*Fortsetzungs*anspruch, vgl. § 6 I.

537 LAG Frankfurt, Urt. v. 01.09.1993- Sa 1274/92- LAGE § 626 BGB Verdacht strafbarer Handlungen Nr. 4; Oetker, in: ZIP 2000, S. 643 (652).

538 So auch eindeutig der 2. Senat im Urt. v. 04.12.1997- 2 AZR 140/97- AP Nr. 3 zu § 1 KSchG 1969 Wiedereinstellung= NZA 1998, S. 701 (702)= EzA § 1 KSchG Wiedereinstellungsanspruch Nr. 3 unter I der Gründe: der Wiedereinstellungsanspruch sei kein Streitgegenstand des Kündigungsschutzverfahrens; Belling, in: RdA 1996, S. 223 (239); Bram/Rühl, in: NZA 1990, S. 753 (757); Herschel, in: BLStSozArbR 1977, S. 13 (116), spricht von einem „eigenständigen Recht"; Kleinebrink, in: FA 1999, S. 138 (141); Otto, in: FS f. Kraft, S. 451 (474 f); Preis, Anm. zum LAG Köln- Urt. v. 10.01.1989- LAGE § 611 BGB Einstellungsanspruch Nr. 1; derselbe, in: Prinzipien S. 349.

539 2 AZR 160/96 (Fn. 1) unter II 5 der Gründe. Ob dem zu folgen ist lässt hingegen der 7. Senat ausdrücklich offen, vgl. Urt. v. 06.08. 1997- 7 AZR 557/96- AP Nr. 2 zu § 1 KSchG Wiedereinstellungsanspruch unter I Gründe= NZA 1998, S. 255 (255)= EzA § 1 KSchG Wiedereinstellungsanspruch Nr. 2.

540 HK- KSchG/Dorndorf/Weller, § 1 KSchG, Rn. 947 a; Lakies, Anm. zum BAG- Urt. v. 27.02.1997- NJ 1997, S. 665; Meinel/Bauer, in: NZA 1999, S. 575 (581); Oetker, in: ZIP 2000, S. 643 (652).

nur zum Vertragsschluss, sondern auch zur tatsächlichen Beschäftigung des Arbeitnehmers verpflichtet. Deshalb könne der Arbeitnehmer den hierauf gerichteten Anspruch selbständig durchsetzen und unmittelbar eine Feststellungsklage auf Beschäftigung erheben[541].

Ein weiterer Begründungsansatz stützt sich auf eine Parallele zu § 465 BGB[542]. Nach dem Wortlaut des Gesetzes sei der Anspruch auf Wandlung auf die Erklärung des Einverständnisses durch den Verkäufer gerichtet. Deshalb müsse der Käufer zunächst das Einverständnis des Verkäufers nach § 894 ZPO erreichen. Dennoch sei es heute nahezu einhellige Meinung[543], zwar an der vertraglichen Konstruktion der Wandlung festzuhalten, dem Käufer jedoch zuzubilligen, sogleich auf Rückzahlung des Kaufpreises zu klagen. Bei Übertragung dieser Konstruktion auf den Wiedereinstellungsanspruch, sei es kein Widerspruch, einerseits als Anspruchsinhalt die Neubegründung eines Arbeitsverhältnisses anzusehen, andererseits gleichwohl sofort die Klage auf Erfüllung der Hauptleistungspflichten zu ermöglichen[544]. Dafür spreche auch die Rechsprechung zum Vorvertrag[545]: Hier habe der BGH nicht nur die Möglichkeit anerkannt, die Klage auf Vertragsabschluss mit einer Klage auf Leistung nach dem Hauptvertrag zu verbinden. Ausnahmsweise sei der Berechtigte auch befugt, die geschuldete Leistung ohne gleichzeitige Klage auf Vertragsabschluss zu fordern[546]. Ein besonderer Vorteil sei dann die Möglichkeit des Arbeitnehmers, ein obsiegendes Urteil vorläufig zu vollstrecken[547].

(2) Klage auf Abgabe einer Willenserklärung

Die Gegenansicht verlangt eine Leistungsklage auf Abgabe einer Willenserklärung gemäß § 894 ZPO[548]. Gegenüber der Interpretation des Antragsinhalts, es

---

541 Oetker, in: ZIP 2000, S. 643 (652).

542 Meinel/Bauer, in: NZA 1999, S. 575 (581).

543 Vgl. die „Theorie des richterrechtlichen Gestaltungsaktes" (dazu Palandt/Putzo § 465, Rn. 5; Staudinger/Honsell § 465; Rn. 5) sowie die von der Rechtsprechung entwickelte „Gemischte Theorie" (BGH, VIII ZR 174/57, Urt. v. 08.01.1959- BGHZ 29, S. 148/155f).

544 Meinel/Bauer, in: NZA 1999, S. 575 (581).

545 Oetker, in: ZIP 2000, S. 643 (652).

546 BGH, Urt. v. 21.04.1972- VZR 42/70- NJW 1972, S. 1189 (1190).

547 Oetker, in: ZIP 2000, S. 643 (652).

548 So der Antrag im BAG- Urt. v. 17.06.1999- 2 AZR 639/98- EzA § 1 KSchG Wiedereinstellungsanspruch Nr. 4= NZA 1999, S. 1328; Berkowsky (personen- u. verhaltensb. Kündigung), Rn. 26; Boewer, in: NZA 1999, S. 1177 (1182); Caspers, D, Rn. 223; Krasshöfer, Anm. zum BAG- Urt. v. 04.12.1997- EWiR § 242 BGB 3/98, S. 773 (774); Honstetter, S. 179; Kleinebrink, in: FA 1999, S. 138 (141); Mathern, in: NJW 1996, S. 818 (820); Nägele, in: BB 1998, S. 1686 (1689); Oetker, in: ZIP 2000, S. 643 (653); Otto, in: FS f. Kraft, S. 451 (475); Preis, Anm. zum LAG Köln- Urt. v. 10.01.1989- LAGE § 611 BGB Einstellungsanspruch Nr. 1; Raab, in: RdA 2000, S. 147 (158); Ziemann, in: MDR 2000, S. 716 (719).

könne direkt auf Weiterbeschäftigung geklagt werden, wird vor allem kritisiert, dadurch werde unzureichend zwischen Neubegründung und Fortsetzung des zunächst wirksam beendeten Arbeitsverhältnisses differenziert[549]. Bei der Klage auf Abgabe einer Willenserklärung und der Klage auf Erfüllung handele es sich zudem um unterschiedliche Streitgegenstände[550]: Mit Rechtskraft des Urteils gelte die Annahmeerklärung des Arbeitgebers als abgegeben. Diese gesetzliche Fiktion ersetze jedoch nur die Willenserklärung des Arbeitgebers. Anders sei dies in Bezug auf die tatsächliche Beschäftigung des Arbeitnehmers: Diese müsse besonders eingeklagt werden. Signalisiere der Arbeitgeber während des Prozesses, sich dem Verzug der Verurteilung nach § 894 ZPO zu widersetzen, müsse die Klage auf Annahme des Angebots auf Abschluss eines Arbeitsvertrages um einen Weiterbeschäftigungsanspruch des Arbeitnehmers erweitert werden[551].

c) Stellungnahme

Nun ist zunächst zu entscheiden, ob der Arbeitnehmer neben dem Kündigungsschutzantrag einen zusätzlichen Antrag stellen muss, wenn er seinen Wiedereinstellungsanspruch durchsetzen will. Dies ist zu bejahen. Kündigungsschutzantrag und Wiedereinstellungsantrag sind zwei zu trennende Antragsgegenstände. Mit einer anderen Beurteilung wäre eine einseitige Zuteilung des Prozessrisikos auf den Arbeitgeber verbunden[552]: Er unterläge im Kündigungsschutzprozess obwohl die von ihm ausgesprochene Kündigung rechtmäßig ist. Und nicht jeder Arbeitnehmer strebt mit einer Kündigungsschutzklage die Wiedereinstellung als geringeres Begehren an, da mit dem Antrag auf Weiterbeschäftigung möglicherweise neue prozessuale Risiken verbunden sind[553]. Aus dem Erfordernis einer zusätzlichen Antragstellung ergeben sich auch keine Nachteile für den Arbeitnehmer: Eine entsprechende Antragstellung kann durch einen Hinweis des Vorsitzenden nach § 139 ZPO angeregt werden[554].

Darüber hinaus ist die Möglichkeit abzulehnen, direkt auf die Rechtsfolge eines noch zu begründenden Arbeitsvertrages zu klagen: Die Erfüllung eines Vertrages stellt einen besonderen Streitgegenstand dar. Deshalb muss sich zunächst der Klageantrag gem. § 894 ZPO auf Abgabe einer Willenserklärung richten. Auch ohne die Möglichkeit einer direkten Klage auf Erfüllung ist der Arbeitnehmer ge-

549 Ziemann, in: MDR 2000, S. 716 (719).
550 Boewer, in: NZA 1999, S. 1177 (1182).
551 Boewer, in: NZA 1999, S. 1177 (1182).
552 Belling, in: RdA 1996, S. 223 (239); Preis, Anm. zum LAG Köln- Urt. v. 10.01.1989- LAGE § 611 BGB Einstellungsanspruch Nr. 1.
553 Preis, Anm. zum LAG Köln- Urt. v. 10.01.1989- LAGE § 611 BGB Einstellungsanspruch Nr. 1; derselbe, in: Prinzipien, S. 349.
554 Belling, in: RdA 1996, S. 223 (240); Bram/Rühl, in: NZA 1990, S. 753 (758); Otto, in: FS f. Kraft, S. 451 (475); Preis, (Prinzipien), S. 349; v. Stein, in: RdA 1991, S. 85 (88).

schützt.: Der Arbeitgeber kann sich seiner Pflichten aus dem Arbeitsverhältnis - insbesondere seiner Pflicht zur Zahlung des Arbeitsentgelts – nicht entziehen. Weigert sich der Arbeitgeber zu Unrecht, das Angebot auf Vertragsabschluss anzunehmen, ist der Arbeitnehmer durch seine Verzugsansprüche[555] in Höhe des entgangenen Entgelts geschützt[556].

Im Ergebnis ist ein Klageantrag des Arbeitnehmers auf Abgabe einer Willenserklärung - also auf Annahme des Angebotes zur Wiederbegründung des Arbeitsverhältnisses - gemäß § 894 ZPO erforderlich.

2. Weitere Anforderungen an den Klageantrag

Der Wiedereinstellungsantrag auf Abgabe einer Willenserklärung ist damit eine Leistungsklage und kann während eines anhängigen Kündigungsschutzverfahrens im Wege der Eventualklagehäufung[557] als Hilfsantrag geltend gemacht werden[558]. Ist der Kündigungsschutzprozess schon rechtskräftig abgeschlossen[559], muss der Arbeitnehmer einen entsprechenden Hauptantrag stellen.

Welchen Anforderungen muss der Klageantrag weiterhin genügen? Da das stattgebende Urteil gemäß § 894 ZPO die Annahme des Arbeitgebers ersetzt, kann sich der Antrag des Arbeitnehmers nicht auf die Begründung des Arbeitsverhältnisses als solches beschränken, sondern erfordert zusätzlich Konkretisierungen zu dessen Inhalt[560]. Der Klageantrag muss dem Bestimmtheitsgebot des § 253 II ZPO entsprechen, damit die Rechtskraftwirkung ausreichend bestimmt werden kann:

---

555 Zu den Sekundäransprüchen, vgl. § 8.

556 So auch Raab, *in:* RdA 2000, S. 147 (158), der mit der „rückwirkenden Fortsetzung" des Arbeitsverhältnisses argumentiert. Hieran ist jedoch zu kritisieren, dass es nicht zu einem rückwirkenden Arbeitsverhältnis kommen kann, da ein solches nach § 306 BGB auf eine anfänglich unmögliche Leistung gerichtet wäre, vgl. § 8 I 1 a (2).

557 In Verbindung mit den möglicherweise zusätzlich bestehenden Schadenersatzansprüchen (vgl. § 8) kommt ein doppelt gestufter Eventualantrag in Betracht.

558 Boewer, in: NZA 1999, S. 1177 (1182); Caspers, D, Rn. 223; Nägele, in: BB 1998, S. 1686 (1689); Walker, Anm. zum BAG- Urt. v. 27.02.1997- SAE 1998, S. 98 (103); Ziemann, in: MDR 1999, S. 716 (721).

559 Für den Fall, dass die Wirksamkeit der Kündigung feststeht und ein entsprechendes Urteil bereits besteht, wurde in der älteren Literatur teilweise angenommen, dessen Rechtskraft stehe einem Wiedereinstellungsanspruch entgegen, eine Klage auf Wiedereinstellung sei deshalb unzulässig, vgl. nur Monjau, in: DB 1960, S. 1067 (1070); so wohl auch Boudon, Anm. zum BAG- Urt. v. 06.08.1997- EWiR § 1 KSchG 1/98. Nach § 322 I ZPO erstreckt sich die Rechtskraft jedoch nur auf den entschiedenen Streitgegenstand, vgl. Baumbach/Lauterbach/Albers/Hartmann, § 322 ZPO, Rn. 15. Da – wie erörtert - Kündigungsschutzklage und Wiedereinstellungsanspruch zwei unterschiedliche Streitgegenstände betreffen, steht die Rechtskraft eines Kündigungsschutzprozesses mangels Identität des Streitgegenstandes einer Klage auf Neubegründung des Arbeitsverhältnisses nicht entgegen, vgl. auch Honstetter, S. 180.

560 Linck, in: FA 2000, S. 334 (338); Oetker, in: ZIP 2000, S. 643 (652).

Nach § 253 II Nr.2 ZPO muss er alles enthalten, was nach Ansicht der klagenden Partei Inhalt der Verpflichtung der beklagten Partei zum Abschluss des angestrebten Arbeitsvertrages bilden soll[561].

Die Formulierung des Klageantrages könnte entsprechend lauten[562]:
„Die klagende Partei beantragt, die beklagte Partei zu verurteilen, das Angebot der klagenden Partei auf Abschluss eines Arbeitsvertrages gemäß den Bedingungen des Arbeitsvertrages vom (...) unter Anrechung der bisher erworbenen Dauer der Betriebszugehörigkeit[563] anzunehmen“[564].

II. Die Klageerhebung

Es ergeben sich weitere Probleme im Rahmen der Klageerhebung: Wann muss der Arbeitnehmer spätestens Klage erheben, gegen wen muss er sie richten und ist eine vorherige Kündigungsschutzklage erforderlich?

1. Klageerhebungsfrist

Nicht immer wird der Arbeitnehmer die Kündigungsschutzklage mit der Klage auf Wiedereinstellung als Hilfsantrag verbinden und damit automatisch auch diese im Zeitrahmen des § 4 KSchG erheben.

a) Zeitliche Grenze der Geltendmachung

Fallen die beiden Anträge auseinander, stellt sich die Frage, ob auch die Geltendmachung des Wiedereinstellungsanspruches einer Frist unterliegt[565].

(1) Analoge Anwendung des § 4 KSchG

Dies wird zum Teil bejaht: Die Geltendmachung des Wiedereinstellungsanspruches soll sich nach der Drei-Wochen-Frist des § 4 KSchG analog richten[566]. Aus

561 Ziemann, in: MDR 1999 S. 716 (719).

562 Vgl. Vorschläge von Boewer, in: NZA 1999, S. 1177 (1182); Ziemann, in: MDR 2000, S. 716 (720).

563 Vgl. § 6 III: Der Status des Arbeitnehmers muss trotz der zwischenzeitlichen Beendigung des Arbeitsverhältnisses gewahrt bleiben.

564 BAG, Urt. v. 06.08. 1997- 7 AZR 557/96- AP Nr. 2 zu § 1 KSchG Wiedereinstellungsanspruch= NZA 1998, S. 254.

565 Zum Teil wird die Frage nach der zeitlichen Begrenzung des Wiedereinstellungsanspruches und einer Frist zu dessen Geltendmachung vermischt (vgl. z.B. bei Beckschulze, in: DB 1998, S. 417 (418); Zwanziger, in: BB 1997, S. 42 (45), der auf der einen Seite von der Begrenzung des Wiedereinstellungsanspruches spricht, auf der anderen Seite die analoge Anwendung von § 4 KSchG diskutiert).

566 ArbG Frankfurt, Urt. v. 20.07.1999- 5 Ca 7905/97- NZA- RR 1999, S. 580; Beckschulze, in: DB 1998, S. 417 (418), allerdings im Hinblick auf die Entscheidung des BAG vom 6.8.97

Gründen der Rechtssicherheit müsse der Arbeitnehmer den Wiedereinstellungsanspruch unverzüglich geltend machen. Zur Konkretisierung des unbestimmten Rechtsbegriffes der Unverzüglichkeit sei der Maßstab des § 4 KSchG heranzuziehen. § 4 KSchG diene der kündigungsschutzrechtlichen Rechtssicherheit und sei entsprechend auch in der Situation der Wiedereinstellung anwendbar[567]. Das Bundesarbeitsgericht habe die kurze Frist zur Geltendmachung des Wiedereinstellungsanspruches nur im Hinblick auf einen Betriebsübergang angenommen[568], diese Aussage könne jedoch auf alle Kündigungsgründe angewendet werden[569].

Dabei wird unterschiedlich bewertet, ob die Drei-Wochen-Frist mit dem Vorliegen der den Wiedereinstellungsanspruch begründenden Tatbestandsvoraussetzungen[570] oder ab dem Zeitpunkt der Kenntniserlangung der anspruchsbegründenden Tatsachen beginnt[571].

(2) Verwirkung

Nach anderer Ansicht ist die Geltendmachung des Wiedereinstellungsanspruches grundsätzlich nicht an eine bestimmte Frist gebunden[572]. Als zeitliche Grenze wird hier der Grundsatz der Verwirkung vorgeschlagen[573]: Diese trete ein, wenn der Arbeitnehmer längere Zeit wartet, ohne die Wiedereinstellung zu verlangen. Auch durch die Aufnahme einer anderen Tätigkeit (bzw. durch ihre Nichtbeendigung) nach Kenntnis von den veränderten Umständen könne es zu einer Verwirkung des Wiedereinstellungsanspruches kommen[574].

(NZA 1998, S. 254), in der es um die zeitliche Grenze der *Entstehung* des Wiedereinstellungsanspruches ging; Hambitzer, Diss., S. 167; derselbe, in: NJW 1985, S. 2239 (2242); Meinel/Bauer, in: 1999, S. 575 (580); Raab, in: RdA 2000, S. 147 (156).

567 Meinel/Bauer, in: NZA 1999, S. 575 (580).

568 Dazu im folgenden mit genaueren Ausführungen, unter § 9 II 1 a (3).

569 Meinel/Bauer, in: NZA 1999, S. 575 (580).

570 Hambitzer, Diss., S. 168: auf den Zeitpunkt der Kenntnisnahme abzustellen, widerspreche dem Sinn und Zweck des § 4 KSchG, einen rechtssicheren Zustand herbeizuführen. Zudem sei auch bei der Kündigung nicht die tatsächliche Kenntnisnahme von der Kündigungserklärung maßgeblich.

571 Kleinebrink, in: FA 1999, S. 138 (140); Meinel/Bauer, in: NZA 1999, S. 575 (580).

572 LAG Hamburg, Urt. v. 02.10.1989- 21 Ca 152/89- LAGE § 611 Einstellungsanspruch Nr. 2; Boewer, in: NZA 1999, S. 1177 (1183); Bram/Rühl, in: NZA 1990, S. 753 (757); Honstetter, S. 180; KR/Etzel § 1 KSchG, Rn. 569; Oetker, in: ZIP 2000, S. 643 (651); Raab, in: RdA 2000, S. 147 (154); Ziemann, in: MDR 1999, S. 716 (721); Zwanziger, in: BB 1997, S. 42 (45).

573 Boewer, in: NZA 1999, S. 1177 (1183); Bram/Rühl, in: NZA 1990, S. 753 (757); Hinrichs, Anm. zum BAG- Urt. v. 27.02.1997- AiB 1997, S. 615; Oetker, in: ZIP 2000, S. 643 (651) (dieser weist zudem auf die zeitliche Begrenzung durch Verjährung und die tariflichen Ausschlussfristen hin); Raab, in: RdA 2000, S. 147 (154).

574 Bram/Rühl, in: NZA 1990, S. 753 (757).

Welche Argumente werden von dieser Auffassung gegen die Drei Wochen Frist des § 4 KSchG – und damit gegen dessen analoge Anwendung - angeführt? Zum einen wird die Vergleichbarkeit der Sachverhalte bestritten. Es sei ein qualitativer Unterschied, ob die Rechtswirkungen eines Gestaltungsrechts beseitigt werden sollen oder ein Anspruch auf Abschluss eines neuen Arbeitsvertrages geltend gemacht wird. Eine vergleichbare Interessenlage sei somit ausgeschlossen[575]. Zum anderen bestehe zwar für den Arbeitgeber ein legitimes Interesse an Rechtssicherheit: Er will möglichst frühzeitig wissen, ob der Arbeitnehmer seinen Wiedereinstellungsanspruch geltend macht. Diesem Bedürfnis würde jedoch ausreichend durch den Grundsatz der Verwirkung Rechnung getragen, da zusätzlich Dispositionen des Arbeitgebers einem Wiedereinstellungsanspruch entgegenstehen könnten[576]. Der Arbeitgeber könne zudem der Rechtsunsicherheit begegnen, indem er entweder eine negative Feststellungsklage erhebt oder dem Arbeitnehmer ein Vertragsangebot macht[577].

Auch prozessökonomische Gründe sollen gegen ein Fristerfordernis nach § 4 KSchG sprechen: Der Arbeitnehmer wäre verpflichtet, pro forma eine Klage zu erheben ohne zu wissen, ob und wann der Kündigungsgrund wegfällt[578]. Dies stelle ein zu großes Prozessrisiko für den Arbeitnehmer dar[579].

Allerdings ist man sich auch innerhalb dieser Auffassung hinsichtlich des zeitlichen Bezugspunktes der Verwirkung uneinig. Ein Ansatz geht von dem Zeitpunkt der Kenntniserlangung von den neuen Umständen aus[580]. Andere[581] stützen sich auf den Zeitpunkt des Wegfalls des Kündigungsgrundes oder verzichten ganz auf eine derartige Differenzierung[582].

(3) Sonderfall: Betriebsübergang

Eine besondere Argumentation ergibt sich bei einem Betriebsübergang nach § 613a BGB nach anfänglich geplanter Betriebsstilllegung. Hier soll nach ganz

575 Oetker, in: ZIP 2000, S. 643 (651).

576 Oetker, in: ZIP 2000, S. 643 (651); Raab, in: RdA 2000, S. 147 (154); nach LAG Hamburg, Urt. v. 02.10.1989- 21 Ca 152/89- LAGE § 611 Einstellungsanspruch Nr. 2, soll das Bedürfnis des Arbeitgebers nach Rechtssicherheit zudem hinter seiner Fürsorgepflicht zurückstehen.

577 Boewer, in: NZA 1999, S. 1177 (1183).

578 LAG Hamburg, Urt. v. 02.10.1989- 21 Ca 152/89- LAGE § 611 Einstellungsanspruch Nr. 2. Diese Ansicht lässt die Möglichkeit unberücksichtigt, dass als zeitlicher Bezugspunkt die Kenntniserlangung von den neuen Umständen dienen könnte.

579 Bram/Rühl, in: NZA 1990, S. 753 (757).

580 Ausdrücklich: Boewer, in: NZA 1999, S. 1177 (1183).

581 Bram/Rühl, in: NZA 1990, S. 753 (757); Zwanziger, in: BB 1997, S. 42 (45).

582 Raab, in: RdA 2000, S. 147 (154); Ziemann, in: MDR 1999, S. 716 (721).

überwiegender Meinung eine Klageerhebungsfrist von drei Wochen gelten[583]. Diese Frist soll sich beim Betriebsübergang aus einer Parallele der Rechtsprechung zum Widerspruchsrecht des Arbeitnehmers gegen den Übergang des Arbeitsverhältnisses[584] ergeben[585]: In beiden Fällen gehe es um die Frage, ob ein Arbeitsverhältnis zum Betriebserwerber besteht oder der Verlust des Arbeitsplatzes droht[586]. Im Hinblick auf die vergleichbare Interessenlage müsse deshalb für das Wiedereinstellungsbegehren des Arbeitnehmers die Zeitschranke - identisch zum Widerspruchsrecht - bei drei Wochen liegen[587].

Auch das Bundesarbeitsgericht – das ansonsten noch nicht zu dem Problem der Klageerhebungsfrist Stellung nahm – zieht bei einem Betriebsübergang diese enge Grenze: Der Arbeitnehmer habe seinen Wiedereinstellungsanspruch unverzüglich[588] nach Kenntniserlangung von den den Betriebsübergang ausmachenden tatsächlichen Umständen geltend zu machen[589]. Der Zweck des Bestandsschutzes rechtfertige keine Phasen vermeidbarer Ungewissheit über das Zustandekommen eines Arbeitsverhältnisses zwischen Arbeitnehmer und Betriebserwerber. Die unverzügliche Geltendmachung des Wiedereinstellungsanspruches stehe nicht zuletzt im Interesse der Beschäftigungs- und Vergütungsansprüche des Arbeitnehmers. Deshalb könne von dem Arbeitnehmer verlangt werden, den Anspruch – im Gleichklang zu dem Widerspruchsrecht – nach §§ 4, 7 KSchG innerhalb von drei Wochen geltend zu machen.

---

583 Boewer, in: NZA 1999, S. 1177 (1180); Edenfeld, in: AuA 1998, S. 161 (165); Gussen, Anm. zum BAG- Urt. v. 12.11.1998- AP § 1 KSchG 1969 Wiedereinstellung Nr. 5; Junker, Kom. zum BAG- Urt. v. 12.11.1998- EWiR § 613a BGB 1/99, S. 207 (208); Kleinebrink, in: FA 1999, S. 138 (140); Meyer, in: BB 2000, S. 1032 (1034); Langenbucher, Anm. zum BAG- Urt. v. 13.11.1997- SAE 1998, S. 143 (149); Oetker, in: ZIP 2000, S. 643 (651); Preis/Steffan, in: DB 1998, S. 309 (310); a.A. hingegen Raab, in: RdA 2000, S. 147 (161).

584 BAG, Urt. v. 22.04.1993- 2 AZR- 50/92- AP Nr. 102, zu § 613a BGB; BAG, Urt. v. 12.111998- 8 AZR 265/97- DB 1999, S. 485; BAG, Urt. v. 19.03.1998- 8 AZR- 139/97- NZA 1998, S. 750 (751).

585 Boewer, in: NZA 1999, S. 1177 (1180); Edenfeld, in: AuA 1998, S. 161 (165); Junker, Kom. zum BAG- Urt. v. 12.11.1998- EWiR § 613a BGB 1/99, S. 207 (208); Langenbucher, Anm. zum BAG- Urt. v. 13.11.1997- SAE 1998, S. 145 (149); Oetker, in: ZIP 2000, S. 643 (651); Preis/Steffan, in: DB 1998, S. 309 (310); a.A. Raab, in: RdA 2000, S. 147 (161).

586 Langenbucher, Anm. zum BAG- Urt. v. 13.11.1997- SAE 1998, S. 143 (149); Preis/Steffan, in: DB 1998, S. 309 (310).

587 Oetker, in: ZIP 2000, S. 643 (651); Preis/Steffan, in: DB 1998, S. 309 (310).

588 D.h. ohne schuldhaftes Zögern (§ 121 BGB).

589 BAG, Urt. v. 12.11.98- 8 AZR 265/97- AP Nr. 5 zu §1 KSchG 1969 Wiedereinstellung unter C III 1 der Gründe= NZA 1999, S. 311 (313)= EzA § 613a BGB Nr. 171; im BAG, Urt. v. 13.11. 1997- 8 AZR 295/95- NZA 1998, S. 251 (252)= EzA § 613 a BGB Nr. 154 unter II 3 b bb der Gründe= ZIP 1998, S. 167 (168); sollte die Frage nach der Klageerhebungsfrist als nicht entscheidungserheblich dahingestellt bleiben.

(4) Stellungnahme

Unterliegt der Wiedereinstellungsanspruch einer Klageerhebungsfrist? Eine analoge Anwendung des § 4 KSchG auf die Situation der Geltendmachung des Wiedereinstellungsanspruches ist zu bejahen. Um dies zu begründen, kann dem Bundesarbeitsgericht in der Argumentation gefolgt werden: Phasen vermeidbarer Ungewissheit über das Bestehen eines Arbeitsverhältnisses laufen dem Zweck des Bestandsschutzes zuwider. Das gilt jedoch nicht nur in der Situation des Betriebsüberganges, sondern stets, wenn die der Kündigung zugrundeliegende Prognose nachträglich widerlegt ist[590].

Gegenüber einem möglichen Prozessrisiko des Arbeitnehmers hat die Rechtssicherheit den Vorrang; diese wäre durch die bloße Anwendung des Verwirkungsmaßstabes gefährdet. Es muss einen klar fixierbaren Zeitpunkt geben, nach dessen Ablauf der Arbeitgeber davon ausgehen kann, keinem Wiedereinstellungsanspruch mehr ausgesetzt zu sein. Die Argumentation ähnelt damit der Begründung hinsichtlich der zeitlichen *Entstehungs*grenze[591]: Der Wiedereinstellungsanspruch soll das Prognoseprinzip – und damit die Interessen der Arbeitsvertragsparteien - ausgleichen. Nur eine eng begrenzte Klageerhebungsfrist kann einen Interessenausgleich gewährleisten.

Im Ergebnis gilt also nach § 4 KSchG analog eine dreiwöchige Klageerhebungsfrist bei allen Kündigungsgründen. Diese Frist beginnt nicht schon ab dem Fortfall des Kündigungsgrundes – also dem Bestehen der Tatbestandsvoraussetzungen eines Wiedereinstellungsanspruches – zu laufen. Stattdessen muss die Kenntnis des Arbeitnehmers von diesen neuen Umständen als zeitlicher Bezugspunkt dienen. Zum einen könnte sonst der Arbeitnehmer nach einer betriebsbedingten Kündigung von einem Wiedereinstellungsprozess ausgeschlossen sein, ohne von seinem Wiedereinstellungsanspruch zu erfahren. Zum anderen besteht für den Arbeitgeber eine Unterrichtungspflicht[592]. Diese Unterrichtungspflicht wäre jedoch folgenlos, wenn die Klageerhebungsfrist schon vor Kenntnis des Arbeitnehmers zu laufen begänne: Der Arbeitgeber könnte durch die unterlassene Unterrichtung die Geltendmachung des Wiedereinstellungsanspruches ausschließen. Die Durchsetzung des Wiedereinstellungsanspruches wäre also von seinem Handeln abhängig. Der Arbeitgeber soll durch die relativ kurze Frist des § 4 KSchG vor Rechtsunsicherheit geschützt werden; ob der Wiedereinstellungsanspruch geltend gemacht wird, hat jedoch allein der Arbeitnehmer zu entscheiden.

---

590 So ebenfalls ArbG Frankfurt, Urt. v. 20.07.1999- NZA- RR 1999, S. 580.

591 Vgl. § 4 I.

592 Deren Verletzung einen Schadenersatzanspruch auslösen kann, vgl. § 8 I 2.

Der Arbeitnehmer hat seinen Wiedereinstellungsanspruch innerhalb einer Drei-Wochen-Frist ab Kenntniserlangung von den veränderten Umständen geltend zu machen.

b) Gerichtliche Geltendmachung zur Fristwahrung

Abschließend drängt sich die Frage auf, wie der Arbeitnehmer vorgehen muss, um diese Frist zu wahren. Reicht hier eine außergerichtliche Erklärung gegenüber dem Arbeitgeber oder ist die gerichtliche Geltendmachung erforderlich[593]?

Die Frist zur Geltendmachung des Wiedereinstellungsanspruches wurde mit einer Analogie zu § 4 KSchG begründet, einer Vorschrift, die sich mit der *gerichtlichen* Überprüfung der Kündigung befasst. Entsprechend müsste der Wiedereinstellungsanspruch ebenfalls gerichtlich geltend zu machen sein. Zweifel daran können sich jedoch aus der bereits dargelegten Anlehnung an das Widerspruchsrecht des Arbeitnehmers beim Betriebsübergang ergeben, da hier die *außergerichtliche* Erklärung des Arbeitnehmers gegen den Übergang des Arbeitsverhältnisses auf den Betriebserwerber ausreicht[594]. Kann diese Angleichung dazu führen, auch auf das Erfordernis der klageweisen Geltendmachung des Wiedereinstellungsanspruches zu verzichten?

Dies ist zu verneinen. Die Drei-Wochen-Frist für die Geltendmachung des Wiedereinstellungsanspruches wurde zwar (nach einem Betriebsübergang) durch eine Parallele zum Widerspruchsrecht des Arbeitnehmers gestützt. Das Widerspruchsrecht – und damit dessen Form der Geltendmachung - kann jedoch nicht als verallgemeinerungsfähige Argumentationsgrundlage für die Form der Geltendmachung sämtlicher Kündigungsgründe herangezogen werden. In jedem Fall ergibt sich die zeitlich begrenzte Geltendmachung aus einer Analogie zu § 4 KSchG. Konsequenz muss dann sein, stets von dem Erfordernis einer gerichtlichen Geltendmachung auszugehen[595].

Im Ergebnis ist der Wiedereinstellungsanspruch durch den Arbeitnehmer innerhalb von drei Wochen gerichtlich geltend zu machen.

2. Erfordernis einer Kündigungsschutzklage

Des weiteren stellt sich die Frage, ob die vorherige Erhebung einer Kündigungsschutzklage erforderlich ist. So wurde in einer älteren Entscheidung des Bundes-

---

593 Diese Frage bleibt in der oben zitierte Entscheidung des BAG (Urt. v. 12.11.1998- NZA 1999, S. 311) offen; vom ArbG Frankfurt, Urt. v. 20.07.1999- NZA-RR 1999, S. 580 ebenfalls als nicht entscheidungserheblich offengelassen.

594 Vgl. BAG, Urt. v. 19.03.1998- 8 AZR- 139/97- NZA 1998, S. 750 (752).

595 Ebenso Meinel/Bauer, in: NZA 1999, S. 575 (580 f).

arbeitsgerichtes[596] die Durchsetzung eines Wiedereinstellungsanspruches deshalb abgelehnt, weil der Kläger nicht zuvor die Kündigung (rechtzeitig) angegriffen hatte[597]. Die Bejahung eines Wiedereinstellungsanspruches in einem solchen Fall sollte mit der gesetzgeberischen Entscheidung in den §§ 4, 5 KSchG unvereinbar sein.

Die Erhebung einer Kündigungsschutzklage ist jedoch nicht erforderlich, um den Wiedereinstellungsanspruch im Prozess durchzusetzen[598]. Der Arbeitnehmer, der die Kündigung zunächst akzeptiert, kann nicht schlechter gestellt werden, als derjenige, der die Kündigung gerichtlich anficht[599]: Die Wirksamkeit der Kündigung steht gerade nicht in Frage[600]. Außerdem wäre es sinnwidrig, in jedem Fall – also auch wenn die Widerlegung der Prognose nur entfernt denkbar ist - eine Erhebung der Kündigungsschutzklage zu fordern[601]. Es sind folglich auch prozessökonomische Gesichtspunkte heranzuziehen: Müsste der Arbeitnehmer einen völlig aussichtslosen Prozess führen, wäre dies unzumutbar und mit dem Beschleunigungsgrundsatz nicht zu vereinbaren[602].

Im Ergebnis muss vor der Klage des Arbeitnehmers auf Annahme des Angebotes auf Wiederbegründung des Arbeitsverhältnisses keine Kündigungsschutzklage erhoben werden[603].

3. Passivlegitimation

Zuletzt folgt die Überlegung, gegen wen die Klage zu richten ist[604]. Problematisch ist dies nur bei einem Wiedereinstellungsanspruch im Rahmen eines Betriebs-

---

596 BAG, Urt. v. 12.02.1985- 2 AZR 311/84- DB 1985, S. 1746.

597 Ebenso KPK- Meisel, § 1 , Rn. 471.

598 LAG Hamburg, Urt. v. 10.02.1989- 21 Ca 152/89- LAGE § 611 BGB Einstellungsanspruch Nr. 2; Beckschulze, in: DB 1998, S. 417 (418); Berkowsky (personen- und verhaltensbed. Kündigung), § 34, Rn. 12; derselbe in MünchArbR, § 134, Rn. 84; Boewer, in: NZA 1999, S. 1121 (1130); Bram/ Rühl, in: NZA 1990, S. 753 (757); Caspers, D, Rn. 213; KR/Etzel, § 1 KSchG, Rn. 569; KR/Fischermeier § 626 BGB, Rn. 234; Lakies, Anm. zum BAG- Urt. v. 27.02.1997- NJ 1997, S. 665; Linck, in: FA 2000, S. 334 (337); Löwisch, § 1 KSchG, Rn. 74; Ziemann, in: MDR 1999, S. 716 (720).

599 Berkowsky (personen- und verhaltensbed. Kündigung), § 34, Rn.12; derselbe in MünchArbR, § 134, Rn. 84.

600 Vgl. § 1 II 2.

601 Boewer, in: NZA 1999, S. 1121 (1130); Löwisch, § 1 KSchG, Rn. 74.

602 Honstetter, S. 179.

603 Unabhängig davon empfiehlt sich durchaus, den Wiedereinstellungsanspruch im Wege der Eventualklage mit einer Bestandsschutzklage zu verbinden, da die Rechtswirksamkeit der Kündigung materiell-rechtliche Voraussetzung des Wiedereinstellungsanspruches ist, vgl. § 3 II.

604 Diese Frage ist grds. abzugrenzen von der Überlegung, gegen wen sich der *Anspruch* richtet. Es stehen sich somit das Prozessführungsrecht und die Sachbefugnis gegenüber (vgl. dazu

überganges nach § 613 a BGB. Hier kommen sowohl der Veräußerer, als auch der Erwerber des Betriebes als Klagegegner in Betracht.

Die Rechtsprechung des Bundesarbeitsgerichtes ist zu dieser Problematik wiederum uneinheitlich. Nach dem 2. Senat[605] richtet sich der Wiedereinstellungsanspruch gegen den alten Arbeitgeber. Demgegenüber geht der 8. Senat in einer späteren Entscheidung von einem Anspruch gegen den Betriebserwerber aus[606]: Das Fortsetzungsverlangen sei gegenüber diesem zu erklären; es dürfe nicht von Bedingungen abhängig gemacht werden, deren Eintritt vom Betriebserwerber nicht beeinflusst werden können[607].

Dabei hatten die Senate jedoch über verschiedene Sachverhalte zu entscheiden: Der Anspruch gegen den alten Arbeitgeber bejahte der 2. Senat in einer Situation, in der ein Betriebsübergang noch während des Laufs der Kündigungsfrist und durch eine Übernahme von Betriebsmitteln ausgelöst wurde. Demgegenüber sollte nach dem 8. Senat der Betriebserwerber Anspruchsgegner in einem Fall sein, in dem der Betriebsübergang nach Ablauf der Kündigungsfrist vollzogen wurde und der Betriebsübergang durch eine willentliche Übernahme der Hauptbelegschaft erfolgte. Es bleibt bis zu weiteren Entscheidungen abzuwarten, ob die abweichende Stellungnahme der Senate aus einer unterschiedlichen Rechtsauffassung oder aus dieser Verschiedenheit der Situationen resultierte.

Bei Betrachtung der Stellungnahmen im Schrifttum zu der Frage, gegen wen sich die Klage richten muss, fallen zunächst die verschiedenartigen Abgrenzungskriterien auf. Zum einen soll nach dem Zeitpunkt des Betriebsüberganges bzw. dem Zeitpunkt der Geltendmachung des Anspruches differenziert werden[608]. Andere fragen zusätzlich nach den Umständen, die einen Betriebsübergang auslösen[609].

Baumbach/LauterbachAlbers/Hartmann- Hartmann, Grundz., § 50 ZPO, Rn. 22 ff). Da diese hier jedoch nicht auseinanderfallen und die Argumentation entsprechend für beide Fragen gleichermaßen anwendbar sind, wird das Problem ausschließlich im Rahmen des prozessualen Teils dieser Arbeit dargelegt.

605 2 AZR 160/96 (Fn.1).

606 BAG, Urt. v. 13.11.1997- 8 AZR 295/95- NZA 1998, S. 251= EzA § 613a BGB Nr. 154; bestätigt, im Urt. v. 12.11.1998- EWiR § 613a BGB 1/99 mit Kom. v. Junker.

607 BAG EWiR § 613a BGB 1/99 mit Kom. v. Junker.

608 Boewer, in NZA 1999, S. 1177 (1183), so auch Kleinebrink, in: FA 1999, S. 138 (141). Diese Ansichten orientieren an der oben erwähnten Bundesarbeitsgerichtsentscheidung, vgl. BAG, Urt. v. 27.02.1997- NZA 1997, S. 757 und BAG, Urt. v. 13.11.1997- NZA 1998, S. 251.

609 Kleinebrink, in: FA 1999, S. 138 (141), differenziert danach, ob der Betriebsübergang durch materielle/immaterielle Betriebsmittel oder einer willentlichen Übernahme der Hauptbelegschaft ausgelöst wird.

Weiteres Kriterium soll die Frage nach dem Einfluss des alten Arbeitgebers auf das Auslösen eines Betriebsüberganges sein[610].

Außerhalb dieser formalen Abgrenzung kann jedoch bereits aus der Zwecksetzung des § 613a BGB die ausschließliche Passivlegitimation des Betriebserwerbers begründet werden. Ziel dieser Vorschrift ist es, das Arbeitsverhältnis von dem vertragsschließenden Arbeitgeber zu lösen und an denjenigen zu koppeln, dem der Arbeitsplatz zugeordnet ist[611]. Deshalb muss sich auch der Wiedereinstellungsanspruch gegen die Person richten, bei der die Beschäftigungsmöglichkeit besteht: den Betriebserwerber[612]. Aus der isolierten Sicht des Veräußerers bleibt es schließlich bei dem Wegfall des Bedarfes an Arbeitskräften. Damit ist die Situation nicht vergleichbar mit den Fällen, in denen der Arbeitgeber nach einer betriebsbedingten Kündigung seine eigene Organisationsentscheidung ändert. Für den Veräußerer des Betriebes ist nicht das Interesse an der Beendigung des mit ihm bestehenden Arbeitsverhältnisses entfallen[613].

Im Ergebnis ist die Klage nach einer betriebsbedingten Kündigung mit anschließendem Betriebsübergang gegenüber dem Betriebserwerber geltend zu machen.

III. Darlegungs- und Beweislast

Bei dem Wiedereinstellungsanspruch handelt es sich um einen eigenständigen Anspruch zugunsten des Arbeitnehmers[614]. Deshalb hat der Arbeitnehmer auch nach allgemeinen zivilprozessualen Grundsätzen das Vorliegen der Voraussetzungen des Wiedereinstellungsanspruches darzulegen und zu beweisen[615]. Dabei reicht es nicht aus, einen Tatsachenvortrag unter Beweis zu stellen, der die richtige Prognoseentscheidung des Arbeitgebers nur in Zweifel zieht[616]. Stattdessen ist ein substantiierter Tatsachenvortrag erforderlich, der die Fehlprognose des Ar-

---

610 Nach Preis/Steffan, in: DB 1998, S. 309 (313) soll keine Klage gegen den ehemaligen Arbeitgeber möglich sein, wenn dieser auf die weitere Entwicklung keinen Einfluss hat.

611 Raab, in: RdA 2000, S. 147 (163).

612 Caspers, D, Rn. 221; Langenbucher, in: ZfA 1999, S. 299 (323); dieselbe, Anm. zum BAG-Urt. v. 13.11.1997- SAE 1998, S. 143 (149); Preis/Steffan, in: DB 1998, S. 309 (310); Lakies, Anm. zum BAG- Urt. v. 27.02.1997- NJ 1997, S. 665; Oetker, in: ZIP 2000, S. 643 (648).

613 Raab, in: RdA 2000, S. 147 (163).

614 Daher sind die Beweislastregeln aus dem Kündigungsschutzprozess nicht übertragbar.

615 Beckschulze, in: DB 1998, S. 417 (421); Berkowsky (personen- und verhaltensbed. Kündigung), § 34, Rn. 16; Boewer, in: NZA 1999, S. 1177 (1183); Bram/Rühl, in: NZA 1990, S. 753 (758); Gussen, Anm. zum BAG-Urt. v. 12.11.1998- AP § 1 KSchG 1969 Wiedereinstellung Nr. 5; HK- KSchG/Hauck, § 4 KSchG, Rn. 168; Kleinebrink, in: FA 1999 S.138 (141); Linck, in: FA 2000, S. 334 (337); Oetker, in: ZIP 2000, S. 643 (653); Ziemann, in: MDR 1999, S. 716 (721); Zwanziger, in: BB 1997, S. 42 (46).

616 Boewer, in: NZA 1999, S. 1177 (1183); Ziemann, in: MDR 1999, S. 716 (721).

beitgebers durch Veränderung der tatsächlichen Umstände nach Ausspruch der Kündigung ausreichend belegt[617].

Dem Arbeitnehmer kommen jedoch unter Umständen die allgemeinen zivilprozessualen Instrumentarien zur Erleichterung der Beweislast zugute[618]. Geht es um Einzelheiten aus der Sphäre des Arbeitgebers, können die Grundsätze der abgestuften Darlegungslast eingreifen[619]. Insofern genügt es, wenn der Arbeitnehmer bei einem betriebsbedingten Kündigungsgrund greifbare Anhaltspunkte für den Prognoseirrtum des Arbeitgebers vorträgt. Dann ist es Sache des Arbeitgebers, näher die Übereinstimmung der Prognose und der tatsächlichen Entwicklung des Geschehensablaufs zu substantiieren. Der Arbeitgeber trägt zudem die Darlegungs- und Beweislast für diejenigen Tatsachen, die einem Wiedereinstellungsanspruch entgegenstehen[620]: Dies sind die Dispositionen über den bisherigen Arbeitsplatz des Arbeitnehmers[621] oder die aus sonstigen Gründen entspringende Unzumutbarkeit einer Neubegründung des Arbeitsvertrages[622].

IV. Kosten

Abschließend ein kurzer Überblick über die finanzielle Seite des Wiedereinstellungsanspruches im Prozess[623]: Die Streitwertberechnung erfolgt nach § 12 VII ArbGG[624]. Der dort verwendete Begriff der Bestandsschutzstreitigkeit ist umfassend zu verstehen: Er betrifft nicht nur den typischen Kündigungsschutzprozess, sondern er bezieht sich auf alle Verfahren, die den Bestand oder das Zustandekommen eines Arbeitsverhältnisses zum Gegenstand haben[625]. Folglich ist auch bei einer Klage auf Wiedereinstellung nach § 12 VII ArbGG maximal von einem Streitwert in Höhe eines Dreimonatsverdienstes auszugehen[626]. Zudem kann eine Zusammenrechnung nach § 19 I 2 GKG erfolgen, wenn der Leistungs-

---

617 Ziemann, in: MDR 1999, S. 716 (721). Hier können jedoch die Grundsätze des Anscheinsbeweises angewandt werden (zum Anscheinsbeweis vgl. Baumbach/Lauterbach/Albers/Hartmann, Anh. § 286, Rn. 15 ff; Zöllner/Greger, vor § 284, Rn. 29).

618 Oetker, in: ZIP 2000, S. 643 (653).

619 Bram/Rühl, in: NZA 1990, S. 753 (758); Ziemann, in: MDR 1999, S. 716 (721).

620 Oetker, in: ZIP 2000, S. 643 (653).

621 Vgl. § 5 I.

622 Boewer, in: NZA 1999, S. 1177 (1183); Hinrichs, Anm. zum BAG- Urt. v. 27.02.1997- AiB 1997, S. 615; Ziemann, in : MDR 1999, S. 716 (721).

623 Dazu Boewer, in: NZA 1999, S. 1177 (1184).

624 Es ist zunächst für die Streitwertfestsetzung von § 3 ZPO auszugehen: Der Streitwert wird danach nach freiem Ermessen vom Gericht festgesetzt, wobei das Ermessen in der Weise gebunden ist, dass die Wertfestsetzung drei Monatsgehälter nicht übersteigen darf; vgl. Grunsky, § 12 ArbGG, Rn. 6.

625 Germelmann/Matthes/Prütting,§ 12 ArbGG, Rn. 90.

626 Ziemann, in: MDR 1999, S. 716 (721).

antrag auf Abgabe der Willenserklärung mit der Kündigungsschutzklage verbunden wird, da es sich bei ihnen um unterschiedliche Streitgegenstände[627] handelt[628].

V. Ergebnis zu § 9

Für die Durchsetzung des Wiedereinstellungsanspruches im Prozess muss der Arbeitnehmer Klage auf Abgabe einer Willenserklärung nach § 894 ZPO, also auf Annahme des Angebotes zur Wiederbegründung des Arbeitsverhältnisses erheben. Die vorherige Durchführung einer Kündigungsschutzklage ist nicht erforderlich. Im Rahmen des Betriebsüberganges ist die Klage gegen den Betriebserwerber zu richten. Der Arbeitnehmer hat seinen Wiedereinstellungsanspruch innerhalb einer Drei-Wochen-Frist ab Kenntniserlangung der veränderten Umstände gerichtlich geltend zu machen. Außerdem obliegt es ihm, die Voraussetzungen des Wiedereinstellungsanspruches zu beweisen.

Was fällt bei einem Rückblick auf die zweite Hälfte dieser Arbeit auf? Trifft den Arbeitgeber einmal die Pflicht der Wiedereinstellung, sind damit umfassende weitere Pflichten verbunden, um dem Wiedereinstellungsanspruch zu seiner Durchsetzung zu verhelfen. Diese Pflichten entspringen keinem neuen Argumentationsstrang, sondern sind Konsequenz der Ausführung zu der Entstehung eines Wiedereinstellungsanspruches. Besteht noch ein Arbeitsverhältnis zwischen Arbeitgeber und Arbeitnehmer, ist es gerechtfertigt, aufgrund dieser Nähe dem Arbeitgeber weitergehende Pflichten - wie beispielsweise die Unterrichtungspflicht - aufzuerlegen. Auch im Hinblick auf die prozessuale Durchsetzung des Wiedereinstellungsanspruches gilt eine entsprechende Argumentation: Der Arbeitgeber darf nicht zu sehr belastet werden, indem er für einen unbeschränkten Zeitraum mit der Geltendmachung des Wiedereinstellungsanspruches rechnen muss. Richtungsweisend für alle weiteren Erörterungen ist also vor allem das Ergebnis von § 4 sowie dessen zugrundeliegende Begründung: Eine Begrenzung des Wiedereinstellungsanspruches auf die Kündigungsfrist zur Wahrung der Rechtssicherheit.

---

627 Vgl. § 9 I 1 b.
628 Vgl. § 19 I 3 GKG.

§ 10 Zusammenfassung der Ergebnisse und Schlussbemerkung

I. Zusammenfassung der Ergebnisse

Es folgt eine abschließende Zusammenfassung dieser Arbeit.

1. Die Entstehung des Wiedereinstellungsanspruches

Zunächst werden die Ergebnisse dargelegt, die die Entstehung eines Wiedereinstellungsanspruches betreffen (vgl. auch die Tabelle im Anschluss an § 5).

a) Wiedereinstellungsanspruch und Kündigungsschutzklage (§ 1 II)

Die Situation, in der die kündigungsbegründenden Umstände nachträglich wegfallen, kann erst durch die Anwendung des sog. Prognoseprinzips entstehen: Der Arbeitgeber hat die Möglichkeit, aufgrund einer bloßen Erwartung der zukünftigen Entwicklung eine wirksame Kündigung auszusprechen. Auch der verhaltensbedingten Kündigung kommt kein Sanktionscharakter zu, also ist auch hier eine Kündigung allein im Hinblick auf die Geschehnisse in der Vergangenheit nicht möglich. Stattdessen richtet sich auch bei diesem Kündigungsanlass die Wirksamkeit der Kündigung nach zukünftigen Ereignissen: Das Prognoseprinzip gilt somit für sämtliche Kündigungsgründe.

In gleicher Weise gilt für alle Kündigungsgründe ein einheitlicher Beurteilungszeitpunkt: Bei Frage nach der Wirksamkeit einer Kündigung ist stets auf den Zeitpunkt ihres Zuganges abzustellen. Wird die der Kündigung zugrundeliegende Prognose nach diesem Zeitpunkt widerlegt, bleibt das für die Wirksamkeit der Kündigung ohne Folgen.

b) Die Herleitung des Wiedereinstellungsanspruches (§ 2)

Um die Folgen des Prognoseprinzips und des Beurteilungszeitpunktes einer Kündigung korrigieren zu können, ist die grundsätzliche Möglichkeit eines Wiedereinstellungsanspruches anzuerkennen. Der Wiedereinstellungsanspruch ergibt sich nach § 242 BGB vor allem aus dem Grundsatz des Rechtsmissbrauches und dem Verbot widersprüchlichen Verhaltens; nach einem Betriebsübergang stellt § 613a BGB selbst die Rechtsgrundlage des Wiedereinstellungsanspruches dar. In gleichem Maße wie das Prognoseprinzip immer anzuwenden ist, ist auch nach jeder Art der Kündigung ein Wiedereinstellungsanspruch möglich.

c) Voraussetzungen des Wiedereinstellungsanspruches (§ 3)

Der Wiedereinstellungsanspruch unterliegt vier Tatbestandsvoraussetzungen. Zum einen muss der Arbeitnehmer dem Geltungsbereich des Kündigungsschutzgesetzes unterfallen. Zweitens ist eine wirksame Kündigung erforderlich.

Als dritte Voraussetzung muss die der Kündigung zugrundeliegende Negativprognose des Arbeitgebers nachweislich widerlegt sein. Während dies bei der betriebsbedingten Kündigung dann der Fall ist, wenn der alte oder ein vergleichbarer Arbeitsplatz neu entsteht bzw. frei wird, muss der Arbeitnehmer bei der Verdachtskündigung den Nachweis seiner Unschuld erbringen. Bei der krankheitsbedingten Kündigung ist für die Widerlegung der Prognose eine positive Gesundheitsprognose erforderlich; im Rahmen der verhaltensbedingten Kündigung kann dies nach einem Fehlverhalten des Arbeitnehmers nur unter besonderen Umständen gelingen.

Vierte und letzte Voraussetzung ist die Kenntnis des Arbeitgebers von der Widerlegung seiner Prognose. Der Arbeitnehmer muss dem Arbeitgeber folglich mitteilen, wenn kündigungsbegründende Umstände, die aus der Sphäre des Arbeitnehmers kommen, weggefallen sind.

d) Zeitliche Entstehungsgrenze (§ 4)

Ein Wiedereinstellungsanspruch kann nur bis zum Ablauf der Kündigungsfrist entstehen. Vorrangiges Argument ist die Wahrung der Rechtssicherheit: Für den Arbeitgeber wäre es unzumutbar, noch unbestimmte Zeit nach der Beendigung des Arbeitsverhältnisses mit dem Wiedereinstellungsbegehren des Arbeitnehmers rechnen zu müssen. Anders ist dies nur bei der Verdachtskündigung: Da diese häufig als außerordentliche Kündigung gem. § 626 BGB ausgesprochen wird, bedarf es hier einer anderen zeitlichen Grenze als die der Kündigungsfrist. Diese ist der Ablauf des Kündigungsschutzprozesses.

e) Überwiegendes Arbeitgeberinteresse (§ 5)

Im Rahmen der Entstehung eines Wiedereinstellungsanspruches erfolgt zuletzt eine umfassende Abwägung der Arbeitgeber- und Arbeitnehmerinteressen. Ein Wiedereinstellungsanspruch entfällt, wenn das Interesse des Arbeitgebers, es bei der Beendigung des Arbeitsverhältnisses zu belassen, überwiegt.

Dies ist zum einen der Fall, wenn der Arbeitgeber bereits gutgläubig über den alten Arbeitsplatz verfügt hat. Dabei ist der Arbeitgeber gutgläubig, wenn er bei der Neubesetzung des Arbeitsplatzes keine positive Kenntnis i.S.d. § 892 BGB von dem nachträglichen Wegfall des Kündigungsgrundes hat. Trotz einer Verfügung über den alten Arbeitsplatz steht dem Arbeitnehmer weiterhin ein Anspruch auf Wiedereinstellung zu, wenn eine vergleichbare Stelle im Betrieb frei ist oder wird. Sind der alte und sämtliche vergleichbare Arbeitsplätze belegt, scheidet hingegen ein Wiedereinstellungsanspruch aus: Ein Anspruch auf Freikündigung eines anderen Arbeitnehmers kommt nicht in Betracht. Unberücksichtigt im Rahmen der Interessenabwägung bleibt es, wenn der Arbeitgeber nach einer betriebsbedingten Kündigung den alten Arbeitsplatz neu besetzt: Hier widerlegt die Verfügung über den Arbeitsplatz bereits die kündigungsbegründende Prognose und die Gutgläubigkeit des Arbeitgebers ist somit ausgeschlossen.

Zum anderen können externe Faktoren das Interesse des Arbeitgebers überwiegen lassen: Ein Wiedereinstellungsanspruch ist für den Arbeitgeber immer dann unzumutbar, wenn der Arbeitgeber trotz Widerlegung der Prognose erneut kündigen könnte, so z.B. wenn der Betriebserwerber die Übernahme von Rationalisierungsmaßnahmen abhängig macht.

2. Die Rechtsfolgenseite des Wiedereinstellungsanspruches

Anschließend erfolgt eine Zusammenfassung im Hinblick auf die Probleme der Umsetzung eines Wiedereinstellungsanspruches.

a) Benennung und Inhalt des Anspruches (§ 6)

Da die Kündigung wirksam bleibt, steht dem Arbeitnehmer ein Anspruch auf Wiedereinstellung zu; nicht korrekt ist deshalb die Bezeichnung des Anspruches als Fortsetzungsanspruch. Der Wiedereinstellungsanspruch richtet sich inhaltlich nach dem alten Vertrag: Der Arbeitnehmer muss zu unveränderten Bedingungen wiedereingestellt werden. Ausnahmsweise kann sich der Anspruch auf eine befristete Wiedereinstellung beschränken. Durch die Unterbrechung des Arbeitsverhältnisses gehen dem Arbeitnehmer keine Rechte verloren, die auf der Dauer seiner bisherigen Betriebszugehörigkeit beruhen.

b) Folgeprobleme des Wiedereinstellungsanspruches (§ 7)

Kündigt der Arbeitgeber mehreren Arbeitnehmern betriebsbedingt und entstehen im nachhinein weniger Arbeitsplätze als vorher, so hat der Arbeitgeber bei der Wiedereinstellung eine Sozialauswahl nach § 1 III KSchG analog durchzuführen. Da der Wiedereinstellungsanspruch nur innerhalb der Kündigungsfrist entstehen kann, ist eine analoge Anwendung des § 1 III KSchG gerechtfertigt. Bei der Sozialauswahl sind die nicht gekündigten Arbeitnehmer außer acht zu lassen.

Der Arbeitgeber muss den Arbeitnehmer unterrichten, wenn betriebsbedingte Umstände, die der Kündigung zugrunde lagen, nachträglich wegfallen. Auch dieses Ergebnis resultiert vor allem aus der zeitlichen Entstehungsgrenze eines Wiedereinstellungsanspruches: Innerhalb der Kündigungsfrist – also im Rahmen eines bestehenden Arbeitsverhältnisses – können dem Arbeitgeber weitergehende Pflichten auferlegt werden.

Grundsätzlich muss der Betriebsrat der Wiedereinstellung nicht zustimmen. Ausnahmsweise ist jedoch von einer Einstellung i.S.v. § 99 BetrVG auszugehen, wenn dem Arbeitgeber bei der Wiedereinstellung ein Gestaltungsspielraum zukommt. Dies ist der Fall, wenn der Arbeitnehmer eine Sozialauswahl vornimmt oder die Wiedereinstellung auf einem anderen als dem ursprünglichen Arbeitsplatz erfolgt.

c) Sekundäransprüche des Arbeitnehmers (§ 8)

Dem Arbeitnehmer steht ein Schadenersatzanspruch zu, wenn er einen Anspruch auf Wiedereinstellung hat, dieser jedoch durch den Arbeitgeber vereitelt wird. Dazu kann es durch eine Weigerung des Arbeitgebers kommen, den Arbeitnehmer wiedereinzustellen oder durch eine unterlassene Unterrichtung über den Wegfall des betriebsbedingten Kündigungsgrundes. Im ersten Fall ergibt sich ein Anspruch aus den Verzugsvorschriften der §§ 284, 286 BGB; bei unterlassener Unterrichtung steht dem Arbeitnehmer ein Anspruch gem. § 280 BGB bzw. aus positiver Vertragsverletzung zu. Die Rechtsfolge ergibt sich in jedem Fall aus § 251 BGB: Der Arbeitnehmer hat einen Ersatzanspruch in Höhe seiner entgangenen Vergütung. Steht dem Arbeitnehmer – beispielsweise aufgrund des überwiegenden Arbeitgeberinteresses – schon kein Wiedereinstellungsanspruch zu, scheidet auch ein Entschädigungsanspruch aus.

d) Die Durchsetzung des Wiedereinstellungsanspruches (§ 9)

Will der Arbeitnehmer seinen Wiedereinstellungsanspruch im Prozess durchsetzen, muss er neben dem Kündigungsschutzantrag einen zusätzlichen Antrag stellen. Dieser richtet sich gem. § 894 ZPO auf Abgabe einer Willenserklärung, also auf Annahme des Angebotes zur Wiederbegründung des Arbeitsverhältnisses. Eine entsprechende Antragstellung kann nach § 139 ZPO durch den Vorsitzenden angeregt werden. Zudem muss der Klageantrag dem Bestimmtheitsgebot des § 253 II ZPO genügen.

Die Klage unterliegt einer Erhebungsfrist nach § 4 KSchG analog. Für die Fristwahrung ist die gerichtliche Geltendmachung des Wiedereinstellungsanspruches erforderlich. Dagegen ist es unerheblich, ob der Arbeitnehmer zuvor eine Kündigungsschutzklage erhoben hat. Bei einem Wiedereinstellungsanspruch nach einem Betriebsübergang gem. § 613a BGB ist ausschließlich der Betriebserwerber passivlegitimiert. Die Darlegung- und Beweislast liegt bei dem Arbeitnehmer.

II. Schlussbemerkung

Welche Zukunft hat also der Wiedereinstellungsanspruch? Die Rechtsprechung wird die Rechtsfortbildung weiterhin vorantreiben und voraussichtlich den Anwendungsbereich des Wiedereinstellungsanspruches – beispielsweise im Rahmen der krankheitsbedingten Kündigung - noch stärker ausdehnen. Zu der Thematik des Wiedereinstellungsanspruches werden jedoch weiterhin nicht nur Detailfragen in der Diskussion stehen, auch über Grundsätzliches wird nach wie vor Uneinigkeit herrschen; Rechtsunsicherheit ist die Folge. Was ist einem Arbeitnehmer nun zu raten, dem gekündigt wurde und der seinen Arbeitsplatz bewahren will? Diese Frage wird auch weiterhin nicht eindeutig beantwortet werden können. Der Wiedereinstellungsanspruch schützt die Position des Arbeitnehmers und hebt sein Recht am Erhalt des Arbeitsplatzes hervor. Dieser Schutz kann jedoch nur gewahrt werden, wenn sämtliche Rechtsunsicherheiten aus dem Weg geräumt werden. Es ist folglich eine einheitliche Regelung erforderlich. Art. 30 Abs. 1 Nr. 1 des Einigungsvertrages verpflichtet den Gesetzgeber, das Arbeitsvertragsrecht einheitlich neu zu kodifizieren. In diesem Zusammenhang bietet es sich an, Tatbestand und Rechtsfolge des Wiedereinstellungsanspruches zu regeln: Jetzt ist also der Gesetzgeber gefragt.

Literaturverzeichnis

Adam, Roman F.	Die zweifelhafte Wirkung der Prognose im Kündigungsrecht, in: ZTR 1999, Seite 113
derselbe	Sanktion, Prognoseprinzip und Vertragsstörung bei der verhaltensbedingten Kündigung im Arbeitsrecht, in: NZA 1998, Seite 284
Annuß, Georg	Der Betriebsübergang in der neuesten Rechtsprechung des Bundesarbeitsgerichts, in: BB 1998, Seite 1582
Ascheid, Reiner	Kündigungsschutzrecht - Die Kündigung des Arbeitsverhältnisses -, Stuttgart, Berlin, Köln 1993
Auffahrt, Fritz; Müller, Gerhard	Kündigungsschutzgesetz, Berlin und Frankfurt am Main 1960
Bader, Peter; Bram, Rainer; Dörner, Hans-Jürgen; Wenzel, Leonhard	Kommentar zum Kündigungsschutzgesetz und zu den §§ 620-628 BGB, einschließlich der 40. Ergänzungslieferung, Dezember 2000
von Bar, Christian	"Nachwirkende" Vertragspflichten, in: AcP 179 (1979), Seite 452
von Bartel, Hans-Jürgen	Anmerkung zum BAG- Urteil v. 06.08.1997, in: SAE 1998, Seite 318
Bauer, Jobst- Hubertus; Röder, Gerhard	Kündigungsfibel, 3. Auflage, Heidelberg 1997
Baumbach, Adolf; Lauterbach, Wolfgang; Albers, Jan; Hartmann, Peter	Zivilprozessordnung, 58. Auflage, München 2000

Becker, Friedrich; Etzel, Gerhard; Fischermeier, Ernst; Friedrich, Hans-Wolf.; Lipke, Gert-Albert; Pfeiffer, Thomas; Rost, Friedhelm; Spilger, Andreas Michael; Weigand, Horst; Wolff, Ingeborg
Gemeinschaftskommentar zum Kündigungsschutzgesetz und zu sonstigen Kündigungsschutzrechtlichen Vorschriften, 5. Auflage, Berlin 1998 (zit.: KR- Bearbeiter)

Becker, Friedrich; Etzel, Gerhard; Friedrich, Hans-Wolf; Hillebrecht, Wilfried; Rost, Friedhelm; Weigand, Horst; Weller, Bernhard; Wolff, Manfred; Wolff, Ingeborg
Gemeinschaftskommentar zum Kündigungsschutzgesetz und zu sonstigen Kündigungsschutzrechtlichen Vorschriften, 3. Auflage, Berlin 1989

Becker- Schaffner, Reinhard
Zugang der Kündigung, in: BB 1998, S. 422

Beckschulze, Martin
Der Wiedereinstellungsanspruch nach betriebsbedingter Kündigung, in: DB 1998, Seite 417

Belling, Detlev W.
Kündigung wegen verdachtsbedingten Vertrauenswegfalls, in: RdA 1996, Seite 223

Berkowsky, Wilfried
Die betriebsbedingte Kündigung, 4. Auflage, München 1997 (zit.: Berkowsky- betriebsb. Kündigung)

derselbe
Die personen- und verhaltensbedingte Kündigung, 3. Auflage, München 1997 (zit.: Berkowsky- personen- u. verhaltensb. Kündigung)

Berkowsky, Wilfried
Interessenabwägung bei krankheitsbedingter Kündigung,
in: BB 1981, Seite 910

Berscheid, Ernst-Dieter
Interessenausgleich mit Namensliste - Wiedereinstellungsanspruch bei Betriebsveräußerung im Konkurs-,
in: MDR 1998, Seite 1129

Bitter, Walter; Kiel, Heinrich
40 Jahre Rechtsprechung des Bundesarbeitsgerichts zur Sozialwidrigkeit von Kündigungen,
Teil 1, in: RdA 1994, Seite 333

dieselben
Teil 2, in: RdA 1995, Seite 26

Blomeyer, Wolfgang; Vienken, Ulrich
Kurzkommentar zum BAG Urteil v. 28.06.2000,
in: EWiR §1 KSchG 5/2000, Seite 1067

Boemke, Burkhard
Arbeitsvertrag-Arbeitsverhältnis X, Nachwirkungen des Arbeitsvertrages,
in: AR- Blattei, Jan 1997, 220.10

derselbe
Anmerkung zum BAG- Urteil v. 27.02.97,
in: WiB 1997, Seite 874

Boewer, Dietrich
Der Wiedereinstellungsanspruch,
Teil 1, in: NZA 1999, Seite 1121

derselbe
Teil 2, in: NZA 1999, Seite 1177

Bornhagen, Victoria
Die Zumutbarkeit als Rechtsgedanke im Arbeitsrecht,
Dissertation, Göttingen 1999

Boudon, Ulrich
Kurzkommentar zum BAG- Urteil v. 06.08. 1997,
in: EWiR § 1 KSchG 1/98, Seite 323

Bram, Rainer; Rühl, Werner
Praktische Probleme des Wiedereinstellungsanspruchs nach wirksamer Kündigung,
in: NZA 1990, Seite 753

Bürger, Karlheinz; Oehmann, Werner; Matthes, Hans-Christoph — Handwörterbuch des Arbeitsrechts für die tägliche Praxis
HwB- AR, H-Z,
8. Auflage/37. Nachtrag, Wiesbaden
(zit.: HwB-AR (Autor) „Stichwort“)

Busche, Jan — Privatautonomie und Kontrahierungszwang,
Tübingen 1999

Caspers, Georg — Personalabbau und Betriebsänderung im Insolvenzverfahren,
Köln 1996

Däubler, Wolfgang — Das Arbeitsrecht 1,
13. Auflage, Hamburg 1993
(zit.: AR 1)

derselbe — Das Arbeitsrecht 2,
10. Auflage, Hamburg 1995
(zit.: AR 2)

Däubler, Wolfgang; Kittner, Michael; Klebe, Thomas (Herausgeber) — Betriebsverfassungsgesetz,
7. Auflage, Frankfurt am Main 2000

Diekhoff, Ludwig — Zur Wiedereinstellungspflicht nach beendetem Arbeitsverhältnis,
in: DB 1958, Seite 869

Dieterich, Thomas; Hanau, Peter; Schaub, Günter (Herausgeber) — Erfurter Kommentar zum Arbeitsrecht,
München 1998
(zit.: ErfK/Bearbeiter)

Dietz, Karlheinz — Arbeitsrechtliche Kündigung,
4. Auflage, München 1992

Dörner, Klemens Maria; Luczak, Stefan; Wildschütz, Martin — Arbeitsrecht in der anwaltlichen und gerichtlichen Praxis,
12. Auflage, Mainz/Kaiserslautern/Koblenz 1999
(zit.: DLW/Autor)

Dorndorf, Eberhard; Weller, Bernhard; Hauck, Friedrich; Kriebel, Volkhart; Höland,Armin; Neef, Klaus	Heidelberger Kommentar zum Kündigungsschutz gesetz, 3. Auflage, Heidelberg 1999 (zit.: HK- KSchG/Verfasser)
Dörner, Klemens	Abschied von der Verdachtskündigung? in: NZA 1993, S. 873
Dreier, Horst (Herausgeber)	Grundgesetz Kommentar Band I, Art. 1-19, Würzburg 1996 (zit.: Autor, in: Dreier- GG)
Edenfeld, Stefan	Der neue Betriebs(teil)begriff des BAG zu § 613 a BGB, in: AuA 1998, Seite 161
Eich, Rolf-Achim	Anmerkung zum BAG- Urteil v. 29.01.1987, in: SAE 1988, Seite 75
Ennemann, Bernd	Betriebsbedingte Kündigung, Köln 1999
Erman (Herausgeber: Wester- man, Harm Peter)	Bürgerliches Gesetzbuch, Band 1, 10. Auflage, Köln 2000 (zit.: Erman/Bearbeiter)
Fabricius, Fritz; Kraft, Alfons; Wiese, Günther; Kreutz, Peter; Oetker, Hartmut	GK-BetrVG Gemeinschaftskommentar, Band 2, 7. Auflage, München 1998 (zit.: GK- BetrVG/Autor)
Fitting, Karl; Kaiser, Heinrich; Heither, Friedrich; Engels, Gerd; Schmidt, Ingrid	Betriebsverfassungsgesetz, 20. Auflage, München 2000 (zit.: Fitting/BetrVG)

Gamillscheg, Franz | Die Grundrechte im Arbeitsrecht, in: AcP 164 (1964), Seite 385

Gaul, Dieter | Wechselbeziehungen zwischen Direktionsrecht und Sozialauswahl, in: NZA 1992, Seite 673

Gentges, Peter | Prognoseprobleme im Kündigungsschutzrecht, Baden- Baden 1995

Germelmann, Claas-Hinrich; Matthes, Hans- Christoph; Prütting, Hans | Arbeitsgerichtsgesetz, 2. Auflage, München 1995

Gitter, Wolfgang | Anmerkung zum BAG- Urteil v. 29.04.1999, in: SAE 2000, Seite 18

Götz, Volkmar | Europäische Gesetzgebung durch Richtlinien-Zusammenwirken von Gemeinschaft und Staat, in: NJW 1992, Seite 1849

Grünhage, Jochen | Die Pflicht des Arbeitgebers zur Einstellung und Wiedereinstellung von Arbeitnehmern, Dissertation, Göttingen 1965

Grunsky, Wolfgang | Arbeitsgerichtsgesetz, 7. Auflage, München 1995

Günzel, Eric | Der Wiedereinstellungsanspruch bei Fortführung des Betriebes nach Ablauf der Kündigungsfrist, in: DB 2000, Seite 1227

Gussen, Heinrich | Anmerkung zum BAG- Urteil v. 12.11.1998, in: AP § 1 KSchG 1969 Wiedereinstellung Nr. 5

Hambitzer, Ulrich M. | Wiedereinstellungsanspruch nach wirksamer Kündigung? in: NJW 1985, Seite 2239

Hambitzer, Ulrich M. — Der Wiedereinstellungsanspruch des Arbeitnehmers nach wirksamer Kündigung,
Dissertation, Bonn 1987

Heilmann, Aribert — Verdachtskündigung und Wiedereinstellung nach Rehabilitierung,
Dissertation, Heidelberg 1964

Hergenröder, C.W. — Anmerkung zum BAG- Urteil v. 04.12.1997,
in: EzA § 1 KSchG Wiedereinstellungsanspruch Nr.3

Herschel, Wilhelm — Gedanken zur Theorie des arbeitsrechtlichen Kündigungsgrundes,
in: FS für Gerhard Müller, Berlin 1981, Seite 191

derselbe — Neue Tatsachen nach Verdachtskündigung des Arbeitsvertrages,
in: BlStSozArbR 1977, Seite 113

Herschel, Wilhelm; Steinmann, Georg; Löwisch, Manfred — Kommentar zum Kündigungsschutzgesetz,
6. Auflage, Heidelberg 1984
(zit.: Herschel/Löwisch)

Hess, Harald; Schlochauer, Ursula; Glaubitz, Werner — Kommentar zum Betriebsverfassungsgesetz,
5. Auflage, Berlin 1997

Hilger, Marie Luise — Anspruch eines entnazifizierten Arbeitnehmers auf seinen alten Arbeitsplatz,
in: BB 1949, Seite 471

Hillebrecht, Wilfried — Die „Prinzipien des Kündigungsrechts bei Arbeitsverhältnissen“ und die Kündigungsrechtsprechung des Bundesarbeitsgerichtes,
in: ZfA 1991, Seite 87

Hinrichs, Werner — Anmerkung zum BAG- Urteil v. 27.02.97,
in: AiB 1997, Seite 62

Honstetter, Johannes A. — Die Prognoseentscheidung des Arbeitgebers im Kündigungsschutzrecht,
Dissertation Konstanz 1994

von Hoyningen-Huene, Gerrick — Betriebsverfassungsrecht, 4. Auflage, München 1998

derselbe — Anmerkung zum BAG- Urteil v. 09.04.1987, in: EzA § 1 KSchG Nr. 18 Krankheit

Hromadka, Wolfgang (Herausgeber) — Krankheit im Arbeitsverhältnis, Stuttgart 1993 (zit.: Autor, in: Hromadka)

Hubmann, Heinrich — Der bürgerlichrechtliche Aufopferungsanspruch, in: JZ 1958, Seite 489

Hueck, Alfred; von Hoyningen-Huene, Gerrick — Kündigungsschutzgesetz, 12. Auflage, München 1997 (zit.: Hueck/v. Hoyningen- Huene)

Hueck, Alfred — Die Pflicht des Arbeitgebers zur Wiedereinstellung entlassener Arbeitnehmer, in: FS f. Justus Wilhelm Hedemann, Berlin 1958, Seite 131

Hwang, Cheng- Guan — Der maßgebliche Zeitpunkt für die Beurteilung der Wirksamkeit der Kündigung des Arbeitgebers, Dissertation, Göttingen 1988

Imping, Andreas — Aktuelle Entwicklungen im Individualarbeitsrecht, in: MDR 1999, Seite 125

Joost, Detlef — Kommentar zum BAG- Urteil v. 10.12.1998, in EWiR § 613a BGB 2/99, Seite 247

Junker, Abbo — Kommentar zum BAG- Urteil v. 12.11.1998, in: EWiR § 613a BGB 1/99, Seite 207

Junker, Abbo; Schnelle, Sylvia — Kommentar zum BAG- Urteil v. 27.02.1997 in: EWiR § 613a BGB 3/97, Seite 781

Kaiser, Dagmar — Wegfall des Kündigungsgrundes- Weder Unwirksamkeit der Kündigung noch Wiedereinstellungsanspruch, in: ZfA 2000, Seite 205

Kania, Thomas	Anmerkung zum BAG- Urteil v. 27.02.1997, in: EzA Nr. 1 zu § 1 KSchG Wiedereinstellungsanspruch, Seite 13
Kittner, Michael; Däubler, Wolfgang; Zwanziger, Bertram	Kündigungsschutzrecht, 4. Auflage, Köln 1999 (zit.: Kittner/Däubler/Zwanziger- Autor)
Kittner, Michael; Trittin, Wolfgang	Kündigungsschutzrecht, 2. Auflage, Köln, 1995
Kleinebrink, Wolfgang	Der Wiedereinstellungsanspruch und Betriebs- übergang, in: FA 1999, Seite 138
Kraft, Alfons	Bestandsschutz des Arbeitsverhältnisses, Lohn ohne Arbeit, Überlegungen zur Reduzierung der Regelungsdichte des Arbeitsrechts und zur Wiederherstellung des Äquivalenzverhältnisses, in: ZfA 1994, Seite 463
Krasshöfer, Horst- Dieter	Kommentar zum BAG- Urteil v. 04.12. 1997, in: EWiR 3/98, Seite 773
Lakies, Thomas	Anmerkung zum BAG- Urteil vom 27.02.97, in: NJ 1997, Seite 665
Langenbucher, Katja	Der Wiedereinstellungsanspruch des Arbeitnehmers beim Betriebsübergang, in: ZfA 1999, Seite 299
dieselbe	Anmerkung zum BAG- Urteil v. 13.11.1997, in: SAE 98, Seite 143
Langer, Karl A.	Anspruch auf Wiedereinstellung? in: NZA Beil. 3/91, Seite 23
Larenz, Karl	Anmerkung zum BAG- Urteil v. 24.11.1956, in: AP Nr. 4 zu § 611 BGB (Fürsorgepflicht)

Larenz, Karl; Canaris, Claus-Wilhelm	Methodenlehre der Rechtswissenschaft, 3. Auflage, Berlin, Heidelberg 1995
Lepke, Achim	Kündigung bei Krankheit, 10. Auflage, Berlin 1999
Linck, Rüdiger	Der Wiedereinstellungsanspruch, in: FA 2000, Seite 334
Löwisch, Manfred	Kündigungsschutzgesetz, 7. Auflage, Freiburg 1997
Löwisch, Manfred; Kaiser, Dagmar	Anmerkung zum BAG- Urteil v. 29.01.1982, in: AP Nr. 1 § 620 BGB (Saisonarbeit)
Lück, Peter	Probleme der Sozialauswahl nach § 1 III KSchG, Dissertation, Köln 1989
von Mangoldt, Hermann; Klein, Friedrich; Starck, Christian	Das Bonner Grundgesetz, Band 1: Präambel, Art. 1- 5, 3. Auflage, München 1985 (zit.: v. Mangoldt/Klein/Starck, GG, Art., Rn.)
Mathern, Friedrich W.	Die krankheitsbedingte Kündigung, (un)wirksame Kündigung, Wiedereinstellungsanspruch oder Fortsetzungsanspruch? in: NJW 1996, Seite 818
Maus, Wilhelm	Kündigungsschutzgesetz, Baden-Baden 1973
Meinel, Gernod; Bauer, Thorsten	Der Wiedereinstellungsanspruch, in: NZA 1999, Seite 575
Meyer, Cord	Der Fortsetzungsanspruch bei Betriebsübergang, in: BB 2000, Seite 1032
Mohnen, Heinz	Nachwirkungen des Arbeitsverhältnisses, in: RdA 1957, Seite 405

Molitor, Erich	Anmerkung zum BAG- Urteil v. 13.06.1957, in: SAE 1957, Seite 5
Monjau, H.	Die Verdachtskündigung, in: DB 1960, Seite 1067
Mummenhoff, Winfried	Arbeitsrecht: Flaute im Baugeschäft, in: JUS 1987, Seite 893
derselbe	Anmerkung zum BAG- Urteil v. 15.03.1984, in: SAE 1985, Seite 305
Nägele, Stefan	Die Renaissance des Wiedereinstellungsanspruchs, in: BB 1998, Seite 1686
Nicolai, Andrea	Anmerkung zum BAG- Urteil vom 17.06.1999, in: SAE 2000, Seite 98
Nicolai, Andrea; Noack, Stefanie	Grundlagen und Grenzen des Wiedereinstellungsanspruchs nach wirksamer Kündigung des Arbeitsverhältnisses, in: ZfA 2000, Seite 87
Niesel, Klaus	SGB III Sozialgesetzbuch Arbeitsförderung, München 1998
Oetker, Hartmut	Der Wiedereinstellungsanspruch des Arbeitnehmers bei nachträglichem Wegfall des Kündigungsgrundes, in: ZIP 2000, Seite 643
derselbe	Der arbeitsrechtliche Bestandsschutz unter dem Firmament der Grundrechtsordnung, in: Jenaer Schriften zum Recht, Band 11, Jena 1996
derselbe	Anmerkung zum BAG- Urteil v. 28.06.2000, in: ZIP 2000, Seite 1787
Otto, Hansjörg	Grünes Licht für die Wiedereinstellung bei betriebsbedingten Entlassungen? in: FS für Alfons Kraft, Neuwied, Kriftel 1998, Seite 451

Otto, Hansjörg	Anmerkung zum BAG- Urteil v. 25.11.1982, in: EzA § 1 KSchG Krankheit Nr.10
Palandt	Bürgerliches Gesetzbuch, 60. Auflage, München 2001 (zit.: Palandt/Bearbeiter)
Pawlowski, Hans-Martin	Methodenlehre für Juristen, 3. Auflage, Heidelberg 1999
Peters, Harald; Thüsing, Gregor	Anmerkung zum BAG- Urteil v. 13.11.1997, in: EzA § 613a BGB, Seite 154
Popp, Klaus	Materiell- und prozessrechtliche Probleme der krankheitsbedingten Kündigung, in DB 1981, Seite 2811
Preis, Ulrich	Prinzipien des Kündigungsrechts bei Arbeitsverhältnissen, München 1987 (zit.: Preis Prinzipien)
derselbe	Anmerkung zum LAG Köln- Urteil vom 10.01.1989, in: LAGE § 611 BGB Einstellungsanspruch Nr. 1
derselbe	Aktuelle Tendenzen im Kündigungsschutzrecht, in: NZA 1997, Seite 1073
Preis, Ulrich; Steffan, Ralf	Neue Konzepte des BAG zum Betriebsübergang nach § 613a BGB, in: DB 1998, Seite 309
Raab, Thomas	Der Wiedereinstellungsanspruch des Arbeitnehmers bei Wegfall des Kündigungsgrundes, in: RdA 2000, Seite 147
Rebmann, Kurt; Säcker, Jürgen	Münchener Kommentar zum Bürgerlichen Gesetzbuch, Band 1, Allgemeiner Teil (§§ 1-240), 3. Auflage, München 1993

Rebmann, Kurt; Säcker, Jürgen	Band 2, Schuldrecht Allgemeiner Teil (§§241-432), 3. Auflage, München 1995
dieselben	Band 3, Schuldrecht Besonderer Teil I, (§§ 433-606) 3. Auflage, München 1994
dieselben	Band 3, Schuldrecht Besonderer Teil I (§§ 433- 606) 1. Auflage, München 1989
dieselben	Band 4, Schuldrecht Besonderer Teil II, (§§ 607-704), 3. Auflage, München 1997
dieselben	Band 5, Schuldrecht Besonderer Teil III, (§§ 705- 853), 3. Auflage, München 1997
Reinhardt, Rudolf	Grundsätzliches zum Recht auf Wiedereinstellung entnazifizierter Arbeitnehmer, in: RdA 1950, Seite 85
Richardi, Reinhard	Betriebsverfassungsgesetz, 7. Auflage, München 1998
Richardi, Reinhard; Wlotzke, Otfried	Münchener Handbuch zum Arbeitsrecht, Band 1, Individualrecht I, 2. Auflage, München 2000 (zit: MünchArbR/Bearbeiter)
dieselben	Band 2, Individualarbeitsrecht II, 2. Auflage, München 2000
dieselben	Band 3, Kollektives Arbeitsrecht, 2. Auflage, München 2000
Ricken, Oliver	Grundlagen und Grenzen des Wiedereinstellungs-anspruchs, in: NZA 1998, Seite 460

Rüthers, Bernd; Müller, Gregor	Anmerkung zum BAG- Urteil v. 16.08.1991, in: EzA § 1 KSchG Verhaltensbedingte Kündigung Nr. 41, Seite 13
Schaub, Günter	Arbeitsrechts- Handbuch, 8. Auflage, München 1996
Schiefer, Bernd	Problematische Entwicklung der höchstrichterlichen Rechtsprechung zur betriebsbedingten Kündigung, in: NZA 1995, Seite 662
Schmidt- Bleibtreu, Bruno; Klein, Franz	Kommentar zum Grundgesetz, 9. Auflage, Bonn 1999 (zit.: Schmidt- Bleibtreu/Klein GG, Art., Rn.)
Schmidt, Gustav	Nachprüfung betrieblicher Maßnahmen im Kündigungsschutzverfahren, in: AR- Blattei D Kündigungsschutz IV
Schnorr v. Carolsfeld, Ludwig	Arbeitsrecht, 2. Auflage, Göttingen 1954
Scholz, Rupert	Die Berufsfreiheit als Grundlage und Grenze arbeitsrechtlicher Regelungssysteme, in: ZfA 1981, Seite 265
Senne, Holger	Der Wiedereinstellungsanspruch von Arbeitnehmern, in: AuA 1992, Seite 301
Sieg, Karl	Anmerkung zum BAG- Urteil v. 10.11.1977, in: SAE 1978, Seite 122
Soergel, Theodor	Bürgerliches Gesetzbuch, Band 1, Allgemeiner Teil (§§1-240), 12. Auflage, Stuttgart, Berlin, Köln 1997 (zit.: Soergel/Bearbeiter)
derselbe	Band 4/1, Schuldrecht III/1 (§§516-651), 12. Auflage, Stuttgart, Berlin, Köln 1997

Söllner, Alfred — Der verfassungsrechtliche Rahmen für Privatautonomie im Arbeitsrecht in: RdA 1989, Seite 144

derselbe — Die Bedeutung des Art. 12 GG für das Arbeitsrecht, in: AuR 1991, Seite 45

Sowka, Hans-Harald — Kündigungsschutzgesetz, Kölner Praxiskommentar unter Berücksichtigung sozialrechtlicher Bezüge, Köln 1996 (zit.: Autor, in: KPK)

Stahlhacke, Eugen; Preis, Erich; Vossen, Reinhard — Kündigung und Kündigungsschutz im Arbeitsverhältnis, 7. Auflage, München 1999

vom Stein, Jürgen — Wiedereinstellungsanspruch des Arbeitnehmers bei Fehlprognose des Arbeitgebers? in: RdA 1991, Seite 85

derselbe — Fehleinschätzungen bei der Kündigung von Arbeitsverhältnissen unter besonderer Berücksichtigung der Verdachtskündigung, Dissertation, Köln 1989

derselbe — Anmerkung zum BAG- Urteil v. 13.11.1997, in: EzA § 613a BGB, Seite 154

Strobel, Michael — Die Verdachtskündigung unter besonderer Berücksichtigung der Rechtslage nach späterer Entkräftung des Verdachts, Dissertation, Hamburg 1967

Voigt, Hubert — Rechtliche Reaktionsmöglichkeiten auf eine Fehlprognose bei der krankheitsbedingten Kündigung, in: DB 1996, Seite 526

Vossen, Reinhard — Die betriebsbedingte Kündigung durch den bisherigen Arbeitgeber aus Anlass des Betriebsüberganges, in: BB 1984, Seite 1557

Walker, Wolf-Dietrich — Anmerkung zum BAG- Urteil v. 27.02.1997, in: SAE 1998, Seite 98

Wank, Rolf — Anmerkung zum BAG- Urteil v. 24.03.1983, in: AP Nr. 2 zu § 1 KSchG 1969 Soziale Auswahl

derselbe — Anmerkung zum BAG- Urteil v. 17.07.1997, in: SAE 1998, Seite 209

derselbe — Anmerkung zum BAG- Urteil v. 27.09.1994, in: SAE 1986, Seite 151

derselbe — Tendenzen der BAG- Rechtsprechung zum Kündigungsrecht, in: RdA 1993, Seite 79

Wenzel, Leonhard — Kündigung und Kündigungsschutz, 6. Auflage, Berlin 1994

Wiegand, Bernd — Schwerbehindertengesetz, Kommentar Band I, §§ 1-43, Stand: 12. Lieferung, Wiesbaden 1995

Willemsen, Heinz Josef — Die Kündigung wegen Betriebsüberganges, in: ZIP 1993, Seite 411

Zachert, Ulrich — Ein Mosaik von Arbeitnehmergrundrechten im Grundgesetz, in: BB 1998, Seite 1310

Ziemann, Werner — Die Klage auf Wiedereinstellung oder Fortsetzung des Arbeitsverhältnisses, in: MDR 1999, Seite 716

Zöller, Richard — Zivilprozessordnung, 21. Auflage, Köln 1999 (zit.: Zöllner/Bearbeiter)

Zöllner, Wolfgang, Loritz, Karl-Georg	Arbeitsrecht, 5. Auflage, München 1998
Zwanziger, Bertram	Neue Tatsachen nach Zugang einer Kündigung, in: BB 1997, Seite 42

Schriften zum Arbeitsrecht und Wirtschaftsrecht

Herausgegeben von Abbo Junker

Band 1 Christoph-N. Lerche: Der Europäische Betriebsrat und der deutsche Wirtschaftsausschuß. Eine vergleichende Analyse der betrieblichen Mitwirkung der Arbeitnehmer vor dem Hintergrund der Globalisierung der Märkte. 1997.

Band 2 Christian Walter Mecke: Zur rechtlichen Verbindlichkeit kollektiver Vereinbarungen in England. 1997.

Band 3 Katja Francke: Die betriebliche Mitwirkung der Arbeitnehmer in Belgien. Unter Berücksichtigung vergleichender Aspekte zum deutschen Betriebsverfassungsrecht. 1997.

Band 4 Christian Schulze: Die Zulässigkeit einstweiliger Verfügungen gegen Betriebsänderungen. 1998.

Band 5 Stefan Miersch: Die Rechtsfolgen mitbestimmungswidriger Maßnahmen für das Arbeitsverhältnis. Eine zivilrechtsdogmatische Untersuchung. 1998.

Band 6 Heike Wegner: Internationaler Verbraucherschutz beim Abschluß von Timesharingverträgen: § 8 Teilzeitwohnrechtegesetz. 1998.

Band 7 Julia Wichmann: Dienstleistungsfreiheit und grenzüberschreitende Entsendung von Arbeitnehmern. 1998.

Band 8 Johann-Volker Peter: Société par actions simplifiée (S.A.S.). Die Vereinfachte Aktiengesellschaft in Frankreich, eine Rechtsform für die Kooperation von Unternehmen. 1999.

Band 9 Sylvia Schnelle: Der Europäische Betriebsrat in Spanien. Zugleich eine Einführung in das spanische Recht der Arbeitnehmervertretung. 1999.

Band 10 Viktoria Bornhagen: Die Zumutbarkeit als Rechtsgedanke im Arbeitsrecht. 1999.

Band 11 Thorsten Schacht: Der Übereilungsschutz beim arbeitsrechtlichen Aufhebungsvertrag. Arbeitnehmerschutz bereits de lege lata? 2000.

Band 12 Marcus Hellmann: Immobilienkauf nach spanischem Recht. 1999.

Band 13 Nicolaus Johannes Ehinger: Die juristischen Personen des öffentlichen Rechts als herrschende Unternehmen. 2000.

Band 14 Alexander Lentz: Das kollektive Arbeitsrecht der Republik Südafrika. Eine Untersuchung mit Bezügen zum deutschen Recht. 2000.

Band 15 Michaela Brunssen: Der Arbeitgeberverbandswechsel. Tarifrechtliche und arbeitskampfrechtliche Konsequenzen. 2000.

Band 16 Morten Petersenn: Das Recht des Grundstückskaufs in Südafrika. 2000.

Band 17 Stefan Krüger: Die umwandlungsrechtliche Haftungsregelung bei der Betriebsaufspaltung und ihre Analogiefähigkeit. 2001.

Band 18 Jürgen Kitzinger: Der GmbH-Geschäftsführer zwischen Arbeits- und Gesellschaftsrecht. Im Blickpunkt: Zuständigkeit der Arbeitsgerichte. 2001.

Band 19 Anja Ruge: Die Lohnersatzansprüche ehemaliger Zwangsarbeiter gegen deutsche Industrieunternehmen. 2001.

Band 20 Michael Knoll: Die Sozialauswahl im Arbeitsrecht. 2001.

Band 21 Britta Albrecht: Mediation im Arbeitsrecht. Individualarbeitsrecht und Betriebsverfassungsrecht. 2001.

Band 22 Annusch Barten: Das System der Arbeitnehmervertretung in Frankreich. 2001.

Band 23 Diane Westera: Der Wiedereinstellungsanspruch nach wirksamer Kündigung. 2001.

Kolibri 360 GmbH
Ferdinand-Jühlke-Straße 7
99095 Erfurt, Deutschland
produktsicherheit@kolibri360.de

Druck:
CPI Druckdienstleistungen GmbH
im Auftrag der
Kolibri 360 GmbH
Ferdinand-Jühlke-Str. 7
99095 Erfurt